交通强国技术丛书

全预制装配式预应力
混凝土双T梁桥
智能建造技术

王国清 等●著

人民交通出版社股份有限公司
北京

内容提要

本书结合雄安新区对外骨干高速路网荣乌高速公路新线桥梁建设工程，针对全预制装配式预应力混凝土双T梁桥，从桥梁全预制装配技术发展历程、关键技术研究、桥梁设计方案、桥梁结构计算、结构试验、施工工艺、智能化施工管理、质量检验等多方面进行了研究与总结，可供建设行业技术人员以及高等院校相关专业教学参考之用。

图书在版编目（CIP）数据

全预制装配式预应力混凝土双T梁桥智能建造技术／王国清等著．—北京：人民交通出版社股份有限公司，2023.12
ISBN 978-7-114-18099-6

Ⅰ.①全… Ⅱ.①王… Ⅲ.①预应力混凝土桥—T形梁桥—桥梁施工 Ⅳ.①U448.215.4

中国国家版本馆CIP数据核字（2023）第056842号

Quanyuzhi Zhuangpeishi Yuyingli Hunningtu Shuang T Liang Qiao Zhineng Jianzao Jishu

书　　名：	全预制装配式预应力混凝土双T梁桥智能建造技术
著 作 者：	王国清　等
责任编辑：	郭晓旭
责任校对：	刘　芹
责任印制：	刘高彤
出版发行：	人民交通出版社股份有限公司
地　　址：	（100011）北京市朝阳区安定门外外馆斜街3号
网　　址：	http://www.ccpcl.com.cn
销售电话：	（010）59757973
总 经 销：	人民交通出版社股份有限公司发行部
经　　销：	各地新华书店
印　　刷：	北京印匠彩色印刷有限公司
开　　本：	787×1092　1/16
印　　张：	19.5
字　　数：	370千
版　　次：	2023年12月　第1版
印　　次：	2023年12月　第1次印刷
书　　号：	ISBN 978-7-114-18099-6
定　　价：	88.00元

（有印刷、装订质量问题的图书，由本公司负责调换）

前言
PREFACE

近年来，经济与科学技术的飞速发展，催生出引领时代的数智化、绿色化、快建化的高品质工程需求和工程建设新技术，全预制装配式梁桥智能建造技术正是当今涌现出的重要技术成果。预制装配智能建造已逐步成为实现绿色低碳工程建设的重要举措之一，可以实现标准化构件的批量生产，提高生产效率；提高模板循环利用率，避免工程材料浪费；有效保证构件的质量，并提高其耐久性。在城区，全预制装配式技术还可以减少对工地周边交通、生产等的影响，有效降低安全风险。

本书以雄安新区对外骨干高速路网荣乌高速公路新线桥梁建设实践为背景，深入研究并提炼了全预制装配式预应力混凝土双T梁桥建造技术成果。本书分为桥梁全预制装配技术发展历程、关键技术研究、桥梁设计方案、桥梁结构计算、结构试验、施工工艺、智能化施工管理、质量检验共8章内容。在章节划分上，首先对近些年桥梁全预制装配式技术的发展进行了总结；通过结构计算、试验研究、数值模拟的方法对全预制装配式桥梁的性能进行了研究，为实体工程的设计、建造提供了理论依据；同时，从大直径管柱预制技术、预制管桩装配施工、预制管柱装配施工、预制盖梁装配施工、先张法双T梁装配施工等多角度对全预制装配式桥梁的施工工艺进行了全方位研究和工程总结，形成了施工工艺的标准体系；最后，介绍了应用于荣乌高速公路桥梁建设的"BIM+GIS"❶

---

❶ BIM，即建筑信息模型；GIS，即地理信息系统。

智能管理平台，将桥梁各个构件进行参数化建模，将设计与施工相结合，为工程建设提供了科学现代化管理手段。

本书由王国清、赵文忠、杜群乐著，在撰写过程中得到了项目法人河北雄安荣乌高速公路有限公司、项目"代建+监理"单位河北省交通建设监理咨询有限公司、勘察设计单位和项目全寿命周期智能管理平台研发单位河北省交通规划设计院有限公司、施工单位中交二公局第六工程有限公司、科技项目承担单位石家庄铁道大学和北京工业大学的大力支持，在此表示深深的谢意。

鉴于工程资源的有限和时间原因，且桥梁全预制智能建造技术尚处于发展之中，书中难免有遗漏或不足之处，敬请广大读者批评指正。

作　者

2022年6月

目录 CONTENTS

第1章 技术发展历程 001
  1.1 引言 001
  1.2 全预制装配式桥梁发展历程 003
  1.3 本书主要内容 023

第2章 关键技术研究 025
  2.1 预制装配式桥梁下部结构研究现状 025
  2.2 预制装配式桥梁上部结构研究现状 034
  2.3 桥梁快速建造（ABC） 041
  2.4 智能建造技术新进展 043
  2.5 探索评价指标体系 050

第3章 桥梁设计方案 051
  3.1 工程概况 051
  3.2 设计方案 053

第 4 章　桥梁结构计算　061

- 4.1　设计标准　061
- 4.2　主要材料及力学性能　062
- 4.3　上部结构　064
- 4.4　计算结果　065
- 4.5　预制盖梁　079
- 4.6　预制墩柱　082
- 4.7　PHC 管桩　086
- 4.8　小结　087

第 5 章　结构试验　088

- 5.1　主要内容　088
- 5.2　预应力混凝土双 T 梁足尺试验研究　088
- 5.3　预制下部结构连接构造试验研究　105
- 5.4　小结　188

第 6 章　施工工艺　189

- 6.1　本章主要研究内容　189
- 6.2　预制拼装技术集中化、标准化　190
- 6.3　成套预制技术　193
- 6.4　成套装配技术　221
- 6.5　常见施工问题及解决措施　244
- 6.6　小结　252

第 7 章　智能化施工管理　253

- 7.1　技术路线　253
- 7.2　"BIM+GIS"技术应用　255
- 7.3　平台应用　262
- 7.4　小结　281

第 8 章 质量检验 — 283

- 8.1 工程材料试验检验 — 283
- 8.2 预制构件制作过程质量检验 — 285
- 8.3 构件现场安装质量检验 — 291
- 8.4 预制双 T 梁安装质量检验 — 293
- 8.5 工程质量评定 — 294
- 8.6 小结 — 295

参考文献 — 296

第1章 技术发展历程

1.1 引言

当今世界面临非常严峻的全球变暖问题。全球变暖会导致一系列灾难性的后果，例如海平面上升、极端天气频现、生态恶化等。世界气象组织（WMO）在《2021年全球气候状况》临时报告中指出，基于2021年前九个月的数据，"过去七年是有记录以来最热七年"。2015年12月12日，第21届联合国气候变化大会通过《巴黎协定》。该协定由全世界178个缔约方共同签署，对2020年后全球应对气候变化的行动作出统一安排。《巴黎协定》的长期目标是将全球平均气温较前工业化时期上升幅度控制在2℃以内，并努力将温度上升幅度限制在1.5℃以内。2021年9月22日，中共中央、国务院发布《关于完整准确全面贯彻新发展理念做好碳达峰碳中和工作的意见》，对努力推动实现碳达峰、碳中和目标进行全面部署，其中就强调提升城乡建设绿色低碳发展质量。

随着绿色建造在我国深入发展，低碳节能成为建筑技术发展的重要标尺。在此时代背景下，装配式建筑技术迅速发展，并以其安全性能更高、资源利用率更高的优点，成为建筑行业发展的重要研究领域。传统建筑工程施工作业常常伴随较为严重的环境污染，其中大型机械设备造成的废气污染、噪声污染以及建筑垃圾、建筑废料造成的固废污染问题相对集中，且造成的污染治理与恢复往往需要较长时间，对于建筑工程周边的生态往往会带来消极影响。在现代建筑行业可持续发展及绿色建筑的指导理念下，建筑工程施工作业中的环境污染防治意识日渐提升，与之伴随发展的还有相关低碳节能建筑技术。装配式建筑的技术优势除了体现在工程施工效率与建设质量水平之外，核心的优势在于，其能够有效降低建筑工程建设中对环境带来的污染，能够更好实现"绿色建筑"理念。基于此，大力发展装配式建筑技术的重要现实意义就是能够更好地平衡社会与环境的和谐发展，有助于实现可持续发展。可持续发展视角下，装配式建筑技术具有显著的促进环境保护发展优势，主要体现在以下两个方面：一方面，装配式建筑技术能够有效地降低环境污染物的排放总量；装配式建筑技术的特点就是模块化生产，采用预制构件现场装配的生产模式。在现场施工过程中，对建筑材料的改造力度小，施工过程和流程相对短，不仅可以有效缩短现场施工的工序流转，提升现场施工效率，还能够一定程度上降低现场产生的环境污染物，例如噪声污染、大气污染、固废材料等。另一方面，装配式建筑技术大范围采用绿色建筑材料，有助于环境保护。近年来，绿色建筑材料的快速发展，为装配式建筑技术的低碳节能提供了更好的基础。例如在建筑墙面、建筑屋面中使用的绿色保温材料，采用装配式建筑技术就可以在发挥材料的环保性质之外，还能够在材料的使用方面降低环境污染。在具体应用的案例实践中，装配式建筑技术的环保优势主要体现在以下几个关键环节：

1）项目设计阶段

项目设计环节对于项目整体的环保节能情况起着决定性的作用，按照相关设计原则，建筑体形系数低于0.3就可以称为低碳节能建筑。而影响到建筑体形系数的关键因子，则在于建筑体外围护结构的表面积，表面积越大，则相应的建筑体耗能就越大。在项目设计过程中，应该按照低碳节能建筑的标准规定，选择合理的墙体结构，利用预制构件来达到相关的耗能参数，以控制整体耗能。同时，装配式构件往往在工厂进行集中生产，其能效相对统一，很大程度上减少了对自然资源、人力资源以及工程原材料的使用，实现资源利用率的上升，继而降低建筑垃圾总量以及污染排放总量。

2）项目施工阶段

在整个施工环节之中，对施工细节的准确控制将会更加有利于污染控制。如在装配式建筑屋面施工过程中，不同地域、不同气候条件下可采用不同的隔热保温材料，即使是采用相同的建筑预制构件，也可以采用不同的施工方式，以充分利用自然热源、光源，继而进一步降低人工材料使用对环境生态资源造成的浪费和污染等。

3）建设管理方面

装配式建筑技术的灵活性较强，在具体建筑项目施工过程中，无论是装配式构件施工，还是相应的人员使用安排，其灵活性都要远超传统建筑项目施工。这种灵活性的优势就在于，能够有效提升项目施工效率，并让建筑施工过程得以准确控制。从环境整体的角度来说，施工周期控制越准确，则对环境产生的污染越可控，产生的污染总量也越小。技术的进步与发展，本质上是为了能够造福于社会。在绿色建筑理念下，装配式建筑技术对环境保护发展的贡献是有目共睹的，其在平衡建筑生产与生态环境的和谐发展方面起着重要的连接作用。

在国家大力推动下，我国桥梁装配式施工建造技术逐步得到广泛应用。桥梁的全预制装配式建造技术可以标准化、高效率地批量生产构件，同时可以节省模板的使用，减少建筑材料的浪费，并可以有效保证构件的质量和提高耐久性，从而减少碳排放。全预制装配式技术还可以减少对工地周边交通、生产等的影响，同时有效降低安全风险。因此，大力发展全预制装配式桥梁符合国家发展战略和行业进步需求，有利于促进环境、社会和经济协调发展。

1.2　全预制装配式桥梁发展历程

1.2.1　全预制装配式桥梁技术发展

传统的桥梁工程施工大部分为现场浇筑施工，受气候影响大，需要大量现场施工人员、施工机具和现场材料。现浇作业施工包括预应力混凝土梁、钢及混凝土组合梁、混凝土桥面板、桥墩、桥台、承台及基础等，需安装大量支架，施工风险高、安全程度低、施工期长，对桥址交通冲击大，对周边环境和施工质量也有较大影响。因此，采用预制装配工法，减少现场浇筑混凝土，以无支架或少支架现场作业，成为桥梁建造的发展方向。

预制装配技术将桥梁工程由传统的现浇工法转向桥梁建造工业化、绿色化及智能化。预制装配式桥梁技术要求桥梁建设达到标准化设计、工厂化生产、装配化施工和信息化管理，以推进桥梁工程工业化发展。预制装配技术采用工厂预制加上现场装配，可减少现场施工工期，降低对交通的影响，对环境干扰减小，提升工程安全质量和文明施工水平，以及降低社会成本，符合可持续化建造理念。

预制装配技术最早源起于法国，应用于预应力混凝土梁，之后推广至预制桥梁上下部结构全部构件。用于上部结构为预应力混凝土梁或钢及混凝土组合梁，下部结构为混凝土构造，预制装配工法将传统的分段现浇施工缝改为分段预制后连接。预制装配技术适用于桥面板、大梁、桥墩、桥台、承台、管桩、桩板式路基、箱涵、小型构件。预制装配式桥梁以标准化、重复性、工厂预制、现场装配来减少现场施工时间，预制不受气候影响，具有质量高、耐久性好等特点。预制装配工法由部分预制（如上部结构）发展到全桥预制（含上部结构、下部结构、附属结构、路基等）。预制装配式桥梁对于规模中、小的项目，单位造价虽较传统工法高，但考虑到工期短，可减少对交通环境的冲击，整体造价计入社会成本仍然较传统工法低，且可有效降低施工风险，大幅提高施工人员安全。

国务院和有关部委鼓励大力推进预制装配式建造模式，相继出台了《国务院办公厅关于大力发展装配式建筑的指导意见》（2016年）、《住房和城乡建设部等部门关于加快新型建筑工业化发展的若干意见》（2020年）、《住房和城乡建设部等部门关于推动智能建造与建筑工业化协同发展的指导意见》（2020年）等指导和纲领性文件。建造业的碳减排要在建材、建造、运营等方面多管齐下。

全预制装配式桥梁是将桥梁主要构件通过工厂化预制，运至现场后拼装，少量部位进行现浇的建造技术。在实际工程中，主要将桥梁的桩基、墩柱、盖梁、主梁、护栏等构件在工厂进行整体预制或节段预制，将桥梁的承台、桥面铺装等进行现场浇筑。该技术实质是将现场的顺序施工转化成工厂与现场的并行施工，具有减少碳排放、提高工程质量、节约工期、提高劳动效率等优点。本节从下部结构和上部结构两方面简述全预制装配式桥梁的发展历程。

桥梁下部结构的预制主要体现为盖梁与桥墩的工厂预制。第一座采用预制拼装桥墩技术建造的桥梁是美国20世纪80年代开始建造的林恩湾（Linn Cove）高架桥。位于美国科罗拉多州的威尔帕斯（Vail Pass）桥的桥墩也采用了有黏结后张预应力筋的连接方式。随着人们对预制拼装结构抗震性能的进一步研究，墩柱、盖梁的预制拼装技术开始推广。在21世纪初，我国诸多特大桥梁工程施工中，桥梁下部构件的预制拼装也得到了大规模的应用。上海长江大桥、东海大桥、港珠澳大桥等海上桥梁的桥墩和箱梁全部采用预制拼装工艺。

从20世纪60年代开始，我国开始在桥梁上部结构中采用装配式建造工艺，发展了预制T梁、小箱梁、预制空心板、整孔安装箱梁及节段拼装箱梁等装配式桥梁建造技术，并进行了极为丰富的工程应用。进入21世纪后，上部结构预制拼装逐渐在我国推广开来，技术逐步成熟，主要分为整孔预制、分片预制、节段预制三类。受限于吊装重量，整孔预制主要适用于铁路桥梁、轻轨桥梁等相对较窄的桥梁，工厂整体预制后整体运输至现场进行安装。

主梁是桥梁上部结构的主要承重构件。部分桥梁桥面较宽,为了加快施工进度,桥梁设计人员逐渐研发出了T梁、空心板、小箱梁等分片预制的结构,运至现场架梁后再进行横向连接。其中T梁桥截面可以充分发挥混凝土和钢筋的性能,较为轻便,可以提高承载力,并且T梁容易实现预制拼装,施工工期短,施工成本低,因此,T梁广泛应用于国内公路建设之中。例如京秦高速公路(G0121)遵秦段的滦河大桥(图1-1),全长4.104km,纵向跨径布置为5×40m+5×35m+83×40m+120m+7×40m,引桥下部结构采用装配式工艺,全桥预制墩柱达392根、预制盖梁196榀、预制T梁1600片。

图1-1 京秦高速公路(G0121)遵秦段滦河大桥装配式施工

在T梁结构的基础上,先张预应力混凝土双T梁(图1-2)被研发和应用。双T梁具有以下技术特点与优越性:

(1)结构性能好,成本低廉。先张预应力混凝土双T梁的截面比较简单,便于生产。由于先张预应力混凝土双T梁都采用工厂生产,便于管理,能够通过控制生产工艺有效控制双T梁的质量。同时由于双T梁宽度的增加而使材料、人工、运输及安装费用减少,使得双T梁的造价比较低。

(2)制作方法简单。先张预应力混凝土双T梁的外形比较简单,先张法施工工艺成熟、省料、省时、省工,并且产品质量好。

(3)整体性好。先张预应力混凝土双T梁的整体受力性能好。双T梁较宽,使桥面纵向接缝减少,且重量适中,结构稳定性好,便于起吊与安装。

（4）应用前景广阔。先张预应力混凝土双T梁不仅可用于桥梁工程中，而且可以作为楼面板使用在民用建筑中。

图1-2　先张预应力混凝土双T梁

对于装配式桥梁下部结构，预制桩基发展较早且应用较广泛。预制管桩是应用很广泛的一种预制桩基形式，目前形成了完善的技术标准体系，例如《先张法预应力混凝土管桩》（GB/T 13476）、《公路桥梁预应力混凝土管桩基础技术规程》（T/CECS G：D67-03）、《预应力混凝土管桩技术标准》（JGJ/T 406）、《锤击式预应力混凝土管桩工程技术规程》（DBJ/T 15-22）、《先张法预应力混凝土管桩用端板》（JC/T 947）等。铁道部丰台桥梁工厂于20世纪60年代末生产了国内首根先张法预应力水泥混凝土管桩，主要用于铁路桥梁的基础。预制墩柱由于其抗震性能未取得共识，早期仅用在工期紧、运输条件优良的跨海大桥，且大部分采用现浇湿接缝连接，如东海大桥与上海长江大桥的墩柱均采用了预制场制作、海上吊装、湿接缝连接工艺，港珠澳大桥采用预应力粗钢筋配合剪力键（槽）的干接缝施工工艺。随着新材料、新技术的引入和研发，加上传统建造模式弊端的日益突显以及绿色建筑理念的倡导，2012年预制墩柱开启了在城市桥梁中的首次应用。

装配式的桥梁有两个"直线预制"，一是纵向梁体按直线制作，二是横向梁块按等截面"直线"制作。所有装配式桥梁都是"以折代曲、以弦代弧"。因此，对于曲线桥梁来说，曲线半径、桥梁的跨径成为两个重要的参数。当曲线半径较小时，不能采用跨径大的装配式结构，否则需采取很复杂的"几何"处理措施。曲线桥梁的装配式布梁如图1-3所示。

由于各跨采用了相同的布梁原则，在墩顶处会出现折线角α。对于简支结构来说，不会有很大影响，但对于先简支后连续的预应力结构来说，会对墩顶施加预应力产生一定影响。由于张拉时必须满足钢束的最小平弯半径（常规采用15.2mm钢束，$R=6$m）要求［《公路钢筋混凝土及预应力混凝土桥涵设计规范》（JTG 3362—2018）第9.4.10条］，同时平弯切线点不得侵入预制梁体内，这样必然会对折线角α的大小有所限制，如图1-4所示。

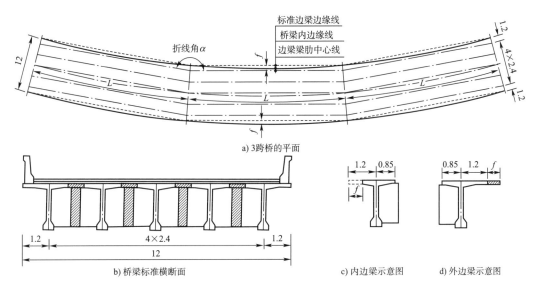

图1-3 曲线桥梁的装配式布梁图（尺寸单位：m）

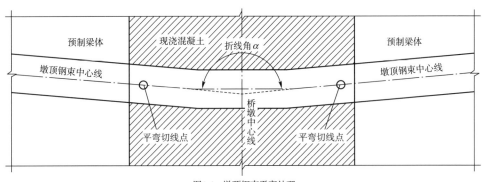

图1-4 墩顶钢束平弯处理

在曲线半径不变的情况下，减小跨径L能有效减少矢高f和折线角α。也就是说，当曲线半径较小时，适当缩减跨径L是必须的，但前提是满足桥梁的主要使用功能——跨越障碍物。

前面讨论的仅是几何关系上对曲线桥的影响，一般情况下，桥梁的跨径是依据使用功能来确定的，是首要的决定因素。当跨径确定，而桥梁又恰好处在小半径的平曲线上时，将使得桥梁的布梁很难进行，因此，从几何关系上来说，曲线半径较小时不宜采用装配式结构。从曲线桥与直线桥的受力特点来说，曲线桥梁是空间结构，由于平面圆弧曲杆挠曲与扭转耦合，不但垂直于弯曲平面的竖向力可以产生弯矩和剪力等内力，竖向荷载对曲梁剪力中心线的偏心扭矩也可以产生这些内力。更重要的是，由自重和预加力产生的扭矩和扭转变形是不容忽视的，在曲线半径较小、较大跨径的曲线梁桥中，主梁组合最大扭矩有时可达纵向最大弯矩值的50%以上。相关研究认为，圆心角、曲线半径、桥梁宽度以及截面抗弯抗扭刚度比等，是区分曲线梁和直线梁受力特征的主要因素。

我们把 ξ 称为曲线影响综合系数：

$$\xi = \frac{L^2}{RW} \tag{1-1}$$

式中：L——跨径弧长；

R——曲线半径；

W——桥梁全宽。

在加拿大安大略省公路桥梁设计规范中，当 $\xi<0.5$ 时认为可用直线梁计算结果代替曲线梁。在其他条件相同的情况下，桥面越宽，曲线影响综合系数越小。曲线梁桥要求的抗弯刚度，与同样条件下直线梁桥差不多，但要求的抗扭刚度比较大。当曲线梁桥的横截面为箱形、空心板、实心板时，其截面尺寸可参考同样跨径、同样宽度的直线梁桥的有关尺寸，抗弯、抗扭强度一般都能满足要求；但如采用开口的梁肋式截面，其肋厚（主要是在支点附近的腹板厚）必须大大增加。同时抗扭的作用必然会影响到截面的横向联系（横隔板等）的受力加大，必要时应对横隔板等处的钢筋做处理。当半径一定时，桥梁较宽的曲线桥相对窄桥来说，曲线影响综合系数小，采用装配式结构"以折代曲"对结构的受力影响也较小。

如今装配式桥梁得以全面快速发展，研发了涵盖桩基、墩或墩柱、盖梁、桥台、挡土墙、主梁、防撞护栏等系列全部结构构件，并逐渐成为桥梁建设技术发展的主流，在上海、长沙、成都等地已有全装配式城市桥梁项目建成，广州、深圳首座全装配式城市桥梁也在施工中，预制装配式建设思想在桥梁结构等领域得到越来越多的应用，并取得了显著经济效益和社会效益。

1.2.2　全预制装配式桥梁的实体工程应用

1.2.2.1　国内工程应用

随着预制装配技术的发展，我国许多省（自治区、直辖市）将全预制装配技术应用于桥梁工程建设中。代表性地区全预制装配式桥梁的发展情况及实际工程如下：

1）上海市

地方政府的高度重视和企业的积极参与，使得上海成为国内全预制装配式桥梁发展最早、最快的地区，并积极探索装配式下部结构的构件预制与节点连接技术，促进了装配式下部结构在中国的发展。2005年建成的东海大桥就应用了预制墩柱，但由于当时技术的约束，预制墩柱与承台采用湿接缝连接，需在湿接缝混凝土强度达标后释放临时支撑。

2012年建成的上海S6沪翔高速公路工程进行了预制墩柱、预制盖梁设计（图1-5），墩柱与承台、盖梁均采用灌浆套筒连接，这是灌浆套筒在中国桥梁工程中的首次应用，也是我国装配式下部结构迈出的关键一步。2013年开工的嘉闵高架路（G2-S6）工程大范围推广装配式桥梁施工。该桥预制构件包含除承台以外的所有上、下部结构及防撞墙，并研发了盖梁横向分段预制，构件间采用灌浆套筒连接，预制装配率达到30%。

图1-5　预制墩柱、盖梁

2016年建成的国定路下匝道工程在国内首次应用灌浆金属波纹管连接技术，灌浆金属波纹管预埋于承台。

2017年开工建设的S7公路新建工程采用预制桥台及盖梁悬臂拼装技术，预制桥台与基础采用插槽式连接，盖梁拼接采用牛腿式垂直拼缝技术，其施工效果良好，是新技术的再一次大胆尝试。

2）浙江省

浙江临建高速公路首次在省内大规模推广预制装配化技术（图1-6）。经过建设单位反复分析研究，在桥梁分布集中、规模较大、结构繁杂、工期紧张的於潜枢纽区段，选取了总长3.6km、5座主线桥进行装配化施工。在传统高速公路建设中，桥梁的立柱和盖梁都在施工现场浇筑，人员投入多、现场作业时间长、环保压力大。预制装配式技术的应用，让预制构件与桩基施工同步进行成为可能。桩基施工时，立柱、盖梁已经在预制场开始提前制作、养护。桩基一旦施工完成，立柱、盖梁就可以直接运送到施工现场交给专业工人安装。实际总工期约600d，相较于现浇式施工节省工期120d。

图1-6 临建高速公路大桥的预制桥墩

东海大桥于2005年建成，是联结上海和浙江的一座大桥。由于海上作业平台和环境的限制，现浇施工非常困难，东海大桥Ⅲ标段非通航孔段采用预制墩身，其中墩身截面采用空心薄壁矩形形式，墩身高度8.8~34.05m，预制墩身与承台之间采用现浇湿接缝连接。

杭州湾跨海大桥于2008年建成通车，全长达36km。非通航孔主梁采用整孔预制架设，在控制吊重的基础上，桥墩采用分幅整体预制安装，墩身采用矩形空心截面。墩身底部采用湿接缝拼装，即锚筋采用现浇混凝土锚固到墩座中。墩身施工采用整体支座内导向定位方法，无须截断墩身主筋，提高了墩身拼装时的稳定性、施工效率和安装精度。

金塘大桥于2009年建成通车，联结浙江省舟山市和宁波市，全长达21km。非通航孔桥桥墩墩身采用新型杯罩结构形式，墩身为矩形空心变截面，采用分幅整体预制安装施工。预制墩身与承台均设置外伸钢筋，采用现浇混凝土湿接头的方式连接。工程质量检测及实际应用效果表明，预制施工效果良好，墩身无裂缝、混凝土剥落等质量缺陷，有效保证了墩身的耐久性及施工的便捷性。

2019年，浙江省宁波市机场快速路南延（鄞州大道—岳林东路）工程，为推进城市高架桥梁下部结构预制装配化的发展，选取具备进行桥梁下部结构预制装配化施工工艺条件的路段，并结合具有良好发展前景的超高性能混凝土（Ulra-High Performance Concrete，简称"UHPC"）开展桥梁下部结构装配化施工试验段研究工作。其预制墩柱施工工艺如图1-7所示。

| a) 承台表面处理 | b) 预制墩柱吊装 | c) UHPC 搅拌 |
| d) 下部灌注 UHPC | e) 预制盖梁吊装 | f) 上部灌注 UHPC |

图1-7 浙江省宁波市机场快速路南延工程UHPC预制墩柱施工工艺

3）湖南省

湖南省装配式桥梁建设起步晚，起点高，发展速度快。2015年施工的万家丽高架桥是省内第一座城市高架桥，采用整体现浇箱梁结构，施工占地多，施工期间交通拥堵严重。时隔1年，在湘府路快速化改造中彻底摒弃现浇施工，吸收上海在装配式桥梁领域的先进技术与管理经验，采用全装配式技术，预制构件包含墩柱、盖梁、钢梁、混凝土桥面板，墩柱与承台、盖梁均采用灌浆套筒连接，大盖梁间采用湿接缝连接；混凝土桥面板为分层预制结构，于预制厂和钢梁形成整体后一同运至施工现场，预制部分吊重控制在160t以内；整体结构架设完毕后浇筑上层现浇混凝土，减少了现场工作量，缩短了工期。积极探索新材料的应用是长沙全装配式桥梁建设的另一特点。2016年建成的北辰虹桥全长70.8m，跨径布置为（27.6+36.8+6.4）m，主梁混凝土强度为150MPa，采用节段预制拼装施工，主桥桥墩均采用100 MPa超高性能水泥混凝土整体预制。该桥是世界上首座全预制拼装预应力超高性能混凝土（UHPC）连续梁桥。

4）四川省

与湖南省相似，四川省装配式市政桥梁建设同样起步晚，起点高，发展速度快。2017年开工建设的羊犀立交改造工程主要包括增建羊犀立交节点7条匝道及对主辅道出入口进行改造和优化，其111根墩柱均采用预制，且创新地采用花瓶墩，墩柱与承台采用灌浆套筒连接，同时取消盖梁，结构更美观。其总工期仅345d。这是全装配式技术在我国西南地区的首次应用，实现了灌浆套筒连接技术在西南地震烈度较高地区的应用。

5）其他地区

安徽省针对公路领域桥梁推行了全装配化的工业化建造技术。全装配式混凝土通道代替传统现浇公路通道；装配式桩板无土路基解决土源匮乏问题，同时减少占地；大直径预制管柱、管桩，相关技术在合宁高速公路、合枞高速公路等项目进行了大量应用。

湖北省监利至江陵高速公路东延段项目9.95km桥梁采用装配式结构新工艺，上部结构采用预制钢混工字组合梁，下部预制盖梁、墩柱，基础采用大直径管桩。该项目是湖北省首次在高速公路建设中大规模采用工业化桥梁建造的项目，被列为交通运输部绿色公路建设典型示范工程。

山东省淄博市的首条城市快速路建设采用预制装配式施工技术，是淄博市首个预制装配式桥梁工程。该项目全线首根预制装配式墩柱吊装完成（图1-8），标志着淄博市进入了桥梁装配式建设的新时代。

图1-8　山东淄博快速路项目预制装配式墩柱

京秦高速公路（G0121）遵秦段的滦河大桥（图1-9）全长4104m，采用全预制装配工艺建造。墩柱、盖梁、T梁全部在场内预制，这些钢筋混凝土预制构件最小的55t，最大的达170t。系梁与墩柱、墩柱与盖梁之间通过套筒连接，每根墩柱的连接面通过36根直径36mm的预埋钢筋与套筒对接，而每个盖梁需要同时和2根墩柱对接，只有将墩柱安装精度控制在2mm以内，才能确保盖梁顺利安装。

新疆维吾尔自治区乌鲁木齐市东进场高架道路项目由上海市政工程设计研究总院（集团）有限公司设计牵头工程总承包（EPC）模式。该项目是新疆地区首个采用由设计单位主导EPC建设模式的市政建设项目，也是西北地区首个大规模采用桥梁装配式技术的基础设施工程。乌鲁木齐市东进场高架工程全长12.9km，沿线依次经过铁路、高速公路、主干道立交等重要节点。工程从立柱、盖梁至上部梁板结构基本采用"工厂预制+现场吊装"的方式进行施工，装配率达到90%。

图1-9　京秦高速公路（G0121）遵秦段滦河大桥

1994年澳门建成了新澳凼大桥是采用预制拼装桥墩的工程，该桥墩身采用工字形截面，划分为若干节段进行预制，采用后张预埋预应力钢筋将节段墩身与承台连接形成整体。

南京G312改扩建工程（江苏首座全预制装配公路桥梁，桥梁宽度国内最宽、预制构件吨位最重），对全预制装配式混凝土桥梁的设计、施工、质量检验、智能建造等技术进行系统研究，取得了以下主要创新成果：建立了适用于工业化生产的全预制装配式桥梁设计方法，提出了适用于超宽幅全预制装配式桥梁的结构体系；揭示了灌浆套筒连接件及砂浆垫层连接预制拼装桥墩的性能退化规律，研发了新型灌浆和砂浆垫层材料；基于深度学习神经网络、双目立体视觉识别技术，研发了适用于装配式桥梁建造的工厂构件空间形态智能扫描与误差重构、现场拼装误差智能识别及安装控制、BIM虚拟预拼装等智能建造关键技术；建立了全预制装配式公路桥梁质量检验与评定方法，编制了装配式混凝土桥梁专用质量检验评定标准。

港珠澳大桥连接香港、珠海、澳门三地，于2018年建成通车，是国内第一座在地震烈度Ⅷ度区采用预制拼装桥墩的跨海大桥。为确保足够的抗震抗震性能，该桥在国内首次采用桥墩和承台整体预制拼装，也是国内工程首次在下部结构中采用新型耐腐蚀钢筋。

台湾台中生活圈2号线东段、台中生活圈4号线北段及大里联络道工程其中几段采用了预应力连接技术。该项目预应力连接墩柱有高墩和矮墩两种形式,其中高墩底部节段采用现浇施工,提高墩柱耗能能力。

京雄城际铁路固霸特大桥连接北京和河北雄安新区,是我国首个实现全装配式桥梁的高速铁路建设项目,其主要特点是"标准化设计,工厂化生产,装配式施工"。顺利完成了全线926根直径1m大直径混凝土管桩、64个重达70t的墩柱、32个重达104t的墩帽和31孔重达900t的预制箱梁拼装。其预制件竖向连接均采用灌浆套筒连接。

1.2.2.2 国外工程应用

国际上也有许多国家和地区将全预制拼装桥墩应用于桥梁工程建设中。提到预制节段桥梁,就不能不提到尤金·弗雷西内(Eugene Freyssinet),他设计并建造了世界第一座预制节段桥(图1-10)。该桥主跨径为55m,桥宽为8m,位于法国中北部吕藏西(Luzancy),采用了双铰刚构体系,采用湿接缝混凝土进行节段拼接。该桥于1941年动工,由于第二次世界大战的影响,直到1946年才建成。该桥在2007年完成了一次技术状况检测评价。检测结果表明,在建成60年后,吕藏西桥的结构和节段水泥混凝土质量仍保持着良好在役状态。

图1-10 法国吕藏西桥

法国是预制节段桥的诞生地和桥梁建造技术发展的摇篮。同时,世界上第一座采用节段匹配预制法施工的大型桥梁也在法国,即由弗雷西内的门徒和工作伙伴让·穆勒(Jean Muller)设计的舒瓦西勒鲁瓦(Choisy-Le-Roi)桥。该桥位于巴黎南部,横跨塞纳河,跨径为37.5m+55m+37.5m,桥面宽28.40m,采用环氧树脂胶接,于1962年完工。

世界第一座采用短线法进行节段预制的桥梁是由穆勒设计的,位于法国皮埃尔

（Pierre），横跨罗纳（Rhne）河，主跨84m，建成于1965年。短线法的出现，降低了对节段预制场的空间要求，对桥梁几何外形和线路曲线适应性强，预制效率高，是预制节段桥梁建造技术发展史上的一次飞跃。

1966年建成的法国奥莱龙岛高架桥（Oleron Viaduct，图1-11），是世界上第一座采用造桥机建造的预制节段桥，该桥主跨26×79m，全长2862m。由于采用了先进建桥装备，成桥效率达到了平均每月270延米，建造周期缩短到了创纪录的两年。第一座采用造桥机建造的曲线桥梁是蜿蜒于瑞士日内瓦湖畔的Viaduc de Chillon高架桥（图1-12），该桥全长2210m，最大跨径104m，于1969年建成。

图1-11 法国Oleron Viaduct桥

图1-12 Viaduc de Chillon高架桥

20世纪70年代，预制节段桥梁建造技术在美国得到了长足发展，诞生了一批堪称经典的工程，如位于佛罗里达基维斯特（Key West），全长3680m的Dante B. Fascell跨海大桥。为简化建造过程，该桥第一次采用逐跨拼装工艺，第一次采用全体外预应力技术和干接拼装工艺，成桥速度达到每周2.5跨，高峰达到每周5跨，比预定工期提前数月完成，于

1982年通车。

建成于1984年的北卡罗来纳州林恩湾（Linn Cove）高架桥（图1-13），位于环境敏感的蓝岭公路内，道路线形复杂，最小曲线半径仅76m，道路横坡变化达到了10%。沿线巨大的冰川漂砾和树木作为景区的一部分，都不容许被扰动。为应对以上挑战，该桥第一次采用了连续悬臂节段拼装技术，第一次采用桥面起重机进行墩身节段拼装。建成后的桥梁与周围环境融为一体，堪称最美的预制节段桥。

图1-13　林恩湾（Linn Cove）高架桥

20世纪90年代，这些技术在全长38.5km的曼谷西拉特二期高速公路（Si Rat Second Stage Expressway）工程（图1-14）中得到了规模化应用。该工程由日本熊谷组设计施工，于1996年完工，典型跨径45.3m，共预制安装了20500个节段。

图1-14　曼谷西拉特二期高速公路（Si Rat Second Stage Expressway）工程

1991年，世界上第一次大规模使用预制节段桥梁建造技术的轻轨交通项目在墨西哥蒙特雷（Monterrey）建成通车，其中17.8km的高架线路和17个高架站全部采用了箱形预制节段梁，6503个节段均采用长线法预制完成，大部分为简支梁，仅有4组连续梁。简支梁梁体轴线均为直线，通过变宽桥面板来满足线路曲线要求，典型跨径27m，最大跨径36m。其中在车站使用悬臂式的预制横梁支撑旅客站台（图1-15）。

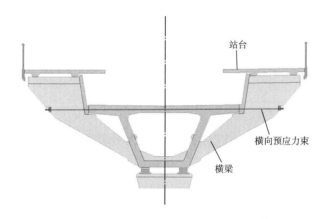

图1-15　蒙特雷（Monterrey）轻轨车站中采用预制横梁支撑的站台

12年后，同样在这个项目的2号延长线高架段上，为降低轻轨车辆运行噪声，提升桥梁外观的美学效果，第一次在轻轨交通项目上采用预制U形节段桥方案。U形梁典型跨径为37m，梁高1.9m，底板厚度0.25~0.3m，边墙厚度0.3m，典型节段质量约35t，采用美国国家公路与运输协会（AASHTO）*Standard Specifications for Highway Bridges*和美国混凝土协会（ACI）318-05进行设计。

在高速铁路工程中，桥梁普遍占比很高，采用预制节段桥梁建造技术，可以突破整孔运输的限制。目前，世界上最大的高速铁路预制拼装桥梁工程出现在2015年完工的法国图尔—波尔多高铁线路上，共7座高架桥采用了预制节段建造技术，总长3270m，典型跨径47m，桥面宽度12.9m，采用短线法预制，悬臂法连续架设工艺，材料为符合欧洲标准的C50/C60混凝土，体内体外混合布置预应力束。

文莱淡布隆大桥（图1-16），是文莱历史上最大的基础设施建设项目，是连接文莱本土和淡布隆区的重要枢纽工程。建成后，将把由文莱湾隔断的文莱本土和淡布隆连成一体，淡布隆区和文莱本土的车程可由2h缩短至15min左右。文莱淡布隆大桥将成为打通淡布隆区和文莱本土之间最快捷的通道，对淡布隆区社会经济发展，有着极为重要的意义。文莱淡布隆跨海大桥跨越文莱海湾，最具特色的CC4标段是由中国建筑承建，截至2022年4月，是全世界最多跨的全预制装配式桥梁。据介绍，该桥CC4标段穿越原始沼泽及海洋，施工环境复杂，全桥为全预制结构，采用英国标准建造，环保要求极高。中国建筑项目部独创"钓鱼法"施工，解决环保难题。所谓"钓鱼法"，就是"在桥上建桥"，施工中所有的机械设备"零着陆"，不触碰沼泽地面，不破坏雨林植被，全部在移动钢平台上完成桥梁桩基、桩帽、T梁架设等作业。与传统桥梁施工方法相比，该桥采用的"全预制拼装施工"更加节能环保，前方"搭积木"，后方"造积木"，把构件生产搬到工厂车间，不仅释放了现场场地，而且极大地减少了粉尘、泥浆等建筑垃圾对原始森林环境的影响。整座高架桥由7626根预制管桩、1926根预制桩帽和9650根预制T梁拼装而成，不论是管桩、桩帽还是T梁，构成大桥的每块"积木"均重达几十吨。为了更加科学高效地组织施工，项目部将全线划分为三个工区同时进行作业，其中P269和P739工区条件最为艰苦。P269工区冒着气泡的沼泽地无法落脚，要修桥必须要修筑钢平台通道，没有物资运输通道，钢平台难以搭建，施工人员想尽一切办法利用文莱湾海水涨潮的时机，将第一批钢栈道材料用货船运往沼泽地，先搭好一个据点然后向前推进，一步步拼出一条通道来。随后又开挖了从文莱湾向工区的物资运输航道，清淤长度约2600m，从此物资设备才有了正规的运输途径。

图1-16 文莱淡布隆大桥

英国HS2泰晤士河谷高架桥（Thame Valley Viaduct）的全部构件（图1-17），包括35个混凝土桥墩，全部采用"场外预制+现场安装"的建造方法，并采用造型极简的轻质结构，预制构件将降低2/3碳排放量。该桥底部距地面仅3m，共36跨，每跨长25m，全长880m。预制梁体直接相互固定，无需隔板，降低了高空作业风险，提高施工安全性。追求效率的施工方法则依赖于全部细节的精致设计，并通过先进施工技术实现。High Speed 2（HS2），是英国一条在建的高速铁路线。设计速度达400km/h，预计2026年完成伦敦至伯明翰段，2033年全线完工，成本超1000亿英镑。

图1-17　英国HS2泰晤士河谷高架桥 Thame Valley Viaduct

南苏丹自由桥于2022年5月19日正式开放（图1-18）。此桥是南苏丹的主要桥梁之一，跨越尼罗河，全长560m，宽12.9m，两端道路长达3640m，拥有1条机动车道，1条人行道，由日本国际商社（JICA）投资9100万美元建造。自由桥的建设目的是缓解朱巴桥的交通拥堵，为朱巴市（Juba City）和南苏丹经济活动以及整个东非地区的交通做出贡献。朱巴桥于1972年建成，全长540m，由于长时间超负荷承载重载卡车，急需维修。

1.2.3　技术标准发展

随着全预制装配式桥梁建设飞速发展，国家或行业、社会团体、企业也随之出台了一些相关的规范或标准。各种规范和标准的制定和颁布统一了全预制装配式桥梁的建造工艺及方法，大大推动了全预制装配式桥梁产业和应用的快速、健康发展。

1）国际技术标准

（1）《预应力钢筋束用水泥浆.第2部分：灌浆规程》（BS ISO 14824-2—2012）；

（2）《预制混凝土产品.线性结构》（BS EN 13225—2013）；

图 1-18　南苏丹自由桥

（3）《欧洲法规　1.对建筑物的作用．一般作用．实施中的作用》（BS EN 1991-1-6—2005）；

（4）《预应力钢筋用钢带材制钢筋鞘管．术语、要求和质量控制》（BS EN 523—2003）；

（5）《混凝土结构施工》（NF P18-450—2013）；

（6）《预应力钢丝索用钢带护套.试验方法．抗侧面负荷力的测定》（BS EN 524-4—1997）；

（7）《预应力钢丝索用钢带护套．试验方法．抗拉负荷力的测定》（BS EN 524-5—1997）。

2）国家和行业主要标准

（1）《公路装配式混凝土桥梁设计规范》（JTG/T 3365-05—2022）；

（2）《先张法预应力混凝土管桩》（GB/T 13476—2009）；

（3）《国家建筑标准设计图集 10G409 预应力混凝土管桩》；

（4）《预应力混凝土用钢材试验方法》（GB/T 21839—2019）；

（5）《预应力混凝土空心方桩》（JG/T 197—2018）；

（6）《高速铁路预制后张法预应力混凝土简支梁》（GB/T 37439—2019）；

（7）《预应力混凝土用钢棒》（GB/T 5223.3—2017）；

（8）《预应力混凝土路面工程技术规范》（GB 50422—2017）；

（9）《预应力混凝土用螺纹钢筋》（GB/T 20065—2016）；

（10）《预应力混凝土用中强度钢丝》（GB/T 30828—2014）；

（11）《预应力混凝土用钢绞线》（GB/T 5224—2014）；

（12）《预应力混凝土用钢丝》（GB/T 5223—2014）；

（13）《预应力混凝土钢棒用热轧盘条》（GB/T 24587—2009）；

（14）《预应力混凝土管》（GB/T 5696—2006）；

（15）《预应力钢筒混凝土管》（GB/T 19685—2017）；

（16）《先张法预应力离心混凝土异型桩》（GB/T 31039—2014）；

（17）《钢-混凝土组合桥梁设计规范》（GB 50917—2013）；

（18）《装配式公路钢桥 制造》（JT/T 728—2008）；

（19）《预应力混凝土桥梁预制节段逐跨拼装施工技术规程》（CJJ/T 111—2006）；

（20）《钢筋套筒灌浆连接应用技术规程》（JGJ 355—2015）；

（21）《预应力混凝土桥梁用塑料波纹管》（JT/T 529—2016）；

（22）《轻骨料混凝土桥梁技术规程》（CECS 202—2006）；

（23）《混凝土桥梁结构表面涂层防腐技术条件》（JT/T 695—2007）；

（24）《先张法预应力混凝土管桩用端板》（JC/T 947—2014）；

（25）《预应力高强混凝土管桩用硅砂粉》（JC/T 950—2005）；

（26）《先张法预应力混凝土管桩钢模》（JC/T 605—2017）；

（27）《先张法预应力混凝土薄壁管桩》（JC/T 888—2001）；

（28）《预制先张法预应力混凝土铁路桥简支T梁技术条件》（TB/T 2484—2005）；

（29）《公路钢筋混凝土及预应力混凝土桥涵设计规范》（JTG 3362—2018）；

（30）《钢筋连接用灌浆套筒》（JG/T 398—2019）；

（31）《钢筋连接用套筒灌浆料》（JG/T 408—2019）；

（32）《城市轨道交通预应力混凝土节段预制桥梁技术标准》（CJJ/T 293—2019）；

（33）《预应力混凝土管桩基础技术规程》（DGJ32TJ109—2010）；

（34）《预应力混凝土管桩技术标准》（JGJ/T 406—2017）；

（35）《钻芯检测离心高强混凝土抗压强度试验方法》（GB/T 19496—2004）；

（36）《城镇桥梁球形钢支座》（CJ/T 374—2011）；

（37）《城市轨道交通桥梁盆式支座》（CJ/T 464—2014）；

（38）《预应力混凝土管桩物流管理服务规范》（WB/T 1117—2021）；

（39）《建筑桩基技术规范》（JGJ 94—2008）；

（40）《预应力混凝土用金属波纹管》（JG/T 225—2020）；

（41）《钢筋连接用灌浆套筒》（JG/T 398—2019）；

（42）《钢筋连接用套筒灌浆料》（JG/T 408—2019）。

3）地方标准

（1）《先张法预应力离心管混凝土管桩》（DBJT29-44—2010），天津；

（2）《预应力混凝土空心方桩技术规程》（DBJ41/T130—2013），河南；

（3）《预应力混凝土空心方桩技术规程》（DB29-213—2012），天津；

（4）《预应力混凝土空心桩技术规程》（DBJ43/T386—2022），湖南；

（5）《预应力混凝土管桩基础技术规程》（DB42/489—2008），湖北；

（6）《锤击式预应力混凝土管桩工程技术规程》（DBJ/T 15-22—2021），广东；

（7）《预应力混凝土实心方桩基础技术规程》（DB32/T 4111—2021），江苏；

（8）《预应力混凝土管桩基础技术规程》（DBJ 61/T 101—2015），陕西；

（9）《节段预制拼装混凝土桥梁设计与施工规范》（DB32/T 3564—2019），江苏；

（10）《水泥土复合混凝土空心桩基础技术规程》（DB37/T 5141—2019），山东；

（11）《公路全预制装配式双T梁桥技术规范》（DB13/T 5578—2022），河北；

（12）《预应力混凝土管桩技术规程》（DB13（J）/T 105—2017），河北；

（13）《节段预制拼装预应力混凝土桥梁设计标准》（DG/TJ 08-2255—2018），上海。

4）社会团体标准

（1）《公路桥梁预应力混凝土管桩基础技术规程》（T/CECS G:D67-03—2021）；

（2）《钢筋锚固用灌浆波纹钢管》（T/CECS 10098—2020）；

（3）《预制拼装混凝土桥墩技术规程》（T/CCES 31—2022）；

（4）《桥梁工程用预制混凝土管桩技术规程》（T/CCPA 37—2022）；

（5）《钢筋锚固用灌浆波纹钢管》（T/CECS 10098—2020）；

（6）《先张法预应力混凝土薄壁管桩》（JC/T 888—2001）。

5）企业标准

（1）上海汤始建华管桩有限公司《先张法预应力混凝土圆形空心桩（插销式连接）》（Q31/0117000261C012）；

（2）安徽金星预应力工程技术有限公司《连续梁桥预应力筋用接长锚》（Q/JX20—2017）；

（3）湖北三和管桩有限公司《先张法预应力混合配筋高强混凝土管桩》（Q/HBSH06—2016）；

（4）辽宁新天宇业水泥制品有限公司《预应力混凝土实心方桩》（Q/LXS001—2015）；

（5）柳州市威尔姆预应力有限公司《预应力筋用锚具、夹具和连接器》（Q/VLM01—2016）。

1.3 本书主要内容

全预制装配式桥梁是时代发展到一定程度后的产物，这不仅需要关键技术的突破，更需要配套流程、工艺及管理措施。然而，由于局限于个别投标项目或具体的实施工程，且施工完成后难以及时进行系统总结提升，目前尚未形成可指导后续施工的成套技术成果。这使得后续的每次经营生产活动都必须花费大量的人力、物力、财力，从头开始，重新研究和技术攻关，总体工作效率受到很大影响。国外发达国家对装配式桥梁技术施工方案和设备配置，以及管理逐步进行了完善，对装配式桥梁施工工艺研究有较成熟的方法和理论。而国内装配式桥梁目前还处于探索实践阶段，国内各地区的发展参差不齐，目前尚无统一的、系统的规范和标准可供直接应用和参考。预制梁场的投资建设、配套施工机械的研发仍不充分，装配式桥梁设计、施工、养护技术标准体系亟待完善。

要充分发挥全预制装配式建造技术的优势，需要实行全过程一体化规划，需要在工程的规划、设计、研究、施工、养护等各个方面进行配合协调。荣乌高速公路新线全预制桥梁实现智能建造，是河北省第一座全预制装配式桥梁。本书以该标段项目为示范工程，对全预制装配式桥梁建造技术的设计、试验研究，以及预制装配施工进行分析和总结，主要内容包括：

（1）开展全预制装配式预应力混凝土双T梁桥结构设计研究，依据结构的形式特点，建立有限元分析模型，从施工阶段及成桥永久作用分析、正常使用极限状态验算、承载能力极限状态验算、桥梁纵横向湿接缝验算、桥面板验算等方面总结出体系化结构设计步骤，以期为后续桥梁上部结构设计提供技术借鉴；对设计的重点和难点进行分析，总结设计经验。

（2）开展全预制装配式预应力混凝土双T梁桥构造试验研究，包括双T梁足尺试验研究和各预制构件连接构造试验研究，从试验模型设计、试件制作、量测系统、加载制度、试验现象描述及试验结果分析等方面进行体系化总结，为设计与施工规范和标准的编制提供依据。

（3）开展全预制装配式预应力混凝土双T梁桥施工工艺研究。对装配式先张预应力混凝土双T梁与大直径预制管柱的预制技术，以及预制双T梁、预制管桩、预制管柱、预制盖梁的装配施工技术等方面进行分析和总结，为形成装配式桥梁施工技术标准体系提供基础，给全预制装配式混凝土桥梁施工提供参考，提升国内装配式桥梁施工水平。

（4）对BIM+GIS及全寿命周期智能管理平台在全预制装配式预应力混凝土双T梁桥施工中的应用进行研究。

第 2 章 关键技术研究

2.1 预制装配式桥梁下部结构研究现状

桥梁下部结构指的是支承桥梁上部结构并将其荷载传递至地基的桥墩、桥台和基础的总称，桥墩作为桥梁结构的主要承力构件，对桥梁的整体性能有着至关重要的影响。近些年来，国内外许多学者对全预制装配式桥梁下部结构及其部件进行了深入研究，包括预制装配式桥梁下部结构的构造、连接方式、高性能材料、灾后修复等。

1）下部结构预制装配的构造形式

预制装配式桥梁下部结构的形式与构造是预制装配式桥梁应用与研究的重要方面，预制装配式桥梁下部结构的构造形式对桥梁受力性能、抗震性能、可恢复水平等的影响已受到工程与学术界的共同关注。

抗震性能是下部结构的重要性能指标。刘钊和陈家勇开展了预制拼装桥墩的构造设计及抗震性能研究，提出预制拼装桥墩的墩顶荷载 - 位移曲线解析计算和预制拼装框架墩基于性能的抗震设计方法。台湾省高雄第一科技大学的郑锦铜，通过变化试验参数开展了 58 次预制拼装框架墩的振动台试验，研究了其动力特性与抗震性能，并推导了试验墩阻尼系数的计算方法，同时提出配合适量的钢筋连接，桥墩的能力足够满足抗震设计要求；布占宇和唐光武在欧昱辰试验研究的基础上，采用纤维梁柱单元建立了无黏结预应力带耗能钢筋的预制墩柱模型，研究了预制拼装墩柱的拟静力抗震性能，其抗震能力有明显提高。

工法与设计研究是预制拼装桥梁下部结构研究中的重要组成部分。韩国的 Kim 对四个具有预制基础的预制节段桥墩试件进行拟静力试验，实现了具有预制混凝土基础的预应力混凝土桥墩在中等地震发生之后，只需要少量维修即可恢复使用功能，使拼装结构向着更易于修复的方向迈出新的一步。

拟静力试验和动力试验是研究预制拼装构件抗震性能必不可少的手段。北京交通大学的高聪设计制作了两个混凝土节段拼装墩进行拟静力试验，并利用 ABAQUS 进行有限元模拟，对节段拼装桥墩的受力行为、破坏模式及分析手段等进行了探讨，最后提出了三种有利于改善预制拼装墩受力行为的构造措施。杜青等提出了当轴心布置预应力筋开始伸长后，计算模型需要不断进行迭代，以得到墩顶某一位移时的受压区高度，进而根据截面静力平衡条件计算其抗侧强度；通过这种对预制节段桥墩截面的新型设计方法，使计算效率得到了明显提升。欧昱辰开展了空心截面节段拼装桥墩的拟静力试验和拟动力试验，针对预应力钢筋的预应力度、消能钢筋等参数变化对桥墩行为的影响进行了研究；针对使用不锈钢钢筋和传统钢筋在预制混凝土节段桥墩反复载重行为的效能钢筋设计了三个试件，进行了拟静力试验研究，试验结果表明，使用不锈钢消能钢筋比有充分握裹的传统消能钢筋有更好的位移量、较大的侧推力和较大的效能。

在美国内华达大学 Reno 分校地震研究中心，Motaref 和 Saiidi 等为增加预制拼装桥墩的耗能能力，提出了新型节段拼装桥墩，并采用振动台试验和纤维模型进行了分析研究；Palemermo 和 Pampanin 对带有耗能钢筋的干接缝节段拼装桥墩进行了拟静力试验研究，研究结果表明：与常规钢筋混凝土桥墩相比，节段拼装桥墩具有很小的损伤和拟静力残余位移，提出了耗能钢筋和预应力钢筋的设计取值指导意见。

王文炜等人提出了一种在墩底外侧设置耗能钢板的预制装配式桥墩结构，并基于三线型骨架曲线模型提出了外置耗能钢板预制拼装桥墩骨架曲线计算方法。同时，他们研究了预应力度、预应力钢绞线布置位置、耗能钢板用量以及开槽率对装配式桥墩的影响。数值模拟结果表明，增大预应力度可提高承载力和刚度，但延性有所降低。预应力钢绞线布置在周围时，桥墩的承载力、刚度与耗能能力得到提高。钢绞线布置在中心时，桥墩延性有所提高，屈服后变形能力较强。增加耗能钢板用量可提高桥墩的承载力和刚度并且能够在一定程度上弥补开槽率的增大对结构的不利影响。

预制拼装桥梁下部结构的新型构造及构件层出不穷，为工程与学术界提供了丰富的参考方向。Li 等提出了一种预制后张分段式 UHPC 桥墩（图 2-1）。这种桥墩与传统分段混凝土桥墩相比，可以有效地减少墩柱损伤并提高柱的耗能能力。他们评估了预制分段

UHPC柱支撑的桥梁结构的地震易损性和地震生命周期损失。结果表明，与整体式钢筋混凝土桥相比，预制分段式UHPC桥有相似的峰值加速度和更大的峰值位移。但与传统的整体式混凝土桥墩相比，分段式UHPC桥墩的残余变形较小，可以有效降低桥梁的损坏概率和生命周期损失，因此在高地震活动区使用这种桥墩具有明显的经济效益。

李建中、葛继平对三种节段拼装桥墩、一种普通钢筋混凝土桥墩和一种无黏结预应力混凝土桥墩进行了拟静力和振动台试验研究。结果表明：节段拼装桥墩在循环荷载作用下不会发生现浇的钢筋混凝土桥墩出现的塑性铰，会发生接缝的交替张开闭合。

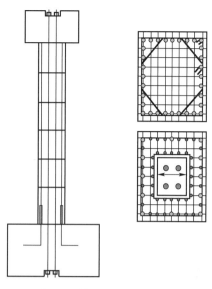

图2-1 预制后张分段式UHPC桥墩

节段拼装桥墩的损伤程度比现浇钢筋混凝土桥墩小得多。在接缝位置布置纵向耗能钢筋，可以增加试件的抗弯强度，延缓接缝的张开，增强滞回耗能能力，增加试件的残余位移。普通钢筋混凝土桥墩、带有耗能钢筋的节段拼装预应力混凝土桥墩显示了较大的拟静力残余位移。节段拼装预应力混凝土结构可以取得与普通钢筋混凝土结构一样的荷载-位移骨架曲线，从残余位移的角度讲，节段拼装有黏结预应力混凝土结构旗帜型的荷载位移滞回关系是比较理想的滞回关系。

为了减小预制拼装式桥墩下部结构震后残余变形，Mander和Cheng设计了允许桥墩绕墩底转动的无黏结后张预应力桥墩构件，并针对其抗震性能及损坏后的加固性能进行了试验研究。试验结果表明：侧向承载力和抗剪能力主要由预应力和重力决定，摇摆墩柱试验后无损伤，残余位移为零，具有明显的自复位能力；强震后，预应力筋中的预应力大小需要检查，必要时更换或重新张拉预应力筋。防灾科技学院的孙治国等，开展了外置角钢摇摆-自复位双柱墩抗震性能分析，研究表明，摇摆-自复位双柱墩侧向初始刚度减少，自振周期增大，震后残余位移小。Zhang等人研究了在强地震作用下，具有新型自定心分段混凝土填充钢管柱的桥墩抗震性能。这种桥墩包括两根预制后张预应力自定心钢管混凝土单柱，通过支座连接到单跨度钢梁上部结构，内部无黏结的预应力钢筋安装在节段的中心，外部耗能钢筋安装在底部节段的外部；测试结果表明，这种桥墩具有良好的自复位能力。李宁等提出了一种内置耗能钢筋的预制拼装钢管混凝土自复位桥墩，用以推广可恢复功能的预制装配式桥梁结构体系在中高烈度区的应用。他们首先阐述了此桥墩的基本力学特性，并基于桥墩的变形行为和非线性变形特征，考虑底部耗能钢筋和混凝土变形不协调引起的应变渗透效应，利用"图乘法"和"修正的等效悬臂梁理论"，提出了一种不需要迭代的变形分析模型，并与循环往复加载试验、已有变形分型模型和 OpenSees 开发的纤维模型（图 2-2）进行了对比。结果表明，提出的变形分析模型可以略保守地预测预制拼装钢管混凝土（CFST）自复位桥墩的各阶段载荷 - 变形关系曲线，为新型结构设计提供参考。

2）下部结构预制拼装的连接方式

预制拼装桥墩连接的强度是影响桥墩承载能力的关键因素。同时，其连接形式或相应构造的力学性能研究也为后续开展预制装配式桥墩抗震性能分析奠定了基础。

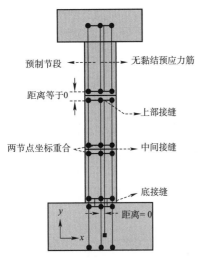

图 2-2 节段拼装自复位桥墩的纤维模型

魏红一、刘丰对现浇、承插和节段拼装预应力混凝土桥墩进行了在定轴力和水平力作用下的拟静力试验。试验研究表明：节段试件的破坏主要集中在接缝处，尤其是位于承台处的接缝，墩柱节段没有破坏。现浇式和承插式试件的破坏形态均是以弯曲破坏为主的延性破坏，但承插式试件有塑性铰上移的趋势。现浇式和承插式试件中，无预应力筋试件的滞回环较饱满，自复位能力弱；有预应力筋试件的滞回环相对不饱满，自复位能力强。有黏结预应力钢筋的结构水平抗力明显好于采用无黏结的预应力钢筋的结构。节段数目对抗力的影响较小。预应力节段试件的拟静力残余位移比普通钢筋试件的小，几乎可以忽略不计。Hewes 和 Priestley 对四根采用无黏结预应力筋连接的节段拼装混凝土摇摆体系桥墩进行了循环加载试验，研究了其强度和变形特征。

振动台试验能够模拟预制拼装构件连接在地震作用下的受力状态。美国的赛德瑞·彼得罗斯等在拼装墩的接缝处采用摇摆 - 滑移组合接头，进行了振动台模型试验。研究结果表明：接头的摇摆耗能较低，接头处的滑动可显著改善结构的滞回耗能，减少结构损伤，且在接头损坏前的摇摆阶段复位能力良好。

预制拼装的新型连接方式是工程师们的探索方向之一。韩艳等较系统地研究了墩柱嵌入深度、灌浆料强度等因素对承插式装配桥墩抗震性能的影响。试验研究表明，承插式桥墩的承载能力有随承插深度或灌浆料强度的增加而增大的趋势。并由此提出了通过采用合理的墩柱嵌入深度及灌浆料强度，可以使承插式装配桥墩的抗震性能接近于整体式现浇桥墩的观点。田琪、陈兴冲、朱东生等人开展了拼装式双柱桥墩盖梁与墩柱间的插入式接头和预应力接头的承载能力与滞回特性的试验研究。

对连接构造进行改进,能够提高结构的抗震能力。Jia 等通过在墩柱塑性铰区域设置弹性垫片,提高其抗震性能。结果表明,带有注浆金属波纹管连接的预制混凝土桥墩(图 2-3)的主要地震指标与现浇桥墩的相似。并且通过在墩柱塑性铰区域设置弹性垫片,有效减少了桥柱底部的局部混凝土损伤,同时提高了能量消耗能力。他们建议在预制桥柱中使用层压弹性垫片,以保持必要的初始刚度和能量消耗能力。同时,应通过在弹性垫中心插入矩形或方形钢管,来防止纵向钢筋过度屈曲和剪切变形。

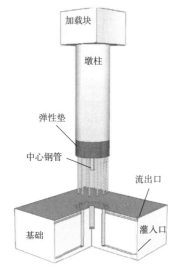

图 2-3 带有注浆金属波纹管连接的预制混凝土桥墩

灌浆套筒在预制拼装式桥梁构件的连接中扮演着重要角色。徐文靖等针对采用灌浆套筒连接的预制拼装桥墩与整体现浇桥墩的性能差异,以及不同直径的灌浆套筒对此类预制拼装桥墩抗震性能的影响进行了比较。结果表明,采用墩身预埋灌浆套筒连接的预制拼装桥墩,因套筒刚度大,易在墩身套筒连接段形成刚性区域,发生墩身曲率重分布现象,使墩底接缝处曲率增大,应变集中,使桥墩最终破坏形式由传统的塑性铰区域混凝土破坏转变为墩底接缝处钢筋拉断;周中哲试验研究了所有节段全部采用套筒约束方案,附加了耗能装置。建立了具有两个塑性铰的墩柱的位移计算方法。

应用拟静力试验或振动台试验可以模拟灌浆套筒在工作状态下的状态,便于研究其抗震性能。李嘉维开展了灌浆套筒连接装配式双柱墩的双向拟静力试验。研究发现,在强轴方向,桥墩耗能、强度、变形和延性等指标与现浇桥墩相似,但在弱轴方向,其性能明显弱于现浇墩;Xia 等通过振动台试验,对预制节段混凝土双柱(PSCDC)钢套筒连接和灌浆波纹金属导管(GCMD)连接桥墩的抗震能力进行了评估,并指出 PSCDC 桥墩的破坏主要是由连接节点的循环开闭引起的。

Yang 等提出了可用于设计的灌浆套筒(图 2-4a)连接有效应力 - 应变关系模型,通过局部黏结应力滑移试验,包括钢筋初始施工误差的影响,对横向压力影响进行了标定,并进一步通过求解长黏结灌浆套筒连接的黏结应力滑移行为的控制方程,提出了有效的应力应变模型。在这个模型中,灌浆套筒连接可以等效为具有较高弹性模量和屈服强度的钢筋,且等效弹性模量随初始施工误差的增大而减小。通过对长黏结灌浆套筒连接和预制混凝土墩进行试验,验证了所提出的模型的有效性,并利用该模型成功地模拟了预制混凝土桥墩在循环荷载作用下的性能(图 2-4b)。

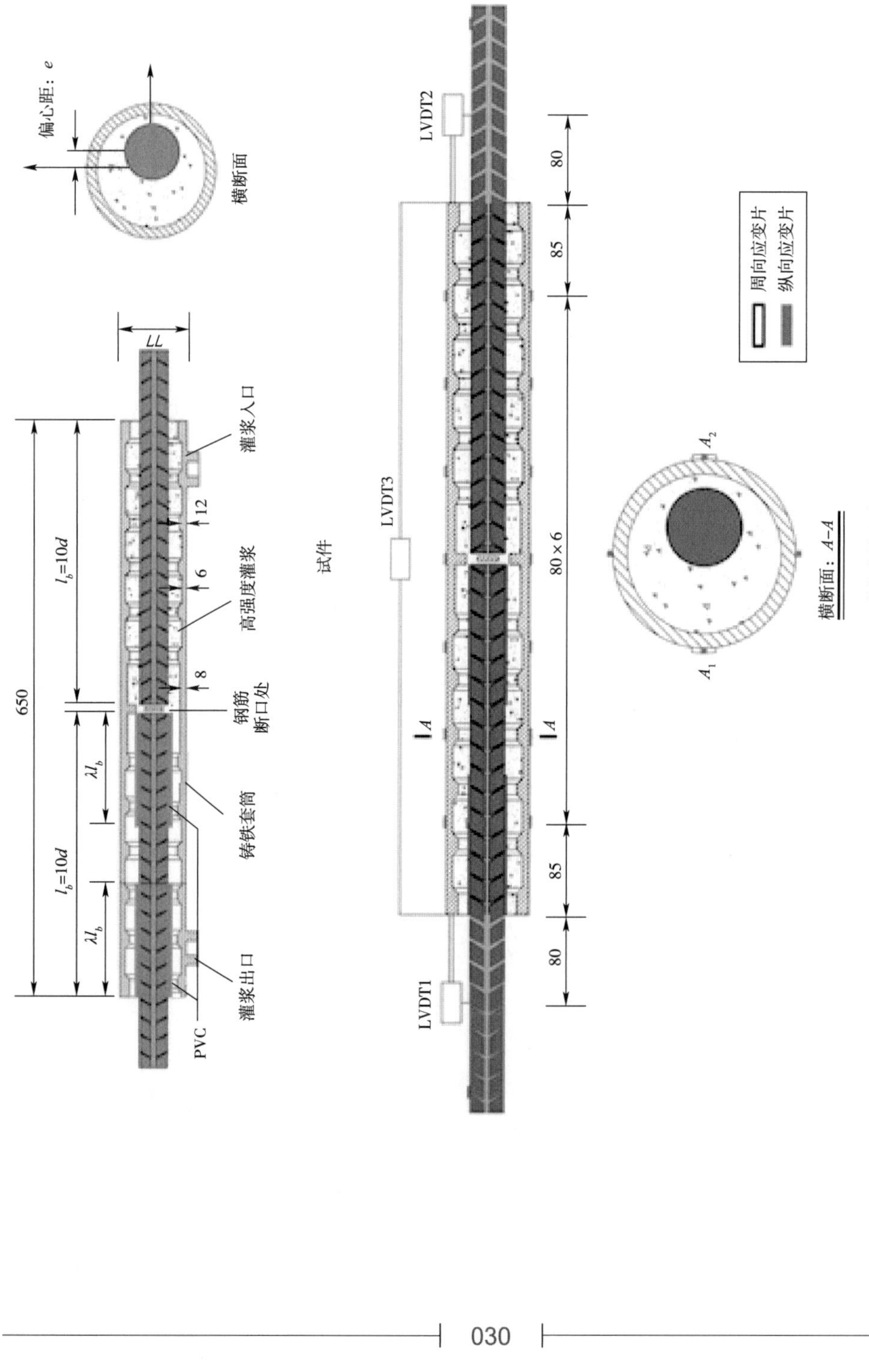
偏心距：e
横断面
LL
灌浆入口
12
6
高强度灌浆
8
钢筋
断口处
铸铁套筒
灌浆出口
PVC
650
l_b=10d
l_b=10d
λl_b
λl_b
试件
LVDT1
LVDT2
LVDT3
80
85
80×6
85
80
A
A
周向应变片
纵向应变片
A_1
A_2
横断面：A-A

a) 灌浆套筒试验

图 2-4

第 2 章 关键技术研究

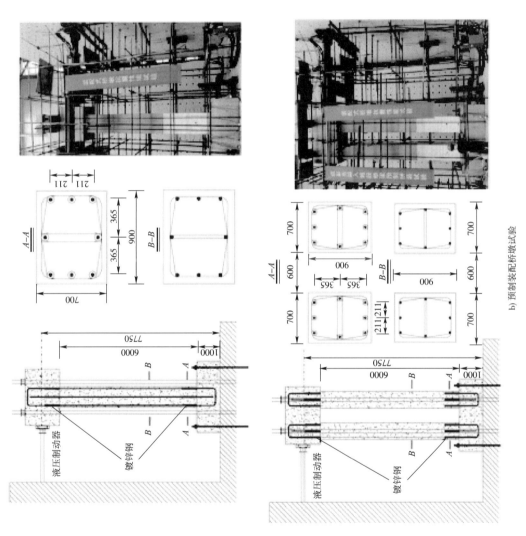

图 2-4 灌浆套筒试验与预制装配桥墩试验（尺寸单位：mm）
b) 预制装配桥墩试验

灌浆套筒的抗震能力是工程师重点关注的性能指标之一。逯艳东等针对灌浆套筒以剪切或弯剪破坏为主的矮墩抗震性能研究较少的现状，对现有桥墩抗剪强度设计公式的适用性进行分析，同时与现有的试验结果对比，提出了基于既有的现浇桥墩计算公式、拼接缝直剪公式和整体剪切计算公式均与试验结果存在较大差异的观点，并给出了相应的修正公式。Liu 等通过试验研究了灌浆套筒在不同部位对桥墩抗震性能的影响，结果表明墩柱底部带有灌浆套筒的桥墩的裂纹较少，且塑性铰位于灌浆套筒的末端，但其耗能能力较差。带有灌浆套筒的试件由于高强度灌浆料增强了柱与基础之间的界面黏结性能，使每个循环的峰值荷载都更高。因此，他们不建议在高地震地区应用墩柱底部带有灌浆套筒的桥墩。

3）下部结构预制拼装连接的高性能材料

国内外结构工程界对预制装配式桥梁下部结构的性能日益重视，在连接处采用高性能材料能够提升构件拼装连接的耐久性及抗震性能。

Zhen 等提出了一种采用搭接大直径钢筋和超高性能混凝土（UHPC）灌浆的新型连接方式（图 2-5）。为了研究考虑滑移效应的桥墩抗震性能，建立了过循环荷载试验验证的数值模型，研究了变形量对横向变形的贡献以及大直径钢筋对抗震性能的影响。通过数值模拟发现，所有拔出的试件均为钢筋的受拉断裂，这表明当钢筋直径不超过 32mm 时，UHPC 中变形钢筋的钢筋长度为钢筋直径的 5 倍就可以满足抗震要求。同时，他们提出：较大的钢筋直径可以增强桥墩变形能力，减少残余变形与滑移对桥墩侧向变形的影响。

图 2-5 搭接大直径钢筋和 UHPC 灌浆的新型连接方式

Billington 等提出了在非抗震设防区的中小跨径规则桥梁下部结构中适用的节段拼装体系，比较了采用延性纤维加劲水泥复合材料的桥墩体系与一般混凝土桥墩体系的差别，考察了普通钢筋是否屈服以及塑性铰区域出现分布细裂缝的情况。

为实现预制节段拼装桥墩地震动力响应与震后残余位移的同步控制，蔡忠奎等提出以高强钢筋替代传统预制节段拼装桥墩中普通贯通钢筋的新方案。为验证该方案的有效性，对比分析了配置普通热轧带肋钢筋 HRB400、HRB500 和精轧螺纹钢筋 PSB785 的预制节段拼装桥墩模型的抗震性能。首先，他们提出了预制节段拼装桥墩（PSBC）纤维模型建模方法，并通过与前人试验进行对比，验证了建模方法的有效性；然后，针对上述 3 类预制节段拼装桥墩模型开展单调加载分析、滞回分析及动力时程分析，对比各模型的位移延性、耗能能力、地震最大位移反应及震后残余位移。结果表明：将预制节段拼装桥墩贯通钢筋由常用的 HRB400 改为 PSB785 型精轧螺纹钢筋，可在地震时最大位移基本不变的前提下显著减小震后残余位移。因此，建议预制节段拼装桥墩贯通钢筋优先选用 PSB785 型精轧螺纹钢筋，以综合提高 PSBC 抗震性能和自复位能力。

Shafieifar 等提出了将预制盖梁连接到预制柱的连接方式。这种连接方式（图 2-6）将盖梁和墩柱的钢筋在立柱中进行搭接，并用超高性能混凝土封闭接缝。他们通过试验验证了这种连接方式具有良好的结构性能。这种连接方式适用于地震和非地震地区，并且能够实现足够的延展性。

4）预制拼装式桥梁下部结构的修复及加固

预制节段拼装桥墩（PSBCs），相对现浇整体桥墩具有许多优点。然而，由于其抗震能力有限，PSBCs 可能会在地震中发生严重破坏。PSBCs 的快速修复和被修复的 PSBCs 的抗震性能，对使用 PSBCs 的桥梁的灾后恢复至关重要。Zhang 等人提出了一种使用碳纤维增强聚合物修复预制分段桥墩（图 2-7）的方案。他们将使用碳纤维增强聚合物板（CFRP）修复的桥墩和粘贴钢板修复的桥墩进行了试验对比。试验结果表明，CFRP 修复后的桥墩对混凝土的破坏减小，修复后的桥墩具有更大的能量耗散。随后，他们使用经过验证的有限元模型研究了 CFRP 参数的影响。结果表明，CFRP 截面面积比对修复后的预制分段桥墩的抗震性能影响不大，CFRP 高度比对修复后的预制分段桥墩的抗震性能有较大影响。

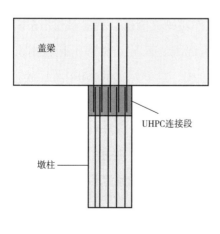

图 2-6 连接方式的示意图

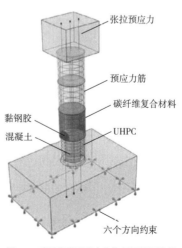

图 2-7 碳纤维增强聚合物修复桥墩的模型

Jia 等针对自复位预制分段桥墩多向地震激励下的响应进行了研究。分析表明，自复位预制分段桥墩具有良好的延展性，并且在与荷载的正交方向上有良好的自复位能力。同时 Jia 等提出，在自复位预制分段桥墩的设计中仅考虑与载荷的正交方向是不足的，因为局部损伤和残余位移会被低估。他们在此基础上采用增大截面法和包裹法对已损伤预制节段桥墩进行了加固设计。白天宇进行了拟静力往复加载试验、张凯迪对双向地震动力响应进行了仿真分析，他们验证了加固措施对震损后预制节段桥墩抗震能力有明显提升，桥墩地震响应，特别是扭转变形在双向地震影响下有明显改善。

马煜等采用试验和数值仿真方法分析了在循环往复荷载情况下，预制节段拼装桥墩的恢复力特性以及破坏情况，并通过 CFRP 加固了在地震中预制节段拼装桥墩的易损伤部位。研究结果表明，CFRP 包裹桥墩底部节段会增强桥墩整体刚度和承载能力，使桥墩的刚度退化更加平缓，在地震作用下，增强了预制节段拼装桥墩保持自身力学特性的稳定性，保证了桥梁整体的安全。

2.2 预制装配式桥梁上部结构研究现状

1) 上部结构预制拼装连接的新形式与新构造

混凝土桥梁上部结构的预制拼装施工行之有年，连接方式与施工工艺也相对成熟。目前，上部结构的连接方式主要围绕：一体化程度高，施工更便捷，连接更耐久的方向上持续迭代。

Peng 等人针对中小跨径桥梁，提出了一种一体化的预制钢-混凝土组合梁桥（简称 IPCG）。以某小跨径桥梁为例，跨径35m，六车道桥宽25m。由于该桥有6条车道，因此横截面分为6个单元，每个单元约为4.17m，且混凝土板与工字钢一体化预制。单个单元的钢横截面由一根钢横梁和两根工字钢纵梁组成。梁单元立面如图2-8所示。立面的6个单元进行横向整体预制，需要考虑6个预制单元的横向连接（图2-9），包括混凝土板构件和工形钢梁构件。其中，混凝土板的连接方式可通过湿接缝进行连接，钢梁构件采用钢横梁连接，以保证其稳定。研究发现，这种预制钢-混凝土组合梁的力学性能和施工工艺皆优于传统的分离式预制钢-混凝土组合梁，这种一体化的预制组合梁桥是一种更合理的结构。

木-混凝土组合梁的剪力连接件，可分为销连接与凹槽连接两类。销连接延性好，但抗滑移刚度较低；凹槽连接抗滑移刚度高，但延性较差。这两类连接件在性能上均存在各自的不足。针对现有凹槽连接件与销连接件性能上的不足，单波等提出一种螺杆外包活性粉末混凝土（Reactive Powder Concrete，简称"RPC"）的装配式复合连接件（图2-10）。复合连接件分为上下两部分：上部嵌入预制混凝土板中，下部插入胶合竹梁内。这种组合体系（图2-11）中，在上部预制混凝土板和下部胶合竹梁的对应部位分别预留或钻取安装孔道。研究结果表明，相比于凹槽连接件和销连接件，复合连接件的单位面积受力效率更高，复合连接件的抗滑移刚度显著提高。复合连接件结合了凹槽连接高刚度与销连接高延性的优点，且便于现场装配，在性能上具有突出优势。

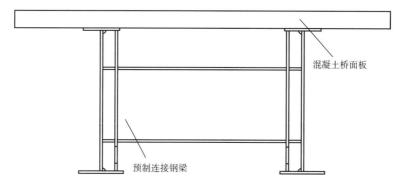

图 2-8　预制组合梁单元示意图

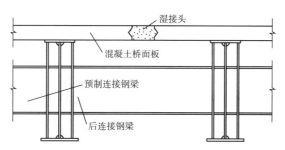

图 2-9　预制单元的横向连接示意图

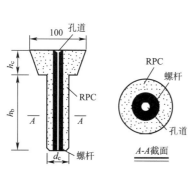

图 2-10　RPC-钢复合剪力连接件示意图（尺寸单位：cm）

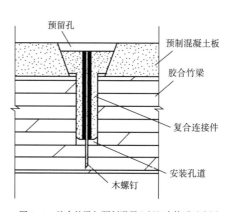

图 2-11　胶合竹梁与预制混凝土板组合体系示意图

Di等人设计了两种新型U形杆接头（图2-12）：带不锈钢系带的矩形接头[图2-12a)]和T形接头[图2-12b)]。通过试验和数值方法研究了4种弯剪力组合接头件的力学性能。T形接头的细节有效增加了裂纹负载，控制了界面裂纹的发展。这4个接头的细节部分的承载力也很相似。同时提出了一种T形、U形钢筋搭接接头试样承载力的估算公式，并验证了其准确性。他们通过试验和数值分析认为，这些接头可以有效增加开裂负荷并控制界面裂缝的发展；同时提出了适用于这些接头的承载力计算公式。

a) 不锈钢绑扎的矩形接头

b) T形接头

图 2-12　两种新型 U 形杆接头

2）上部结构预制拼装连接的强度

保证预制拼装连接具有足够的强度是预制拼装桥梁性能的基本要求。预制拼装连接的强度又与连接构造形式密切相关。

螺栓连接器作为一种后期安装的剪切连接器，可应用于钢混组合结构中，实现钢梁与混凝土的干式连接，减少后期现浇工作量，加速桥梁建设速度。Yang等制作并测试了10个螺栓剪切连接器的推出试件（图2-13），研究了多螺栓连接器的布置形式、螺栓的间距以及钢筋混凝土局部加强对剪切性能的影响。试验结果表明，螺栓连接器的剪力滑移曲线呈现出三个阶段的变化特性。同时与具有单排螺栓的推出试件相比，有两排和三排螺栓连接器的试件的每个螺栓平均极限抗剪强度均有一定的下降。因此，他们提出了一种考虑多螺栓效应、适用于M16螺栓抗剪连接器的极限抗剪承载力的计算方法，抗剪承载力的计算值与试验结果吻合较好。

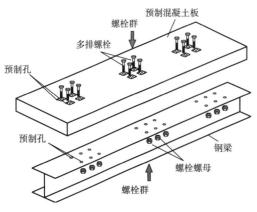

图 2-13　预制钢 - 混凝土组合梁的多螺栓剪切连接示意图

Yao等为了改善装配式UHPC桥梁接缝处由于钢纤维不连续易开裂受损的问题,提出UHPC湿接缝(图2-14)方案并进行优化及受力性能研究。完成了6个试验模型,即直接缝(图2-14a)、菱形接缝(图2-14b)、上下条带接缝(图2-14c)、未焊接及焊接的上下条带菱形接缝(图2-14d)4种UHPC接缝梁及UHPC完整梁。对模型的受弯裂缝破坏形式、试验梁的荷载-位移曲线、极限抗弯承载能力、搭接钢筋是否焊接的影响等方面开展相关研究。试验研究表明:接缝梁的受弯性能均低于完整梁,接缝梁中,焊接的上下条带菱形接缝梁的刚度最高,抗裂缝发展性能最强,综合受弯性能最优,其次是未焊接上下条带菱形接缝梁、上下条带接缝梁、菱形接缝梁和直接缝梁。

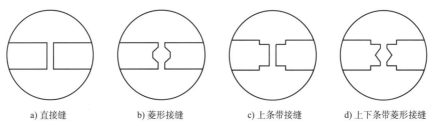

a) 直接缝　　　b) 菱形接缝　　　c) 上条带接缝　　　d) 上下条带菱形接缝

图 2-14　UHPC 湿接缝构造

预制的钢混组合梁缩短了其施工时间,并使其易于组装和局部修复。使用高强度摩擦螺栓抗剪连接件(图2-15)可以大大提高基础设施的可持续性。然而,对混凝土-钢摩擦性能的研究却十分有限。Guo等开展了21组试验,研究螺栓-剪力连接的极限承载力和荷载-滑移特性,建立了有效的有限元模型。通过试验验证了有限元模型的正确性。结果表明,混凝土强度与摩擦系数呈正相关,喷丸钢的性能较好;高强度摩擦螺栓的承载力比双头螺栓低30%,但强度储备和抗拔性能比双头螺栓好。

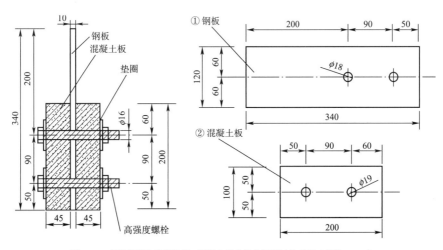

图 2-15　高强度螺栓连接的钢-混凝土组合梁的测试试件(尺寸单位:mm)

赵辛玮等提出采用常温养护型超高性能混凝土（NC-UHPC）并采用足尺试验和模拟方法对钢-NC-UHPC组合桥面板进行研究，发现组合桥面板变形在NC-UHPC龄期28d左右时已趋于稳定，但NC-UHPC收缩对桥面板的边侧剪力键产生了不利影响。贺欣怡等设计了无配筋超高性能混凝土作铺装层的桥面板，对其进行受弯加载试验，认为采用胶接方式施工方便，且桥面板延性好，承载力高，即使存在钢板表面处理不当的情况，也能保证钢-混凝土之间的有效黏结。为提高组合桥面板的协同受力性能，蔡文平提出一种基于钢管连接件的新型钢-UHPC组合桥面板结构，分析了抗剪连接件厚度、屈服强度以及UHPC抗压强度对抗剪承载能力和刚度的影响。该新型组合桥面板破坏模式为钢管内与管外混凝土发生剪切破坏，抗剪能力随钢管壁厚和强度呈线性增长。

侯和涛等提出一种新型全装配钢-混凝土组合梁，该组合梁由钢梁和混凝土预制板通过抗剪连接件（紧固件）组合为一体；开展了试验研究和抗剪承载力计算，研究了不同钢导槽形式、循环加载及紧固件数量对组合梁抗剪性能的影响。

采用预制桥面板和集簇式栓钉连接的装配式钢-混凝土组合箱梁（图2-16），可以使用大块预制桥面板，减少现浇工序，加快施工速度。为研究剪力槽孔间距及剪力钉数量对组合梁共同工作程度的影响，邵林海等制作4片采用不同簇钉群连接参数的钢混组合箱梁，进行抗弯弹塑性全过程加载试验，研究剪力连接度对组合梁结构受力性能的影响。结果表明，当组合梁剪力连接度由1降低到0.65时，组合梁受弯承载力减少17%；当组合梁剪力连接度大于1时，受弯承载力基本未增加，而结构延性有所下降。在界面滑移方面，随剪力连接度增大，界面滑移量明显减少。在破坏模式方面，剪力连接度越大，预制混凝土板的纵向劈裂及局部压溃成为破坏控制条件；反之，栓钉剪断及钢梁破坏易成为结构失效控制条件。

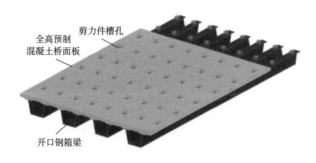

图2-16　采用簇钉群连接的装配式钢-混凝土组合箱梁构造

3）上部结构预制拼装连接的正常使用性能

桥梁的正常使用性能对桥梁的安全性和全寿命周期成本有着显著的影响。随着城市交通量和桥梁工作年限的日益增长，桥梁的正常使用性能会发生退化，不再满足安全性、适用性和耐久性的要求。如何使桥梁在全寿命周期内保持正常使用性能，提高桥梁的安全性、适用性是目前学术界的一个研究方向。

预应力连接的预制混凝土桥面板具有结构简单、施工快速、适应范围广等特点，目前在工程领域中得到了广泛应用。但是预应力连接的预制桥面板受施工工艺和环境条件的影响较大。因此，有部分学者对预应力连接的预制桥面板开展了相应的研究。

Al-Rousan研究了在不同的预应力水平下，全高度预制混凝土桥面板系统的有限元分析的结果。研究发现，有限元分析与原型桥结果较为吻合。他们通过研究进一步发现：全高度预制混凝土桥面板能够在8倍AASHTO规定的车辆荷载下保持其完整性，而不会显著降低其最终强度和刚度；6束钢绞线连接的桥面板黏结力与4束钢绞线相比提升不大。Honarvar等研究了预制预应力混凝土梁的温度梯度会随区域和气象季节的变化关系。他们测量承受静力荷载和预应力荷载的预制预应力混凝土梁的挠度与应力，并给出了相应的修正系数。

为了研究波形钢腹板的剪切变形和箱梁的剪力滞效应对波形腹板钢箱-混凝土组合梁桥自振特性的影响，冀伟等运用势能驻值原理推导出波形腹板钢箱-混凝土组合梁桥（图2-17）的单元刚度矩阵。根据所推导的单元刚度矩阵，他们采用MATLAB软件编写了一种求解自振特性程序，该程序只需较少数量的单元，计算出波形腹板钢箱-混凝土组合梁桥的自振频率和振型，对波形腹板钢箱-混凝土组合梁桥的自振频率的影响因素进行了分析。结果表明：钢底板的厚度对竖向基频的影响较大，而波形钢腹板的厚度对竖向基频的影响较小；随着自振频率阶数的升高，钢底板的厚度对自振频率的影响程度依次减弱，而波形钢腹板的厚度对自振频率的影响程度依次增强。

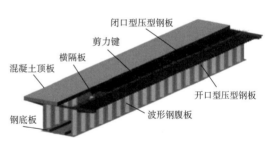

图2-17　波形腹板钢箱-混凝土组合梁桥

4）上部结构预制拼装连接的耐久性

桥梁的耐久性差会导致结构使用性能差、使用寿命短的不良后果，这也与国际结构工程界日益重视耐久性、安全性、适用性的趋势相违背。2020年，有部分学者针对上部结构预制拼装连接的耐久性开展了研究。

Yuen等针对后张预应力混凝土预制拼装桥梁由于桥体老化、维护不当以及桥面板收缩不当等引起的劣化可能会导致预应力变化的问题开展了研究。研究表明，预应力变化会显著影响结构性能。他们提出了一种三维离散有限元模型，并通过试验结果验证了其整体载荷-挠度行为和局部响应。然后他们采用验证模型来研究预应力减小/增大对预制拼装桥梁响应和破坏行为的影响。

项贻强等研究了钢混组合梁在疲劳荷载下剩余承载力退化规律，通过考虑不同疲劳荷载后退化为非完全抗剪结构的剩余极限承载力计算模型，建立了组合梁在常幅疲劳荷载下的剩余承载力预测计算方法，通过典型5组试验梁疲劳试验数据的对比验证了所提出的预测方法的有效性，在此基础上对关键影响因素进行了参数分析。结果表明：提出的承载力计算方法具有较高的准确性；疲劳加载下，组合梁各构件强度以不同速率发生退化，栓钉最快，钢梁次之，混凝土板最慢，且加载前期组合梁承载力退化程度由钢梁主导，后期由栓钉连接件主导；承载力退化速率随着加载次数的增加而不断增加，前期增长较缓，基本呈线性分布，后期增加迅速，呈指数型分布，其后期承载力衰减占总衰减的比例可高达70%以上；栓钉间距、栓钉初始缺陷、荷载幅值是控制疲劳承载力退化的重要因素，需在工程设计中加以控制，以满足桥梁正常运营。

针对现行技术规范中无法计算钢-混凝土组合梁在疲劳后的剩余承载力问题，汪炳等提出考虑多组件疲劳损伤的组合梁剩余承载力的计算方法。基于材料剩余强度理论，建立完全抗剪连接和部分抗剪连接两种情形下的组合梁剩余承载力计算方法，并通过6个试验梁的剩余承载力试验进行验证。研究结果表明：在疲劳荷载作用下，组合梁的抗剪连接度逐渐降低，剩余承载力退化明显且不可忽略。建立的组合梁剩余承载力计算方法的计算值与试验值吻合较好，具有良好的计算精度与适用性，补充并完善了现有组合梁承载力的计算方法。

钢混组合梁可以充分发挥两种材料的受力特性，从而达到材料耗费少、结构整体性强、施工快速的目的，目前已经在众多桥梁上得到了应用。但是组合梁的负弯矩区一直是影响组合梁服役寿命的重要问题。因此，部分学者提出了一些新的计算方法和新的设计，以减小负弯矩区对组合梁整体寿命的影响。

Mager等通过全预制构件组合梁与现浇板组合梁以及部分预制构件组合梁的对比，发现因为全预制构件组合梁形成了聚集裂缝，所以不能用常规的计算方法。因此，针对全预制构件组合梁提出了新的计算方法，利用新方法可以计算出累积裂缝和承载能力。刘新华等对负弯矩区采用UHPC的钢混组合梁的受力性能开展试验研究和有限元仿真分析，认为负弯矩区采用UHPC可有效解决负弯矩区的开裂问题，但目前UHPC材料造价较高，为满足经济性要求，建议负弯矩区UHPC纵向铺设长度取0.1L（L为原腹板高度）。

2.3 桥梁快速建造（ABC）

据统计，在全美现有的60万座桥梁中，有23%的桥梁已低于服役标准，急需维修或替换。但对美国这种以公路运输为主的发达经济体，桥梁维修或替换所造成的长时间封道、改道，会对公共运输造成负面影响和可观的监管代价，甚至会超过结构工程自身的成本，是交通体系的不可承受之重。为应对这样的挑战，快速桥梁建造（Accelerated Bridge Construction，简称"ABC"）率先在美国得到了快速发展应用，相关技术研究也非常活跃。

从本质上说，ABC不仅是工法，更是围绕以减少现场施工周期为目标的开放的技术及管理体系，涵盖基础施工、下部结构和上部结构等与桥梁建设相关的几乎所有内容。由于与ABC理念上一致，对桥梁外形和线路曲线适应能力强，预制节段桥梁建造很自然地被纳入ABC的技术体系中，成为ABC技术中大跨径（≥90m）、曲线或变宽桥梁解决方案的一部分。从结构上来说，ABC减少现场施工时间的主要措施，就是大量采用模块化的装配式桥梁构件（PBES），并形成许多有特色的解决方案。如桥面系统就有工字梁、双T梁、倒T梁、小箱梁等多种方案；对于下部结构预制装配、连接构造，也发展了许多成熟的建造方法。在结构就位方法上，ABC采用自行式模块运输车（SPMT）整桥就位、横向滑移、水平转体等方式。

ABC鼓励采用高性能材料，如UHPC、高性能钢材、FRPC等。由于UHPC拥有超高的抗压及抗拉强度，可以大大减小钢筋的锚固长度，将其用于桥面现浇横向接缝，施工简便，提高了桥面的整体性。又如，可采用UHPC薄壳作为永临结合模板，用于墩柱和顶帽施工中，里面填充轻质水泥混凝土，运输方便，施工速度快，也可减小结构自重。

在建设管理模式上，ABC推荐采用"DB和CMGC"两种模式，其中DB（Design-Build）由一个承包商负责全部设计和施工，相当于我国的全过程工程总承包；CMGC（Construction Manager / General Contractor）则强调业主的全过程参与，相当于分阶段工程总承包。

实际上，ABC桥梁的建设概念起源于法国的桥梁建设。尤金·弗雷西内采用纵向预制梁段（1945年）和匹配接缝（1952年）的方法进行预应力混凝土桥梁施工。让·穆勒（1979年）在美国佛罗里达两座长桥的设计中，将预制与现代机械技术结合，工艺上取得了较大的进步。从此，节段预制拼装预应力混凝土桥梁（图2-18）被世界各地广泛应用，如韩国汉城（今首尔）内环线（1996年）、曼谷曼纳高速公路高架桥（2000年）等。

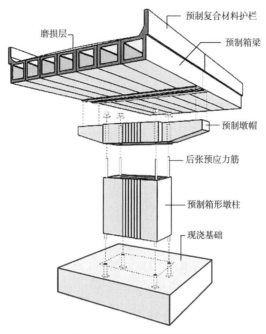

图 2-18 全预制桥梁结构示意图

随着我国城市化建设加速，ABC在行业层面被广泛推广应用。我国预制节段施工桥梁在21世纪以前仅有"零星"工程应用。直到21世纪之后，预制节段施工方法和体外预应力技术，在我国得到越来越多的关注和肯定。上海浏河桥（2001年）采用体外预应力预制节段逐跨施工方法，并在国内公路桥中首次使用上行式架桥机。随后，上海沪闵线二期工程（2003年）的设计中也采用了这种技术。苏通长江公路大桥的深水区段跨径75m引桥（2003年）中，采用预制节段悬臂拼装施工方法，如图2-19所示。该桥是国内首次大规模采用预制节段施工的桥梁。之后国内许多跨江大桥的引桥建造均采用这种施工方法。

图 2-19 苏通长江公路大桥深水区段引桥预制节段施工

2.4 智能建造技术新进展

2.4.1 新型结构

在主梁装配化方面，2004年苏通长江公路大桥首次采用短线匹配法节段预制拼装箱梁技术。该技术是一种将整孔箱梁设计成若干个标准节段，在预制工厂利用循环使用的模板系统逐榀匹配、流水预制，再由运输工具运至桥位，由架桥机或起重机进行现场组拼成桥的先进技术。经过十多年研发与工程应用实践，目前形成了节段梁预制工厂标准化生产线及预制拼装成套技术，开发了几何线形控制方法及专用软件，研发了机电液一体化系列架桥机。同时，针对混凝土节段自重大、接缝抗剪性能差等缺点，提出将短线匹配法节段预制与波形钢腹板组合梁相结合，开发了新一代节段预制拼装技术，建立了节段预制拼装波形钢腹板组合梁设计方法，形成了相应的预制安装成套技术，拓展了短线匹配法节段预制技术的应用范围。在形成完备技术链条的同时，也取得了良好的社会与经济效益。以南京四桥引桥为例，采用装配化技术取代传统现浇后，劳动力投入大幅节省53%，工期从38个月缩短至19个月，水、电、油等资源消耗也得以显著减少（图2-20）。

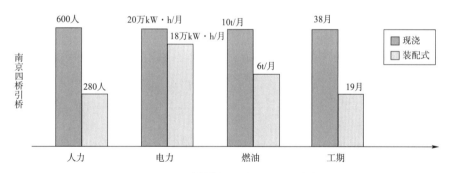

图2-20 节段预制拼装桥梁显著的社会和经济效益

在桥面板装配化方面，将"胶接缝"连接技术应用于大跨径钢混组合梁斜拉桥。传统组合梁斜拉桥施工时，预制桥面板间通常在现场通过现浇湿接缝进行连接，现场浇筑量大，质量控制难度大，且工序多、养护时间长、工效低。为解决传统现浇湿接缝的缺陷，在泉州湾跨海公路大桥的建设中，引入节段梁中的胶接缝连接技术，不仅保证了接缝施工质量，而且将现场安装工效提高了40%。此外，还将高强、高韧性、高耐久的超高性能混凝土（UHPC）材料应用于桥面板结构，研发了结构轻、UHPC预制桥面板，解决了钢桥面板疲劳开裂及铺装易损的问题，并开发了专用智能生产线，实现了桥面板结构的规模化生产（图2-21）。在钢桥面板方面，研发了U肋内焊正交异性钢桥面板以及自动焊接成套技术，与传统的单面焊相比，其抗疲劳性能提高2倍以上（图2-22）。成果应用于南京长江五桥、沌口长江大桥等项目，显著提升大跨径桥梁桥面结构使用寿命。

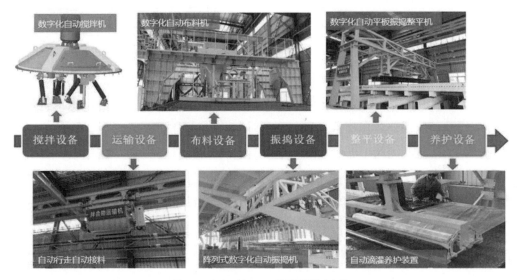

图 2-21　南京五桥 UHPC 桥面板智能生产线

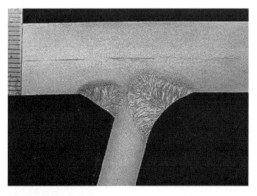

图 2-22　沌口长江大桥 U 肋内焊正交异性钢桥面板

在大跨径桥梁索塔结构方面，提出了下塔柱采用钢-混凝土组合结构、中上塔柱采用钢筋混凝土结构的新型组合桥塔。与混凝土塔柱相比，钢-混凝土组合结构塔柱承载力和延性提高15%以上，解决了传统混凝土下塔柱截面大、配筋密、延性差的问题。在南京长江五桥的建设中，成功解决了钢壳混凝土索塔节段匹配安装、精确定位、焊接变形控制、索塔整体线形控制等一系列关键技术难题，完善了大跨桥梁新型索塔结构的建造技术。

在桥梁预制基础方面,针对外海珊瑚礁、城市等不同建设条件,提出了预制UHPC管桩、超大直径预制-灌注组合基础等多种高性能预制基础结构形式,并提出了免振冲施沉、管柱基础内支撑式掘进等相应的基础施工工艺,为复杂水文地质条件的外海环境及高人口密度城市地区的基础施工,提供了装配化解决方案,必将有力支持工程建设以及城市基础设施建造技术升级。

2.4.2 基于一体化的工程装备

随着自动化水平、生产效率和质量稳定性的不断提升,面对更为复杂的桥梁建设环境,以及对施工工艺、专用装备智能化程度等多方面的更高要求。近年来,多个科研单位对此开展了研究,本书主要以荣乌高速公路施工单位中交第二航务工程局有限公司(简称"中交二航局")科研攻关为例,其在传统装备基础上通过改进、创新,形成了覆盖桥梁建造、维修、拆除全寿命周期的全套智能化新型装备。

结合桥梁装配化发展方向,集机械行走、液压驱动、施工控制、监视报警功能于一体的智能化步履式顶推装备,陆续攻克等截面箱梁顶推、梁拱组合桥梁顶推、变高截面箱梁顶推、钢桁梁桥顶推、曲线桥梁顶推等关键技术难题,设备成功应用于九堡大桥、北盘江大桥、沌口长江大桥等项目中,实现了铁路、公路、城市枢纽等大型桥梁无障碍跨越的智能化施工。在此基础上拓展步履式顶推技术的应用,持续探索新型建造技术,创新性地将步履式顶推技术应用到海上沉桩平台上,研发了集沉桩、钻孔、平台移位、调位及快速定位功能于一体的桩顶支撑步履式沉桩平台,实现了中长周期波浪、无覆盖层复杂地质条件下打入桩和嵌岩桩的全天候高效施工,极大助力了海上复杂环境项目的建设(图2-23)。

在梁式桥建造技术方面,为提升传统挂篮现浇施工技术的智能化程度,自主研发了集机械、液压以及电气自动化技术于一体的智能化挂篮系统,实现挂篮动作智能同步与远程监控,并形成对挂篮受力、位移等参数的实时跟踪,在乌江大桥、枫树坝大桥等项目的应用中,成功将挂篮单次循环工期缩短10h、施工人员减少50%。针对中小跨径装配式桥梁,还自主研发了能同步安装预制墩柱及主梁的一体化架桥机,进一步发挥了装配式桥梁施工快速、环境交通干扰小的优势,促进了装配式桥梁在高度城市化地区的应用。此外,在常规一体化架桥机的基础上进行优化改进,研发了带打桩模块的斜拉悬臂式一体化架桥机,可实现全预制装配式桥梁的一体化安装。

在超高性能水泥混凝土桥塔建造方面,中交二航局基于工业化生产及移动工厂的理念,对传统的液压爬模装备进行改进,研发了多功能一体化筑塔专用设备,大大改善了传统工艺施工效率较低、劳动力需求大且安全风险高的状况,多功能一体化筑塔机在深中通道项目建设中的应用,显著提升了工程品质。

a)

b)

图2-23 一体智能化步履式顶推装备在主梁及桩基施工中的应用

随着我国桥梁面临的荷载日趋加重,环境条件也逐渐严峻,大量旧桥危桥面临着维修、加固、拆除的问题。在斜拉桥检修及加固方面,提出了不中断交通条件下斜拉索更换施工成套技术,研发了动态车载作用下斜拉桥状态识别技术和斜拉索检测机器人,实现了拉索高精度、自动化检测。在桥梁移位方面,构建了3000吨级超重弯坡梁段快速移除设计、施工、安全控制技术体系,并研发了智能监测系统以及132轴高同步性SPMT运输车装备,实现了桥梁的快速、绿色移除(图2-24)。

图 2-24　3000 吨级超重弯坡梁段快速移除装备

2.4.3　高性能新材料

桥梁向大跨径、轻型化、智能化发展，必须对传统的建筑材料进行革新。目前，超高性能水泥混凝土、高性能灌浆料、适于三维（3D）打印的高流动性混凝土、智能自修复混凝土、形状记忆合金（SMA）等，作为桥梁工程领域具有巨大应用前景的新型结构材料，已成为该领域的研究和应用热点。

超高性能混凝土（UHPC）材料是当今国际上最先进的水泥基土木工程材料，是指抗压强度在150MPa以上（有的高达200MPa以上），并具有超高韧性、超长耐久性的水泥基复合材料的统称。中交二航局等单位研制了满足不同结构部位性能需求的超高性能混凝土UHPC材料，攻克了UHPC制备、施工、养护等质量控制关键技术，制定了完整的UHPC系列化产品开发计划，编制了多部行业技术规范，相继开发出UHPC栈桥面板、UHPC轻型组合桥面铺装、UHPC索塔结合段等，并先后在福厦高速铁路、中马友谊大桥、襄阳庞公大桥等项目中得到了成功应用（图2-25）。

UHPC的技术标准陆续颁布。我国颁布了《活性粉末混凝土》（GB/T 31387—2015）。法国土木工程协会（AFGC）与土木结构设计管理局（SETRA）于2002年率先颁布了*Ultra-HighPerformance Fibre Reinforced Concrete - Interim Recommendations*，2016年，法国颁布了UHPC设计标准*National addition to Eurocode 2-Design of Concretestructures: specific rules for Ultra-High Performance Fibre-Reinforced Concrete*（UHPFRC）和材料技术标准*Concrete - Ultra-high performance fibre-reinforced concrete-Specifications*， performance, production and conformity。2004年日本土木工程学会（JSCE）颁布了《超高强纤维增强混凝土（UFC）结构设计施工指南》。美国联邦公路管理局（FHWA）于2013年颁布了《UHPC华夫型桥面板设计指南》DesignGuide for Precast UHPC Waffle Deck Panel System, including Connections。瑞士工程及建筑师学会（SIA）于2016年颁布了《超高性能纤维混凝土指南—材料、设计及应用》Recommendation： Ultra-High Performance Fibre Reinforced Cement-based composites（UHPFRC）Construction material, dimensioning undapplication。

图 2-25　UHPC 工程应用

在高性能灌浆料方面，开发了初始流动度320mm、28d抗压强度120MPa高强高韧性纤维灌浆料，解决了传统灌浆材料早期强度低、疲劳性能差、干燥收缩大、韧性低等难题，并成功应用于预制构件、组合结构连接中，提升了装配式桥梁结构的连接性能及装配工效。

2.4.4　面向智能建造的数字化控制技术

在钢桁桥制造安装控制方面，建立了从制造几何数据快速精确采集、快速三维数据建模，到预拼装误差统计分析的虚拟预拼装平台，并通过实例分析建立预拼装评判标准，指导现场制造。在沪通长江大桥天生港专用航道桥的建设中，相比于工厂预拼装，虚拟预拼装的成本降低了90%、时间减少70%，大大提升了装配式桥梁，尤其是钢桁桥的安装精度与效率。

在转体施工控制技术方面，研发了大跨多肋柔性拱竖转、万吨级平转技术及控制系统，形成了转体施工控制方法和控制指标体系，控制系统成功应用于郑万铁路水平转体、沪通长江大桥天生港专用航道桥的竖向转体施工（图2-26），实现了转体过程自动协调智能同步控制，以及转体全过程几何与受力状态自动跟踪与调控。

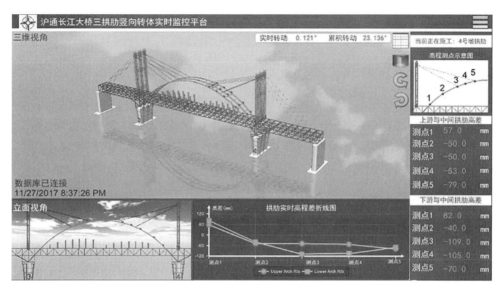

图 2-26　三拱肋竖向转体实时监控系统界面

为了将自动化监测拓展至桥梁全寿命周期，在泸通长江大桥建立基于几何控制法的桥梁全寿命安全监控系统（图2-27）。该系统实现了施工与运营养护的无缝对接，贯穿了结构构件制作、安装、使用、拆除全过程控制，全面把握桥梁结构真实状态，为桥梁全寿命周期的安全评估和养护决策提供了科学依据。此外，中交二航局积极探索项目管理方式创新，在国内首次将BIM+GIS技术应用于桥梁、隧道、水工项目的建造中，建立了集进度、质量、风控等于一体的信息化管理平台，促进了企业智慧管理水平的提升。

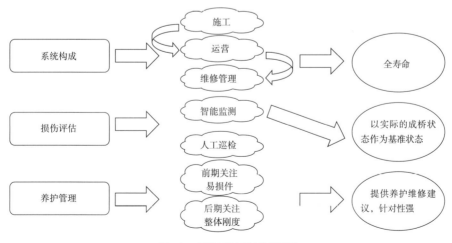

图 2-27　桥梁全寿命安全监控系统

2.5 探索评价指标体系

标准化设计、工厂化生产、装配化施工、智能化过程管理是现代工业化生产方式的代表。最大程度地采用工厂生产的建筑部品进行装配施工，能够充分体现工业化建筑的特点和优势。装配式混凝土"装配率"是指工业化建筑中预制构件、建筑部品的数量（或面积）占同类构件或部品总数量（或面积）的比率，该指标是衡量工业化建筑所采用工厂生产的建筑部品的装配化程度。装配式桥梁是指用预制构件、部品构件在工地装配而成的桥梁，需要考虑其装配率和经济性指标。"桥梁装配率"是指桥梁地面以上的主体结构和附属结构采用预制部品部件的综合比例。装配化的评价对象，可分上部结构构件、下部结构构件和附属结构构件。上海市城市建设设计研究总院（集团）有限公司总工程师周良等探索了建立评价体系，从工厂化、装配化和经济性方面构建装配式桥梁的评价方法和指标体系，见表2-1。

工业化装配式桥梁评价体系　　　　　　　　　　　表 2-1

一级指标	二级指标	三级指标
工厂化评价	构件工厂化	钢筋工程评价
		混凝土工程评价
		模板工程评价
	设计标准化	上部结构评价
		下部结构评价
		附属结构评价
	施工机械化	机械化水平评价
	过程信息化	生产信息化评价
		设计信息化评价
		施工信息化评价
		运维信息化评价
装配化评价	上部结构	上部结构装配率
	下部结构	下部结构装配率
	附属结构	附属结构装配率
经济性评价	增量成本	构件成本增量
		措施成本增量
	增量效益	增量经济效益
		增量环境效益
		增量社会效益

第3章 桥梁设计方案

3.1 工程概况

荣乌高速公路（G18）新线京台高速公路至京港澳高速公路段项目位于雄安新区北部地区，路线总体东西走向，途径廊坊市永清县、霸州市、固安县、保定市高碑店市、白沟新城、定兴县。该工程将在河北省中部形成有一条联系津冀的高速通道，将替代原荣乌高速公路（G18）穿越雄安新区段，是雄安新区"四纵三横"高速公路网规划中横一线的重要组成部分，既满足天津与雄安新区之间的区域交通需求，又能满足荣乌高速公路津保通道内的长途跨境交通需求，实现通道交通的合理分担及安全运营。荣乌高速公路新线为平原区双向八车道高速公路，如图3-1所示。整体式路基宽度为42m，其中单侧行车道宽4×3.75m，硬路肩宽3m，中央分隔带宽3m。分离式路基宽度2×0.75m。洪水频率：特大桥1/300，其他桥梁和路基1/100。主要技术指标见表3-1。

根据《中国地震动参数区划图》（GB 18306—2015），该工程沿线地震动峰值加速度为0.10g~0.15g，地震基本烈度为7度。根据《公路桥梁抗震设计细则》（JTG/T B02-01—2008）第3.1.4条规定，地震基本烈度为7度区的B类桥梁抗震设防措施等级为8度。桥梁上部结构基本采用装配式，主要有双T梁、密排T梁、T梁、小箱梁等。

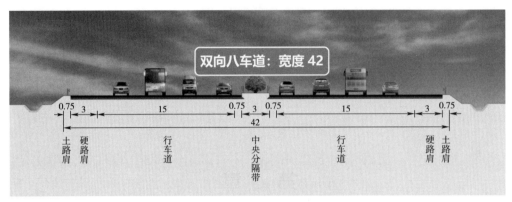

图 3-1 荣乌高速公路新线典型道路截面（尺寸单位：m）

主要技术指标表　　　　　　　　　　　　　　　　　　表 3-1

序号	指标名称		单位	技术标准	
				规范值	采用值
1	路线总长		km	72.814	
2	公路等级			高速公路	高速公路
3	设计速度		km/h	120	
4	行车道宽度		m	3.75	3.75
5	中央分隔带宽度		m	3	3
6	右侧硬路肩宽度		m	3	3
7	平曲线	一般最小半径	m	1000	2700
		极限最小半径	m	650	
8	不设超高最小平曲线半径		m	5500	5800
9	平曲线占路线总长比例		%	67.8	
10	凸形半径	一般值	m	17000	20000
11	凹形半径	一般值	m	6000	12000
12	竖曲线占路线总长比例		%	61.7	
13	汽车荷载等级			公路—Ⅰ级	
14	地震动峰值加速度			0.10g~0.15g	
15	设计洪水频率	特大桥		1/300（1/100）	
		大、中、小桥、涵洞		1/100	
		路基		1/100	

3.2 设计方案

3.2.1 方案研究

该项目中全预制装配式桥梁，主梁采用双T梁（总计达4896片）结构设计。为解决平原区高速公路无土可用填筑路基的现实问题，同时兼顾生态和沿线群众生产生活需求，经过设计方案的反复论证，采用全预制装配式双T梁桥替代部分路基，具有经济实用、节约永久占地的特点。选取距离雄安新区最近的张六庄互通区的两侧，设置先张预应力双T梁代替路基，全线共设置5座桥梁（张六庄特大桥、石庄大桥、雷子街1号大桥、雷子街2号大桥、孙脉庄大桥），长3672m。全预制装配式双T梁桥跨径布置如表3-2所示，典型截面如图3-2、图3-3所示。

全预制装配式双 T 梁桥跨径布置　　　　表 3-2

序号	中心桩号	桥名	孔数×孔径（m）	桥梁全长（m）	上部结构
1	K76+089	张六庄特大桥	130×12	1562	双T梁
2	K73+521	石庄大桥	60×12	722	双T梁
3	K77+151	雷子街1号大桥	33×12	396	双T梁
4	K77+784	雷子街2号大桥	60×12	714	双T梁
5	K78+357	孙脉庄大桥	23×12	284	双T梁

图 3-2　全装配式双 T 梁桥典型截面

通过调研以及结合雄安周边高速路网的工程、地质情况和环境保护要求，在荣乌高速公路新线上应用的装配式桥梁具有如下特点：

（1）施工速度要快。荣乌高速计划工期19个月，有效施工工期仅15个月，采用传统的施工工艺工期紧张,工程质量难以保证。

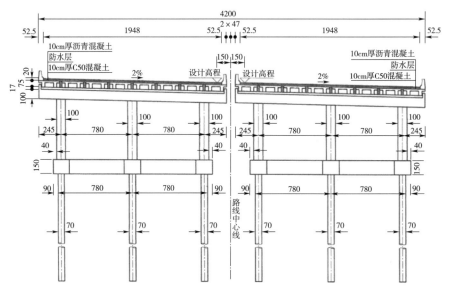

图3-3 全装配式双T梁桥横截面图(尺寸单位:cm)

(2)满足环境保护的高要求。项目位于京津保雄核心区域,环境保护要求极高,以往经常发生因环境保护、水土保持和扬尘污染治理不达标导致项目停工的情况。考虑工期的要求,停工是项目不能承受的。

(3)工程造价要经济。

通过对方案要求的分析,拟定了两个方案进行比选。

方案一:全装配式桩板结构(图3-4),该结构由工厂化预制的板、管桩组成框架结构体系。标准跨径为6m,装配式桩板结构的预制盖板采用横向安装、纵向连接的方式,连接方式多采用钢筋套接方案。该方案具有湿接缝宽度小、接缝构造简单、现场连接简捷、材料使用少、工程造价低等优点,但在长期动荷载作用下的变形及耐久性仍需深入研究。

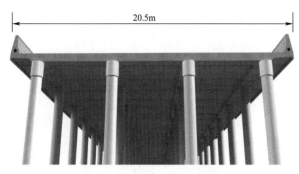

图3-4 全装配式桩板结构横断面

方案二：全预制装配式预应力双T梁桥，该结构是由工厂化预制的先张预应力双T梁、预制盖梁与管桩组成的结构体系。研究过程中对跨径8m、10m、12m三种跨径的构造特点、经济性进行了比较，最终推荐跨径12m为推荐跨径。推荐方案上部先张法预制预应力双T梁，单梁梁宽230cm，梁高75cm，梁肋间距130cm，肋宽35cm，板厚20cm，横向共设置八片梁，梁间接缝宽30cm。下部预制盖梁高100cm，宽170cm，长2050cm。墩柱采用三柱式钢筋混凝土预制空心管柱，混凝土强度C70，柱间距780cm，外径100cm，内径60cm，内灌注C40微膨胀混凝土。承台采用现浇混凝土，强度C30，承台高150cm，长420cm，宽180cm。每个承台下接2根管桩，管桩型号PHC700A130，混凝土强度C80。桥梁的主梁横向布置如表3-3及图3-5所示。该项目桥梁工程的下部结构一般构造图如图3-6所示。

双T梁结构布置汇总　　表3-3

车道布置	机动车道数	桥宽（cm）	梁片数	预制边梁宽度（cm）	预制中梁宽度（cm）	第一片肋中心至侧边距离（cm）	梁肋间距（cm）	湿接缝宽度（cm）
半幅（机动车道）	5	2050	8	230	230	50	130	30

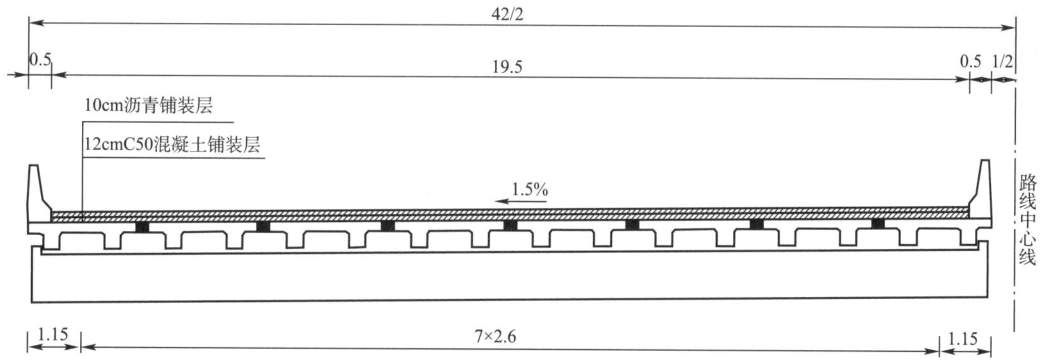

图3-5　双T梁横向布置形式半幅（尺寸单位：m）

综合比选，跨径12m全装配式双T梁结构具有整体刚度大、工后沉降小、现场施工快、经济性好等优势，最终选定了全装配式双T梁桥作为推荐方案。

全装配式双T梁桥上部结构和下部结构的预制构件的装配如图3-6~图3-8所示。预制构件包括预应力高强度混凝土管桩（PHC）、预制管柱、预制盖梁、双T梁等。预应力管桩和预制管柱之间通过现浇承台连接。预制管柱和预制盖梁之间通过连接构件进行连接。本项目预制双T梁总计4896片、预制盖梁总计602片、预制管柱总计1806根、预应力水泥混凝土管桩达3951根。

图 3-6　全预制装配式双 T 梁桥下部结构一般构造示意图

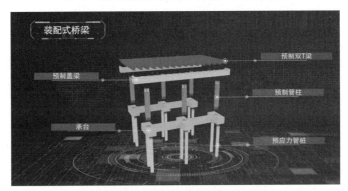

图 3-7　全装配式双 T 梁桥预制构件装配示意图

图 3-8　全装配式双 T 梁桥预制构件（实体）装配

本项目对各种连接构件进行了详细比较分析（图3-9、表3-4），最后决定预制管柱与盖梁和承台的连接采用灌浆金属波纹管。

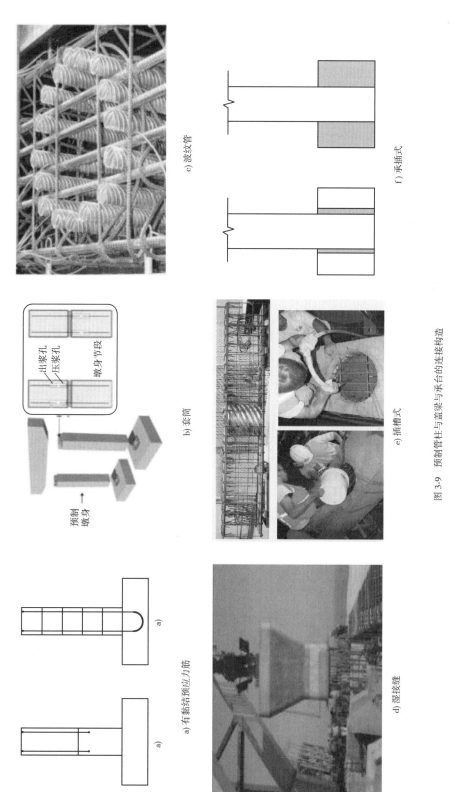

图 3-9 预制管柱与盖梁与承台的连接构造

预制管柱与盖梁、承台构造连接比较   表3-4

连接构造类型	有黏结预应力筋	套筒	波纹管	湿接缝	插槽式	承插式
抗震性能	稍逊	稍逊	相当	相当	相当	相当
耐久性	相当	相当	相当	相当	相当	略好
可检查性	相当	相当	相当	相当	相当	相当
对精度要求	高	高	高	低	略低	低
施工速度	较慢	非常快	非常快	慢	较慢	快

3.2.2 预应力混凝土双T梁

1）基本情况

中小跨径预制装配式预应力水泥混凝土梁因结构简单、施工速度快、造价低等优势，得到广泛应用。目前中小跨径桥梁中常采用空心板梁，其应用范围广、用量大。空心板均为闭口断面，预制难度大，质量控制难度大。空心板梁内模采用双气囊，气囊易上浮、偏位，空心板板厚偏差大，且空心板设计板厚较小，故气囊上浮、偏位对空心板安全性和耐久性影响大。空心板梁内腔为带倒角矩形，内模可采用木模、钢模或轻质材料（如聚苯乙烯泡沫材料）实心模具。由于空心板内腔尺寸小，当采用一次浇筑时，内模保留在梁内，不取出；当采用两次浇筑时，顶板底模保留在梁内，不取出，内模利用率低，施工费用高。此外，空心板内部无法检测，养护检修困难。考虑到以上空心板的缺点，有必要研发一种开口断面的梁型，既能具有空心板梁高低、经济指标低等优点，又具有耐久性好、预制质量好和施工便捷等优点。目前，具有借鉴意义的美国中小跨径预制装配式混凝土梁有双T梁、混凝土宽翼组合I形梁、预制I形梁的组合T梁、预制槽形梁的组合小箱梁、预制带马蹄T形梁的组合T梁和带马蹄整体预制T梁等。其中，双T梁是一种使用跨径12~26m的小跨径结构，其适用范围与我国的空心板梁基本一致。美国西布利池塘桥（Slbley Pond Bridge）采用双T梁桥，该桥于2011年11月21日通车，比预定的2012年10月的项目完工日期提前了10个多月。本桥上部采用2×（5×24m）直线先张法连续双T梁，见图3-10。

双T梁主要有两种形式，全部采用先张直线预应力钢筋水泥混凝土结构。一是AASHTO-PCI双T梁，属于腹板尺寸相对较小的一种结构。预制梁按荷载大小分为重型与轻型结构，轻型梁的高度在58~90cm，梁宽度在1.5~2.45m，适用最大跨径约12m；重型梁的高度在53~90cm，梁宽度在1.5~2.45m，适用最大跨径约26m，这种双T梁的预应力钢筋采用钢绞线。轻型和重型结构的区别除腹板宽度不同外，钢绞线布置的数量也不同，轻型和重型结构分别采用竖向一列和两列均匀布置，因双T形截面的形心偏上，钢绞线几乎布置到梁顶。二是NEXT双T梁，它是美国东北部预制预应力混凝土协会（Precast/Prestressed Concrete Institute Northeast）研发的东北部双T梁（Northeast Extreme Tee Beam，简称"NEXT双T梁"）。PCINE研发NEXT双T梁的意图主要是解决空心板梁出现的系列问题：空心板梁封闭的内腔无法检查、板壁构造尺寸小、耐久性问题多、制造过程复杂。NEXT双T梁的适用跨径为13~26m，覆盖我国预应力水泥混凝土空心板梁的跨径范围，分为F、E、D三种型式。其中，F型梁的顶板主要现浇，仅预制用作现浇顶板混凝土模板的厚度，适用于平曲线变化及桥面横向高程变化大的桥梁；D型梁的顶板全预制，最适合快速施工的桥梁；E型梁的顶板部分预制、部分现浇，适应竖曲线变化及桥面横向高程变化大的桥梁。

图3-10 美国西布利池塘桥的双T梁

针对目前小跨径桥预制梁存在的问题，借鉴国内同类结构经验，河北省交通规划设计研究院有限公司结合我国技术规范、应用条件，基于智能建造的需求，研发了先张法直线预应力双T梁。

2）技术特点

（1）采用开口截面，沿纵向为等截面，仅在支座处设置横梁。构造简单，施工方便，便于运营期养护。

（2）采用先张法直线预应力，为防止支点上缘开裂，设置两根顶部直线预应力。与后张法预应力相比，节省了锚具等材料，免去了灌浆工序，且预应力施工质量更可靠。

（3）充分利用工厂预制的条件，将混凝土强度等级提高到C60，以节省混凝土用量。

（4）梁高与常规空心板设计保持一致，具有梁高小的特点。

3）结构设计

双T梁的横断面由顶板和两道腹板组成，如两个并列的"T"。一片预制双T梁的腹板间距为1.3m，预制梁宽度为2.3m；顶板厚0.2m，腹板底宽0.35m，腹板顶部宽0.37m，以便脱模。

3.2.3　混合配筋预应力混凝土（PRC）墩柱

PRC墩柱即增配普通钢筋的预应力高强混凝土墩柱，墩柱采用空心截面，采用高强水泥混凝土与离心法预制工艺，工厂流水化、标准化、机械化作业，产品质量安全可靠，通过规模化应用比传统现浇墩节约造价20%以上，节约工期1/3以上，施工质量易控。墩柱安装后，内腔灌注C40微膨胀水泥混凝土，与盖梁、承台连接采用灌浆波纹管锚固连接方式。

3.2.4　盖梁

采用整体预制混凝土盖梁，每个构件整体制作、运输与安装，施工质量易控制，施工效率高。

3.2.5　PHC管桩

PHC管桩属于成熟、广泛应用的工业化产品，采用工厂化预制、现场装配化施工，结构的标准化、工业化程度高，施工质量系统易控，减少维护周期，降低养护成本，节约造价，相比于传统的现浇混凝土桩基，在工程建设标准化、工业化技术方面具有明显的创新性和先进性，有利于节约资源、保护环境、降低造价，对提升项目的标准化建设水平和技术创新具有重要意义，尤其在长大规模的桥梁上应用，经济和社会效益更为显著。

第4章 桥梁结构计算

4.1 设计标准

桥梁跨径12m双T梁桥梁结构设计计算技术标准：

（1）结构设计基准期100年，设计安全等级为一级，结构重要性系数$\gamma_0=1.1$。

（2）环境类别Ⅰ类。

（3）桥梁结构荷载标准：公路—Ⅰ级。

（4）验算荷载：1.3倍公路—Ⅰ级；偏于安全，冲击系数不考虑铺装层的影响。

（5）梯度温度荷载按规范取值。

（6）主要依据的技术标准如下：

①《公路桥涵设计通用规范》（JTG D60—2015）；

②《公路钢筋混凝土及预应力混凝土桥涵设计规范》（JTG 3362—2018）；

③《公路工程技术标准》（JTG B01—2014）；

④《节段预制拼装混凝土桥梁设计与施工规范》（DB32/T 3564—2019）。

4.2 主要材料及力学性能

在有限元分析软件中对用材料性能参数定义如下：

（1）预制混凝土强度（等级C60）：

弹性模量：$E=3.6\times10^4$MPa；

抗压强度标准值：f_{ck}=38.5MPa；

抗拉强度标准值：f_{tk}=2.85MPa；

抗压强度设计值：f_{cd}=26.5MPa；

抗拉强度设计值：f_{td}=1.96MPa；

线膨胀系数：$k=1.0\times10^{-5}$；

泊松比：ν=0.2。

（2）现浇混凝土强度等级C60：

弹性模量：$E=3.6\times10^4$MPa；

抗压强度标准值：f_{ck}=38.5MPa；

抗拉强度标准值：f_{tk}=2.85MPa；

抗压强度设计值：f_{cd}=26.5MPa；

抗拉强度设计值：f_{td}=1.96MPa；

线膨胀系数：$k=1.0\times10^{-5}$；

泊松比：ν=0.2。

（3）预制盖梁混凝土强度（等级C60）：

弹性模量：$E=3.6\times10^4$MPa；

抗压强度标准值：f_{ck}=38.5MPa；

抗拉强度标准值：f_{tk}=2.85MPa；

抗压强度设计值：f_{cd}=26.5MPa；

抗拉强度设计值：f_{td}=1.96MPa；

线膨胀系数：$k=1.0\times10^{-5}$；

泊松比：ν=0.2。

（4）现浇盖梁混凝土：

采用自流平水泥混凝土。

（5）普通钢筋HRB400：

弹性模量：$E=2.0\times10^5$MPa；

抗压强度标准值：f_{ck}=400MPa；

抗拉强度标准值：f_{tk}=400MPa；

抗压强度设计值：f_{cd}=330MPa；

抗拉强度设计值：f_{td}=330MPa；

线膨胀系数：$k=1.2\times10^{-5}$；

泊松比：$\nu=0.3$。

（6）预应力钢绞线为ϕ^s15.2高强度低松弛钢绞线：

抗拉强度标准值：f_{pk}=1860MPa；

弹性模量：E_p=1.95×10⁵MPa。

（7）混凝土铺装不参与结构受力，以荷载形式施加。10cm厚混凝土铺装重度采用24kN/m³，12cm厚沥青混凝土铺装重度采用23kN/m³。栏杆荷载为纵桥向10kN/m。

设计计算基本数据如表4-1所示。

设计计算基本数据 表4-1

名称	项目		符号	单位	数据
混凝土	立方体强度		$f_{cu,k}$	MPa	60
	弹性模量		E_c	MPa	3.60×10^4
	轴心抗压强度标准值		f_{ck}	MPa	38.5
	轴心抗拉强度标准值		f_{tk}	MPa	2.85
	轴心抗压强度设计值		f_{cd}	MPa	26.5
	轴心抗拉强度设计值		f_{td}	MPa	1.96
	短暂状态	容许压应力	$0.7f'_{ck}$	MPa	20.72
		容许拉应力	$0.7f'_{tk}$	MPa	1.757
	持久状态	作用标准值组合			
		容许压应力	$0.5f_{ck}$	MPa	19.25
		容许主压应力	$0.6f_{ck}$	MPa	23.1
		短期效应组合			
		容许拉应力	$\sigma_{st}-0.85\sigma_{pc}$	MPa	0
		容许主拉应力	$0.6f_{tk}$	MPa	1.71
钢绞线	强度标准值		f_{pk}	MPa	1860
	弹性模量		E_p	MPa	1.95×10^5
	抗拉强度设计值		f_{pd}	MPa	1260
	最大控制应力 σ_{con}		$0.72f_{pk}$	MPa	1340
	持久状态应力 作用标准值组合		$0.65f_{pk}$	MPa	1209

4.3 上部结构

（1）预制梁跨径布置、截面形式及配筋构造

桥梁跨径布置为12m连续梁桥，考虑一联9跨108m，计算时取5跨。对于12m跨主梁，预制梁长1195cm，计算跨径11250cm，梁高均为67cm（高跨比1/17），梁高与目前常用的同等跨径空心板梁相仿，预制梁片宽度230cm。预制梁肋间距均为130cm，湿接缝两侧肋间距130cm。

中梁断面及钢绞线布置、边梁断面及钢绞线布置分别见图4-1、图4-2。

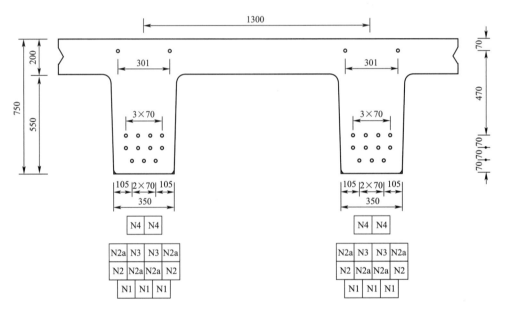

图 4-1 中梁断面及钢绞线布置（尺寸单位：mm）

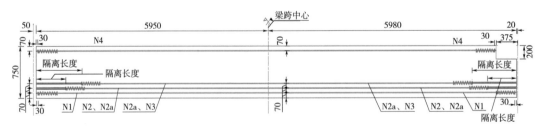

图 4-2 边梁立面及钢绞线布置（尺寸单位：mm）

12m跨径预制双T梁的边梁预应力束共26根（每侧肋13根），边梁预应力布置与中梁一致，底缘钢束中心距梁底7cm，高度方向及横向钢束中心间距均为5cm。靠近支座位置部分预应力筋用套筒隔离。截面配置HRB400双肢箍筋，直径12mm，间距15cm。

每片预制梁钢绞线数量见表4-2。

第 4 章 桥梁结构计算

每片预制梁钢绞线数量表　　　　　　　　　　　　　　　表 4-2

编号	单根长（mm）	隔离长度（mm）	根数	钢绞线总长（m）	钢绞线总质量（kg）
N1	11950	0	6	71.70	78.8
N2a	11950	1975	6	71.70	78.8
N2	11950	975	4	47.80	52.5
N3	11950	1975	6	71.70	78.8
N4	11950	0	4	47.80	52.5
合计				310.7	341.4

（2）预制梁横向连接方式

预制双T梁间通过外伸U形钢筋及30cm宽现浇C60混凝土连接，桥面板连接钢筋纵向间距15cm，同时预制桥面板顶缘设置剪力键，详见图4-3。

（3）桥面连续连接方式

相邻跨双T梁间通过外伸U形钢筋和环形钢筋连接，外伸钢筋间距20cm，同时预制桥面板顶缘设置剪力键，详见图4-4。

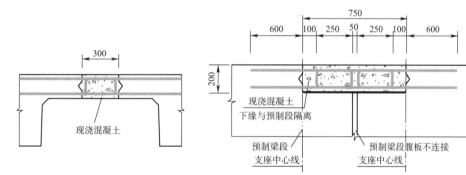

图 4-3　预制双T梁间C60湿接缝钢筋及剪力键示意图（尺寸单位：mm）

图 4-4　桥面连续示意图（尺寸单位：mm）

4.4　计算结果

采用有限元分析软件 midas Civil 8.3.2进行建模计算，图4-5所示为5跨1联先简支后连续的单主梁模型。考虑到桥梁结构完全对称，结果显示时仅表示一半主梁。

图 4-5　单主梁模型

C60混凝土材性参数按照现行《公路钢筋混凝土及预应力混凝土桥涵设计规范》（JTG 3362）选用。主要材料参数见表4-3。

单主梁模型主要材料参数　　　　　表4-3

材料	弹性模量（MPa）	重度（kN/m³）	泊松比
C60	3.6×10^4	26.0	0.2
钢绞线	1.95×10^5	78.5	0.3

采用10cm厚沥青+12cm厚混凝土铺装，沥青重度24kN/m³，混凝土重度25kN/m³；栏杆重量取10kN/（m·道），栏杆重量由边梁承担。

近似考虑张拉过程中台座变形、温度等引起的预应力损失，钢绞线采用两端张拉，张拉控制应力值取1340MPa。

设计汽车荷载采用公路—Ⅰ级荷载进行结构受力验算。

除自重、预应力、汽车荷载、温度、收缩徐变作用外，暂不考虑其他作用，作用效应组合按现行《公路钢筋混凝土及预应力混凝土桥涵设计规范》（JTG 3362）的有关规定执行。

横向分布系数按照刚接板梁法计算，双T边梁横向分布系数为0.233，双T中梁横向分布系数为0.253，考虑到刚接板梁法计算结果比梁格法偏小，横向分布系数取0.28。同时，考虑由于超载引起的汽车荷载放大1.3倍，最终横向分布系数取0.364。

考虑温度梯度效应，按《公路钢筋混凝土及预应力混凝土桥涵设计规范》（JTG 3362—2018）的有关规定，考虑桥面铺装的影响，取值为：升温T_1=14℃、T_2=5.5℃；降温T_1=−7℃、T_2=−2.75℃。

施工阶段定义如下：

单梁有限元模型中考虑预制至成桥3650d后的受力情况，双T梁预制阶段主要施工过程如下：

（1）张拉预应力束并浇筑混凝土；

（2）养护5d后放张预应力束；

（3）存梁30~60d；

（4）湿接缝施工3d；

（5）放置7d；

（6）桥面铺装60d。

1）施工阶段及成桥永久作用分析

先张法预应力混凝土简支梁主要施工阶段见表4-4。

第4章 桥梁结构计算

施工阶段   表4-4

编号	施工内容
主要施工阶段1	预应力筋放张
主要施工阶段2	成桥初期
主要施工阶段3	成桥十年

各主要施工阶段主梁受力以拉应力为正,压应力为负。施工阶段容许应力见表4-5。

施工阶段容许应力(单位:MPa)   表4-5

拉应力	压应力
$0.7 \times 2.51 = 1.757$(构造配筋)	$0.7 \times (-29.6) = -20.72$

当混凝土强度达到设计要求,预应力筋放张,截面应力情况如表4-6、图4-6和表4-7、图4-7所示。施工阶段应力验算满足规范要求。

预应力筋放张边梁受力(单位:MPa)   表4-6

位置	跨中最值	端头区域最值
截面上缘	-1.2	+2.2
截面下缘	-13.5	0

注:拉应力为"+",压应力为"-"。

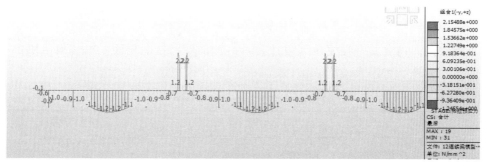

a) 上缘正应力

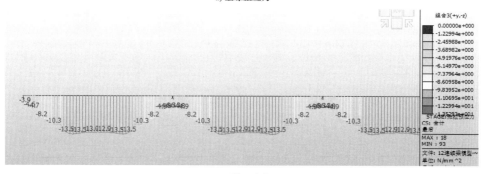

b) 下缘正应力

图4-6 预应力放张边梁受力情况(单位:MPa)

预应力放张中梁受力（单位：MPa）　　　　　　　　　　表 4-7

位置	跨中最值	端头区域最值
截面上缘	−1.2	+1.2
截面下缘	−13.5	0

注：拉应力为"+"，压应力为"−"。

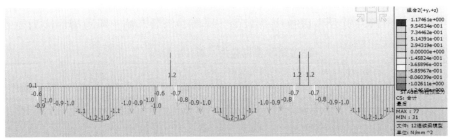

a) 上缘正应力

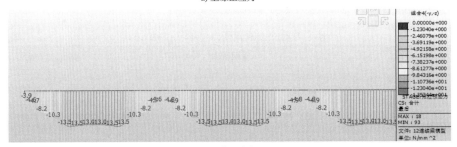

b) 下缘正应力

图 4-7　预应力放张中梁受力情况（单位：MPa)

成桥初期，当混凝土强度达到设计要求，截面应力情况见表4-8、图4-8和表4-9、图4-9所示。施工阶段应力验算满足规范要求。

成桥初期边梁受力（单位：MPa）　　　　　　　　　　表 4-8

位置	跨中最值	端头区域最值
截面上缘	−1.9	+2.2
截面下缘	−11.8	0

注：拉应力为"+"，压应力为"−"。

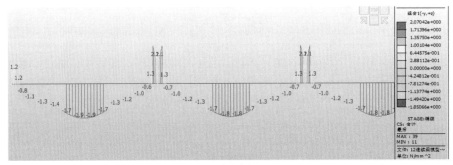

a) 上缘正应力

图　4-8

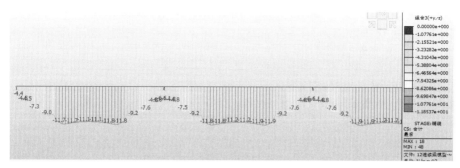

b) 下缘正应力

图 4-8 成桥初期边梁受力情况（单位：MPa）

成桥初期中梁受力（单位：MPa） 表 4-9

位置	跨中最值	端头区域最值
截面上缘	−2.4	+1.3
截面下缘	−10.8	0

注：拉应力为"+"，压应力为"−"。

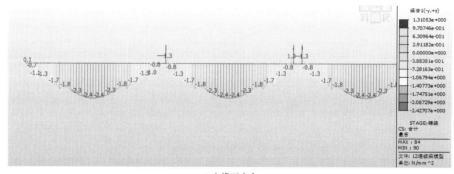

a) 上缘正应力

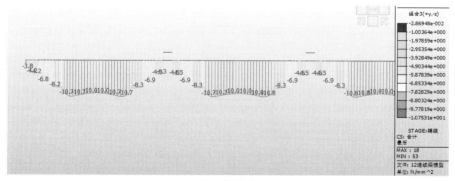

b) 下缘正应力

图 4-9 成桥初期中梁受力情况（单位：MPa）

成桥十年，截面应力情况如表 4-10、图 4-10 和表 4-11、图 4-11 所示。施工阶段应力验算满足规范要求。

成桥十年边梁受力（单位：MPa） 表4-10

位置	跨中最值	端头区域最值
截面上缘	−2.9	+2.0
截面下缘	−9.5	0

注：拉应力为"+"，压应力为"−"。

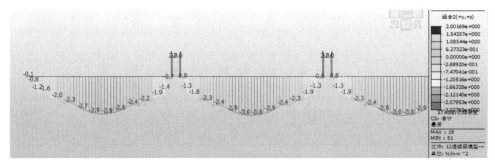

a) 上缘正应力

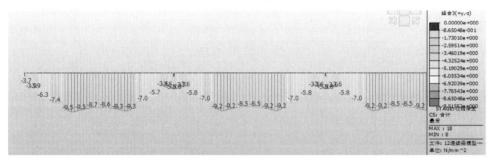

b) 下缘正应力

图 4-10 成桥十年边梁受力情况（单位：MPa）

成桥十年中梁受力（单位：MPa） 表4-11

位置	跨中最值	端头区域最值
截面上缘	−2.4	+1.2
截面下缘	−9.5	0

注：拉应力为"+"，压应力为"−"。

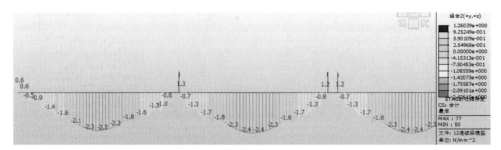

a) 上缘正应力

图 4-11

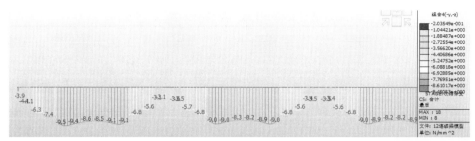

b) 下缘正应力

图4-11 成桥十年中梁受力情况（单位：MPa）

2）正常使用极限状态验算

根据《公路桥涵设计通用规范》（JTG D60—2015）相关条文要求进行荷载组合。正截面抗裂验算：

（1）短期效应组合下梁体受力情况如表4-12、图4-12和表4-13、图4-13所示。正截面抗裂性验算满足规范要求。

短期效应组合公路—Ⅰ级边梁受力（单位：MPa） 表4-12

位置		跨中	端头区域
截面上缘	最大值	−2.3	+3.8
	最小值	−8.2	−0.9
截面下缘	最大值	−0.4	0
	最小值	−8.0	−7.1

注：拉应力为"+"，压应力为"−"。

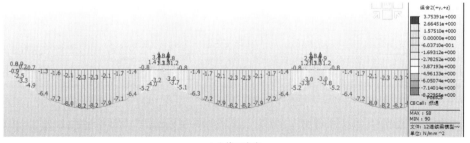

a) 上缘正应力

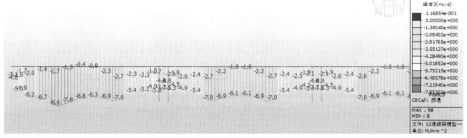

b) 下缘正应力

图4-12 短期效应组合公路—Ⅰ级边梁受力情况（单位：MPa）

短期效应组合公路—Ⅰ级中梁受力（单位：MPa） 表4-13

位置		跨中	端头区域
截面上缘	最大值	−1.5	+3.3
	最小值	−7.5	−2.6
截面下缘	最大值	+0.3	−2.0
	最小值	−7.9	−5.2

注：拉应力为"+"，压应力为"−"。

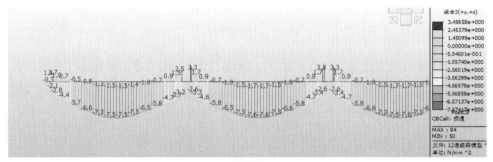

a) 上缘正应力

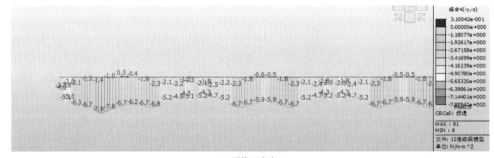

b) 下缘正应力

图4-13 短期效应组合公路—Ⅰ级中梁受力情况（单位：MPa）

斜截面抗裂性验算：验算使用阶段短期效应组合下梁体中的主拉应力。

C60的主拉应力允许值为$0.7f_{tk}=0.7×2.85=1.995$（MPa），端头局部上缘有较大拉应力，在正截面抗裂验算中已给出，故此处主拉应力验算刨除了该数值，由表4-14可知满足要求。

短期效应组合公路—Ⅰ级主拉应力（单位：MPa） 表4-14

位置	数值	容许值
边梁	1.32	1.995
中梁	1.533	1.995

注：拉应力为"+"，压应力为"−"。

挠度验算，各阶段挠度情况见表4-15、表4-16。

12m 边梁各阶段挠度（单位：mm）　　　　　　　　　　　　　　　　表 4-15

阶段	放张	存梁 60d	成桥初期	成桥十年	公路—Ⅰ级车道荷载
跨中挠度	11.2	14.4	13.3	15.5	−7.1

12m 中梁各阶段挠度（单位：mm）　　　　　　　　　　　　　　　　表 4-16

阶段	放张	存梁 60d	成桥初期	成桥十年	公路—Ⅰ级车道荷载
跨中挠度	11.2	14.4	12.4	16.0	−6.7

表4-15、表4-16中的数值上挠为正，下挠为负，按照$L/600=20$mm的规定进行挠度验算，满足规范要求。

使用阶段压应力验算：使用阶段标准效应组合下，验算梁体中的压应力。标准效应组合下边梁受力如表4-17、图4-14所示。C60的压应力允许值为$0.5f_{ck}=0.5\times-38.5=1-9.25$（MPa），由表4-17可知满足要求。

标准效应组合公路—Ⅰ级边梁受力（单位：MPa）　　　　　　　　　　表 4-17

位置		跨中	端头区域
截面上缘	最大值	−1.5	+5.8
	最小值	−11.3	−1.2
截面下缘	最大值	2.3	0
	最小值	−11.1	−9.0

注：拉应力为"+"，压应力为"−"。

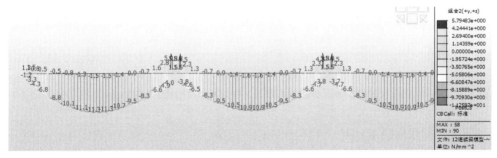

a) 上缘正应力

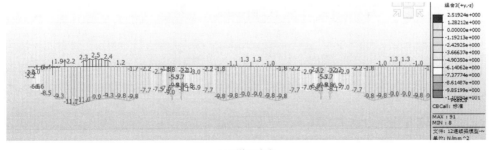

b) 下缘正应力

图 4-14　标准效应组合公路—Ⅰ级边梁受力情况（单位：MPa）

（2）标准效应组合下梁体受力情况如表4-18、图4-15所示。

标准效应组合公路—Ⅰ级中梁受力（单位：MPa） 表4-18

位置		跨中	端头区域
截面上缘	最大值	−0.8	+4.8
	最小值	−10.5	−4.0
截面下缘	最大值	+3.1	−2.1
	最小值	−11.0	−8.2

注：拉应力为"+"，压应力为"−"。

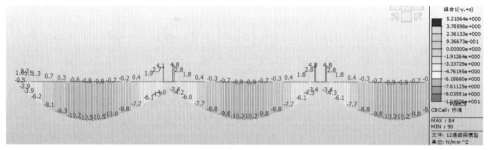

a）上缘正应力

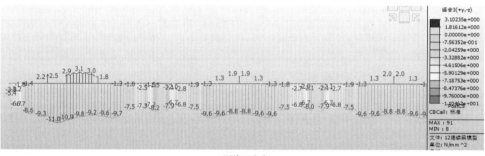

b）下缘正应力

图4-15 标准效应组合公路—Ⅰ级中梁受力情况（单位：MPa）

验算使用阶段标准组合下，梁体中的主压应力。

C60的主压应力允许值为$0.6f_{ck}=0.6×-38.5=-23.1$（MPa），由表4-19可知满足要求。

标准效应组合公路—Ⅰ级主压应力（单位：MPa） 表4-19

位置	数值	容许值
边梁	−11.3	−23.1
中梁	−11.0	−23.1

注：拉应力为"+"，压应力为"−"。

使用阶段体内预应力钢束的最大拉应力应满足

$$\sigma_{p,i} \leqslant 0.65f_{pk,i}=1209\text{MPa}$$

经计算，体内预应力钢束的最大拉应力（除N4）均未超过1209MPa，见表4-20，满足《公路钢筋混凝土及预应力混凝土桥涵设计规范》（JTG 3362）7.1.5条，最大超出约1.32%。

标准效应组合预应力钢筋应力（单位：MPa）　　　　　表4-20

钢束号	N1	N2	N2a	N3	N4
应力	1203	1155	1165	1177	1225

3）承载能力极限状态验算

基本组合下，梁体中弯矩的内力和抗力见表4-21。此处计算抗力时，当弯起钢筋弯起高度大于最上层直钢筋时，不考虑其抗弯贡献，由结果可以看出，其满足规范要求。

基本组合梁体内力和抗力弯矩（单位：kN·m）　　　　表4-21

项目	公路—Ⅰ级					
	16m 中梁			16m 边梁		
	1/4断面	3/8断面	1/2断面	1/4断面	3/8断面	1/2断面
内力	817.2	1037.9	1090.4	803.6	1019.2	1069.5
抗力	1190.1	1190.1	1190.1	1177.2	1177.2	1177.2

基本组合下，计算剪力、抗力（表4-22）时，忽略了弯起钢筋的贡献，只考虑箍筋纵筋和混凝土对抗剪的贡献，计算值偏于保守，但结果依然满足规范要求。

基本组合主梁剪力和抗力情况（单位：kN）　　　　表4-22

抗剪支点	剪力	抗力
12m 中梁	458.5	571.1
12m 边梁	455.9	

4）桥梁纵向湿接缝验算

桥面连续，在混凝土铺装层内布置间距100mm、直径25mm的HRB400钢筋抵抗负弯矩。由于纵向湿接缝的刚度对整体桥梁影响不大，但对桥面连续局部影响较大，且刚度增加对该板受力不利，因此在桥梁纵向湿接缝验算中，考虑铺装层对板受力的影响，并计入其对承载力的提高。

正截面裂缝宽度验算：短期效应组合下横向湿接缝最大正弯矩175.1kN·m，最大负弯矩115.3kN·m，上缘裂缝宽度0.082mm，下缘裂缝宽度0.117mm，小于容许值0.2mm（表4-23），满足规范要求。

短期效应组合裂缝宽度（单位：mm）　　　　表4-23

位置	裂缝宽度	容许值
上缘	0.082	0.2
下缘	0.117	

正截面抗弯承载力验算：根据《节段预制拼装混凝土桥梁设计与施工规范》（DB32/T 3564—2019）计算接缝承载力。

穿过U形钢筋核心混凝土钢筋的计算截面面积A_{cv}为25133mm²，穿过U形钢筋核心混凝土钢筋面积A_{cv}为1256mm²的箍筋总截面面积计算取值应满足以下条件：

$$A_{sv} \leq \frac{A_{cv}}{1.4 f_{sv,k} \cos\alpha}(0.25 f_{ck} - 2.75) = \frac{25133}{1.4 \times 400 \times \cos 23°} \times (0.25 \times 60 - 2.75)$$

$$A_{sv} \leq 597.3 \text{mm}^2$$

取A_{sv}为597.3mm²。

U形钢筋屈服条件：

$$A_{su} f_{su,d} \leq 1.3(2.75 A_{cv} + 1.4 A_{sv} f_{sv,k} \cos\alpha)$$

$$A_{su} f_{su,d} = 628.3 \times 330 = 207339(\text{N})$$

$$\leq 1.3 \times (2.75 \times 25133 + 1.4 \times 597.3 \times 400 \times \cos 23°) = 490117(\text{N})$$

即U形钢筋能够屈服，配筋满足要求。

基本组合下，梁体中最大负弯矩410.1kN·m，小于负弯矩承载力417.0kN·m；梁体中最大正弯矩220.1kN·m，小于正弯矩承载力223.5kN·m，满足规范要求，见表4-24。

基本组合梁体内力和抗力弯矩（单位：kN·m） 表4-24

项目	内力弯矩	抗力弯矩
负弯矩	410.0	417.0
正弯矩	220.1	223.5

5）桥梁横向湿接缝验算

根据《节段预制拼装混凝土桥梁设计与施工规范》（DB32/T 3564—2019）计算接缝承载力。截面接缝如图4-16所示。

穿过U形钢筋核心混凝土钢筋的计算截面面积A_{cv}为28386mm²，穿过U形钢筋核心混凝土钢筋面积A_{cv}为1256mm²的箍筋总截面面积计算取值应满足以下条件：

$$A_{sv} \leq \frac{A_{cv}}{1.4 f_{sv,k} \cos\alpha}(0.25 f_{ck} - 2.75) = \frac{28386}{1.4 \times 400 \times \cos 21.6°} \times (0.25 \times 60 - 2.75)$$

$$A_{sv} \leq 667.8 \text{mm}^2$$

取A_{cv}为667.8mm²。

U形钢筋屈服条件：

$$A_{su}f_{su,d} \leqslant 1.3(2.75A_{cv} + 1.4A_{sv}f_{sv,k}\cos\alpha)$$

$$A_{su}f_{su,d} = 760.3 \times 330 = 250888(\text{N})$$

$$\leqslant 1.3 \times (2.75 \times 28386 + 1.4 \times 667.8 \times 400 \times \cos23°) = 548991(\text{N})$$

即U形钢筋能够屈服，配筋满足要求。

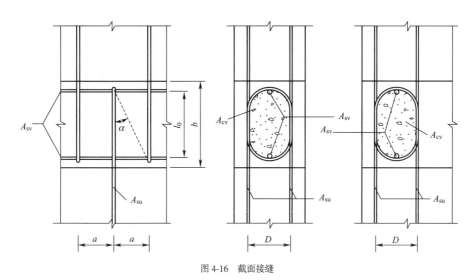

图 4-16 截面接缝

6）桥面板计算

基本组合下，桥面板内力和抗力如表4-25所示，由结果可以看出，其满足规范要求。

基本组合下，桥面板内力和抗力　　　　　　表 4-25

项目	设计值	抗力
跨中弯矩（kN·m）	25.16	51.84
支点剪力（kN）	93.65	183.75（下限值）

短期效应组合下，桥面板裂缝宽度如表4-26所示，由结果可以看出，其满足规范要求。

短期效应组合下，桥面板裂缝宽度（单位：mm）　　表 4-26

项目	设计值	限值
裂缝宽度	0.06	0.2

7）上部验算结论

针对12m连续梁方案，计算时统一分别采用了中梁和边梁的最大横向分布系数，取值偏安全。

将主要施工阶段、短期效应组合、效应组合重要位置的应力结果汇总在表4-27。

12m 连续梁受力状况一览表（单位：MPa） 表 4-27

工况	位置	跨中	端头区域最值
预应力筋放张	中梁上缘	−1.2	+1.2
	中梁下缘	−13.5	0
	边梁上缘	−1.2	+2.2
	边梁下缘	−13.5	0
成桥初期	中梁上缘	−2.4	+1.3
	中梁下缘	−10.8	0
	边梁上缘	−1.9	+2.2
	边梁下缘	−11.8	0
成桥十年	中梁上缘	−2.4	+1.2
	中梁下缘	−9.5	0
	边梁上缘	−2.9	+2.0
	边梁下缘	−9.5	0
短期效应组合	中梁上缘	−1.5 / −7.5	+3.3 / −2.6
	中梁下缘	+0.3 / −7.9	−2.0 / −5.2
	边梁上缘	−2.3 / −8.2	+3.8 / −0.9
	边梁下缘	−0.4 / −8.0	0 / −7.1
标准组合	中梁公路—Ⅰ级上缘	−1.5 / −11.3	+5.8 / −1.2
	中梁公路—Ⅰ级下缘	2.3 / −11.1	0 / −9.0
	边梁公路—Ⅰ级上缘	−1.6 / −6.2	+2.8 / −2.5
	边梁公路—Ⅰ级下缘	−2.5 / −7.7	−1.5 / −4.0

注：拉应力为"+"，压应力为"−"。

①施工阶段应力水平基本可控：钢绞线布置造成梁肋在张拉预应力时端头位置上缘拉应力达到+2.2MPa，但可采用适当的措施进行控制。

②抗裂性验算：边梁抗裂性验算按照公路—Ⅰ级验算可以认为是全预应力构件；中梁下缘短期效应组合下有0.3MPa的拉应力，可以认为A类预应力构件（表格中短期效应组合考虑了0.85的预应力钢束折减）。支点附近上缘出现拉应力是温度效应引起，可适当配筋克服。

③承载能力验算：跨中截面承载能力极限状态下，梁体跨中、3/8截面、1/4截面的最大弯矩均小于其抗力，满足规范要求。支点附近承载能力极限状态下，最大剪力均小于

其抗力,满足规范要求。

④挠度验算和压应力验算均满足规范要求。

⑤纵向湿接缝最大裂缝宽度0.102mm,满足规范要求;承载能力极限状态下最大负弯矩小于截面承载力,满足规范要求。

⑥纵向湿接缝与横向湿接缝满足钢筋屈服条件。

⑦桥面板验算:抗弯及抗剪承载力均小于其抗力,裂缝宽度小于限值,满足规范要求。

4.5 预制盖梁

1)上部结构反力

采用有限元分析软件midas Civil 8.3.2进行建模计算,在12m连续梁模型的基础上分析,首先确定单主梁单车道下汽车荷载产生的支反力。图4-17所示为5跨1联先简支后连续的单主梁模型。

图4-17 5跨1联先简支后连续的单主梁模型

C60混凝土材性参数按照《公路钢筋混凝土及预应力混凝土桥涵设计规范》(JTG 3362—2018)的规定选用。主要材料参数见表4-28。

单主梁模型主要材料参数　　　　　　　　表4-28

材料	弹性模量(MPa)	重度(kN/m³)	泊松比
C60	3.6×10^4	26.0	0.2
钢绞线	1.95×10^5	78.5	0.3

除汽车荷载横向分布系数取1外,其余计算同12m先张预应力双T梁。主梁自重下最大支反力245.8kN(边墩位置,相邻联有两个支座)。汽车荷载的均布荷载(10.5kN/m)下最大支反力为182.6kN(图4-18),该结果考虑了1.345汽车冲击系数;集中力(284kN)加在最大支反力对应墩柱上,最大支反力为382.0kN,该结果考虑了1.345冲击系数,在后续计算中,均考虑汽车荷载增大1.3倍,但仅在验算剪力时考虑剪力放大系数。

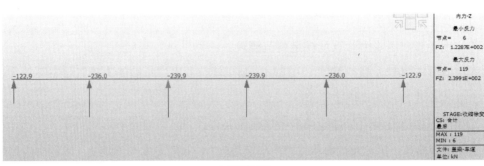

a) 自重支反力

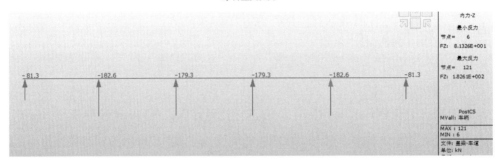

b) 均布荷载支反力

图 4-18 支反力（单位：kN）

盖梁计算采用多跨连续梁模型，并在支座顶建立简支虚梁模拟主梁通过支座传递荷载，汽车荷载考虑1.3倍超载放大系数。图4-19所示为盖梁计算模型。

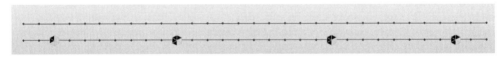

图 4-19 盖梁计算模型

2) 盖梁正常使用极限状态验算

根据《公路桥涵设计通用规范》（JTG D60—2015）相关条文进行荷载组合。正截面裂缝宽度验算结果如下：

短期效应组合下盖梁弯矩如图4-20所示，计算得上缘最大裂缝宽度0.194mm，下缘最大裂缝宽度0.161mm，小于容许值0.20mm，满足规范要求。

3) 承载能力极限状态验算

根据《公路桥涵设计通用规范》（JTG D60—2015）相关条文进行荷载组合。抗弯承载能力极限状态验算结果如下：基本组合下，梁体中弯矩的内力和抗力如图4-21所示，截面最大正弯矩2176.6kN·m，最大负弯矩-2399.8kN·m，小于截面抗弯承载力2866.5kN·m，满足规范要求。

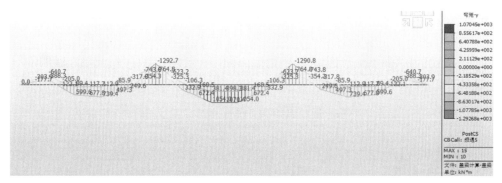

图 4-20　短期效应组合盖梁弯矩图（单位：kN·m）

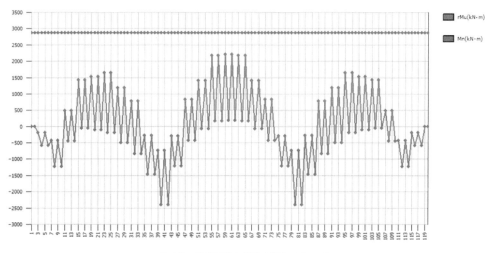

图 4-21　抗弯承载力验算（单位：kN·m）

截面配筋率0.6773%，大于最小配筋率0.3%，满足规范要求。

根据《公路桥涵设计通用规范》（JTG D60—2015）相关条文进行荷载组合。抗剪承载能力极限状态验算结果为：基本组合下，计算剪力抗力时，忽略弯起钢筋，只考虑箍筋纵筋和混凝土对抗剪的贡献，计算值偏于保守，截面最大剪力2451.0kN，小于截面抗剪承载力2554.7kN，满足规范要求。

4）盖梁计算结论

此部分计算给出了12m先张预应力双T梁盖梁的计算结果。将正常使用极限状态、承载能力极限状态计算结果汇总如下。

抗裂性验算：按短期效应组合计算得上缘最大裂缝宽度0.194mm，下缘最大裂缝宽度0.161mm，小于容许值0.20mm。

承载能力验算：基本组合下，截面最大正弯矩2176.6kN·m，最大负弯矩−2399.8kN·m，小于截面抗弯承载力2866.5kN·m；截面最大剪力2451.0kN，小于截面抗剪承载力2554.7kN。

抗剪承载力验算见图 4-22。

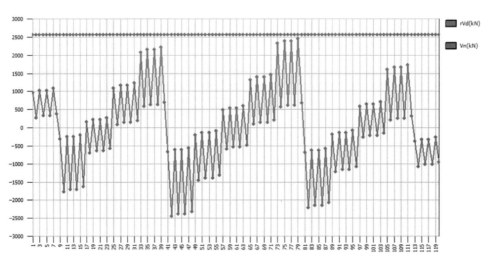

图 4-22　抗剪承载力验算（单位：kN）

4.6　预制墩柱

预制空心墩柱内部灌注了微膨胀混凝土，这是因为混凝土裂缝严重影响结构工程的质量和耐久性，而裂缝产生的主要原因是混凝土凝结硬化过程中收缩变形随着膨胀剂的引入，通过补偿收缩混凝土可有效减少或避免裂缝产生，利用掺膨胀剂混凝土的早期膨胀补偿中后期的收缩。

桥梁上部梁体传给桥墩的纵向水平力主要有温度升（降）影响力，梁体收缩、徐变影响力，汽车制动力。应用集成抗推刚度法计算柔性墩水平力的分配。

1）桥墩墩柱抗推刚度

桥墩墩柱、桩基抗推刚度可分为地面线（或冲刷线，下同）以上部分（墩柱及自由段桩基）和地面线以下桩基入土段部分来计算。假设桥墩墩顶为自由约束，并忽略墩帽盖梁和自由段桩基的影响，则墩顶至地面线处的墩柱的柔度δ_1可按下式计算：

$$\delta_1 = \frac{l_1^3}{3 \times 0.8 E_1 I_1} \tag{4-1}$$

式中：l_1——墩柱高度，取9m；

　　　E_1——墩柱混凝土的弹性模量，C70混凝土，取3.7×10^4MPa；

　　　I_1——墩柱的毛截面惯性矩，取0.043m^4；

　　　0.8——折减系数。

桩基入土段考虑土的嵌固作用，可按 m 法计算，参照《公路桥涵地基与基础设计规范》（JTG 3363—2019）可知，地面线以下桩基入土段的柔度 δ_2 为：

$$\delta_2 = \delta_{MM}^{(0)} l_0^2 + 2\delta_{MH}^{(0)} l_0 + \delta_{HH}^{(0)} \tag{4-2}$$

式中：$\delta_{MM}^{(0)}$、$\delta_{MH}^{(0)}$——分别为单位弯矩作用在地面线处时桩在该处产生的转角和水平位移；

$\delta_{HH}^{(0)}$——单位水平力作用在地面线处时桩在该处产生的水平位移。

桥墩横桥向有3根墩柱，其柱顶抗推刚度可按下式计算：

$$\overline{K}_i = \frac{k}{\delta_1 + \delta_2} \tag{4-3}$$

计算可得，$\overline{K}_i$ =15605kN/m。

2）支座抗推刚度

单个板式橡胶支座抗推刚度 K_z^1 按如下公式计算：

$$K_z^1 = \frac{AG_e}{t} \tag{4-4}$$

式中：A——一个支座的平面面积，取0.049m²；

G_e——橡胶支座的剪变模量，取1000kN/m²；

t——支座橡胶层总厚度，取0.037m。

每个桥墩墩顶有2排32个支座，则并联后的全部支座抗推刚度 K_z^1 =42432kN/m。

3）墩顶集成抗推刚度

计算出墩柱、桩基抗推刚度 $\overline{K}_i$ 及墩顶支座的抗推刚度 K_z^1 后，把两者进行刚度串联，即可得到墩顶集成抗推刚度 $K_i = \dfrac{\overline{K}_i K_z^1}{\overline{K}_i + K_z^1} = 11409\,\text{kN/m}$。

4）温度影响力计算

梁体有效温差引起上部梁体纵向变形，相当于在墩顶发生强迫位移，从而引起墩顶水平力。

当梁体有效温度变化为 Δ_t 时，上部梁体均匀向两侧联端伸长或缩短，在梁体上必定存在一个伸缩不动点；假设其距0号墩的距离为 X_0，位移及水平力方向向前为正，梁体线膨胀系数为 α，各墩距0号墩的距离分别为 L_0（$L_0=0$）、L_1、L_2、$\cdots$、L_i，设上部梁体伸缩系数 $C=\alpha\Delta_t$，则 i 号墩墩顶由有效温度变化产生的水平力 $P_{ti}=(L_i-L_0)K_i\alpha\Delta_t=(L_i-L_0)K_iC$。

考虑5孔一联60m，则支座固定点距0号墩的距离为30m，假设升温和降温均为25℃，梁体线膨胀系数 α 为 $0.00001L_2\alpha$。

5）收缩、徐变影响力计算

由于上部梁体收缩、徐变影响力的性质与温度影响力完全相同，且与温度降低引起的水平力方向一致，故梁体的收缩、徐变影响力可换算为等效温度降低来进行计算。其中，梁体的收缩影响力换算为等效温度降低10℃，徐变影响力换算为等效温度降低20℃。

6）汽车制动力计算

一个车道上的制动力标准值应为车道荷载标准值在加载长度上计算总重力的10%，但公路—Ⅰ级不得小于165kN；有同向车道时可叠加计算并按规定进行车道折减。考虑5孔1联，六车道，并考虑制动力在横向墩柱上的不均匀增大系数为1.35。每个桥墩抗推刚度相等，则每个桥墩的制动力也相等。计算可得每个桥墩的制动力为216.5kN。

7）内力结果计算

计算出墩顶各项水平力后，制动力应考虑横向不均匀效应外，其余温度升（降）影响力和收缩、徐变影响力等通常可均分给横向每根墩柱，并按温升影响力+汽车制动力、温降影响力+收缩影响力+徐变影响力+汽车制动力进行汇总，得出各墩顶单根墩柱的最不利水平力，如表4-29所示。

单根墩柱水平力及弯矩一览表　　　　　　　表4-29

墩号	温升影响力（kN）	温降影响力（kN）	收缩影响力（kN）	徐变影响力（kN）	制动力（kN）	升温+制动力（kN）	降温+收缩+徐变+制动力（kN）	柱底控制弯矩（kN·m）
0	−28.5	28.5	11.4	22.8	±72	−100.7	134.9	1214.3
1	−17.1	17.1	6.8	13.7	±72	−89.3	109.8	988.4
2	−5.7	5.7	2.3	4.6	±72	−77.9	84.7	762.5
3	5.7	−5.7	−2.3	−4.6	±72	−66.5	59.6	536.5
4	17.1	−17.1	−6.8	−13.7	±72	89.3	−109.8	−988.4
5	28.5	−28.5	−11.4	−22.8	±72	100.7	−134.9	−1214.3

8）墩柱承载力计算

墩柱按沿周边均匀配制纵向钢筋的圆形截面钢筋混凝土偏心受压构件计算，其正截面抗压承载力计算如下：

$$\gamma_0 N_d \leqslant N_{ud} = \alpha f_{cd} A \left(1 - \frac{\sin 2\pi}{2\pi}\right) + (\alpha - \alpha_t) f_{sd} A_s \quad (4\text{-}5)$$

$$\gamma_0 N_d \eta e_0 \leqslant M_{ud} = \frac{2}{3} f_{cd} A r \frac{\sin^3 \pi}{\pi} + f_{sd} A_s r_s \frac{\sin \pi + \sin \pi \alpha_t}{\pi} \quad (4\text{-}6)$$

式中：α_t——$\alpha_t = 1.25 - 2\alpha$；

γ_0——结构重要性系数,取1.1;

N_{ud}——轴向压力设计值,取1214.3kN·m;

M_{nd}——弯矩设计值,取4400kN;

f_{cd}——混凝土轴心抗压强度设计值,取30.5MPa;

f_{sd}——纵向普通钢筋的抗拉强度设计值,取330MPa;

r——圆形截面的半径,取0.5m;

r_s——纵向普通钢筋重心所在圆周的半径,取0.426m;

A——圆形截面的面积,取0.5024m^2(管柱外径1m,内径0.6m);

A_s——全部纵向普通钢筋截面面积,取0.0076m^2;

e_0——轴向力对截面重心的偏心距,计算得0.276m;

α——对应于受压区混凝土截面面积的圆心角(rad)与2π的比值,计算得0.45;

α_t——纵向受拉普通钢筋截面面积与全部纵向普通钢筋截面面积的比值,计算得0.35。

管柱的回转半径i=0.292m,管柱的计算长度l_0=18m,计算管柱的长细比l_0/i=62>17.5,故应考虑偏心受压构件的轴向力承载能力极限状态偏心距增大系数l_0/i=62>17.5,计算如下:

$$\eta = 1 + \frac{1}{1300 e_0 / h_0} \left(\frac{l_0}{h}\right)^2 \zeta_1 \zeta_2 \quad (4\text{-}7)$$

$$\zeta_1 = 0.2 + 2.7 \frac{e_0}{h_0} \leq 1.0 \quad (4\text{-}8)$$

$$\zeta_2 = 1.15 - 0.01 \frac{l_0}{h} \leq 1.0 \quad (4\text{-}9)$$

式中:l_0——管柱的计算长度,取9m;

h_0——截面的有效高度,取$h_0 = r + r_s = 0.926$m;

h——截面的高度,取$h = 2r = 1$m;

ζ_1——荷载偏心率对截面曲率的影响系数,计算得1;

ζ_2——构件长细比对截面曲率的影响系数,计算得1。

计算偏心距增大系数$\eta = 1.2$。

因此,墩柱承载力计算如下:

$$\gamma_0 N_d = 4840 \text{kN} \leq N_{ud} = 6143 \text{kN}$$

$$\gamma_0 N_d \eta e_0 = 1615 \text{kN} \cdot \text{m} \leq M_{ud} = 2144 \text{kN} \cdot \text{m}$$

4.7 PHC管桩

单根管桩轴力为2350kN，取用一钻孔资料，计算PHC管桩的设计长度，按摩擦桩设计，输入的数据见表4-30。

桩基非嵌岩钻挖孔灌注桩输入的数据（单位：kN·m）　　　表4-30

序号	名称	土层厚（m）	透水性	摩阻力标准值 q_{ik}（kPa）	基本承载力 f_{a0}（kPa）	修正系数 k_2
第1层	粉土	4	透水	35	130	5
第2层	黏土	3.3	透水	45	140	5
第3层	粉质黏土	2.7	透水	45	140	5
第4层	粉土	6.6	透水	45	150	5
第5层	粉质黏土	7.5	透水	55	180	5
第6层	细砂	2.4	透水	75	240	5
第7层	粉土	7	透水	65	200	5
第8层	细砂	5	透水	75	240	5
第9层	粉质黏土	12.1	透水	75	240	5
第10层	中砂	4.4	透水	100	320	5

以下为桩基重量计算过程：

冲刷线或地面线以上由桩端土层透水性和水位面判断是否计入浮力后计算。冲刷线以下桩重计算按：

（1）桩扣除重采用"与透水和水位无关，始终扣除桩重一半"，则冲刷线以下按一半桩重（13.0kN/m³）计算。

（2）桩扣除重采用"桩端透水时，水淹没部分按输入值扣除"，由桩端土层透水性和水位面计算。

①当桩端持力层不透水，不计浮力，按桩基重度（26kN/m³）计算。

②当桩端持力层透水，被水淹没的桩基将计入浮力，这时，桩基重量计算采用的重度：26-13.0=13.0（kN/m³）。

根据《公路桥涵地基与基础设计规范》（JTG 3363—2019）第6.3.3条相关规定的要求：

$$R_a = \frac{1}{2}u\sum_{i=1}^{n} q_{ik}l_i + A_p q_r \tag{4-10}$$

$$q_r = m_0 \lambda [f_{a0} + k_2 \gamma_2 (h-3)] \tag{4-11}$$

式中：R_a——单桩轴向受压承载力特征值（kN）；

u——桩身周长（m）；

A_p——桩端截面面积（m²）；

l_i——承台底面或局部冲刷线以下各土层的厚度；

q_{ik}——与l_i对应的各土层与桩侧的摩阻力标准值（kPa）；

q_r——修正后的桩端土承载力特征值（kPa）；

f_{a0}——桩端土的承载力特征值（kPa），取550kPa；

h——桩端的埋置深度（m）；

k_2——承载力特征值的深度修正系数；

γ_2——桩端以上各土层的加权平均重度，取14.3kN/m³；

λ——修正系数，取0.7；

m_0——清底系数，取1.0。

代入数值得到：

$$q_r=1.0\times0.7\times[200+5\times14.3\times(26.2-0.3-3)]=1301.2（kPa）$$

$$R_a=0.5\times\pi\times0.7\times(35\times3.7+45\times3.3+45\times2.7+45\times6.6+55\times7.5+75\times2.4)+$$
$$\pi\times0.7^2/4\times200=2921（kN）$$

地基受力$N=2350+0.5\times26\times\pi\times0.7^2/4\times26.2=2429$（kN）

$$\frac{R_a}{N}=1.2$$

在计算桩长的基础上加5m桩长，取32m。

4.8 小结

全预制装配式双T梁桥具有预制装配率高、经济性好、施工速度快、节约永久占地等优势，解决了平原区高速公路路基填筑无土可用或填料困难的现实问题，践行了国家和雄安新区"创新、协调、绿色、开放、共享"新发展理念，贯彻落实了"高标准、高质量"建设雄安新区基本要求，具有良好的综合效益和积极的社会影响，推广应用前景广阔。通过深入分析与构建主梁结构，基于midas Civil进行有限元数值分析，并取用规范规定的安全系数、可靠性指标，对主梁施工阶段及成桥永久作用、承载能力状态、正常使用极限状态、桥梁纵横向湿接缝等方面进行设计分析和验算。验算结果表明，结构设计符合要求。以荣乌高速公路新线建设项目为例，对主梁结构分析流程进行详细介绍，形成了体系化分析步骤，以期对后续桥梁结构分析提供参考。

第 5 章 结构试验

5.1 主要内容

本章主要对预制双T梁进行了试验研究,探明双T梁的结构性能,验证结构设计理论的可靠性;对下部结构预制构件的连接构造进行了试验研究,探明各类连接构造的性能,并对不同的连接构造进行了详细比较,同时对设计理论进行了验证。本章的试验研究不仅加深了对预制构件与连接构造性能的认识,也对设计理论进行了验证,为编制设计与施工规范和标准提供了参考。

5.2 预应力混凝土双 T 梁足尺试验研究

5.2.1 主要研究内容

本节深入开展全预制装配式预应力混凝土双T梁桥关键技术研究与工程应用实践,对双T梁的力学性能进行分析,论证这一施工工艺的可靠性,从而进一步促进全预制混凝土双T梁结构的推广。这对加快雄安新区以及我国城市桥梁现代化建设进程具有重要的理论意义和实际应用价值。本节的具体研究内容有以下几部分：

研究内容一：对主梁结构进行足尺模型试验，从结构的挠度、应变分布情况、试验现象，以及荷载-位移曲线等方面分析与评估桥梁实际承载能力，为桥梁的实际承载能力评价提供技术依据。

研究内容二：实际试验过程中，往往难以提前预知出试件的准确开裂、屈服点以及极限点，这对试件加载控制造成一定困难。本节基于midas Civil、ABAQUS有限元软件对试件进行精细化数值模拟，然后根据数值模拟结果预测试验构件从裂缝出现、到试件屈服、再到破坏的全过程，以期对双T梁构件承载力试验加载控制提供依据。

5.2.2 试验概况

5.2.2.1 试件尺寸

试件截面尺寸根据实桥中跨尺寸确定，如图5-1和图5-2所示。

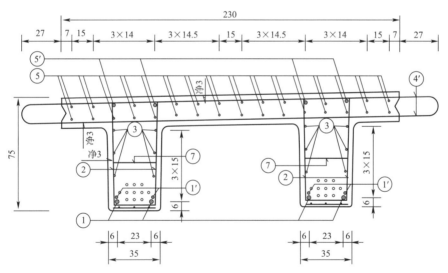

图 5-1 横截面配筋图（尺寸单位：cm）

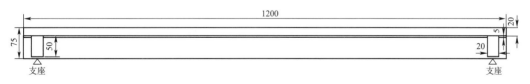

图 5-2 主梁立面图（尺寸单位：cm）

双T梁宽度为230cm，板厚为25cm，其中翼缘边缘处厚20cm，梁高为75cm，梁肋底部宽35cm，顶部宽37cm。在双T梁的每个肋中配有预应力筋。采用低松弛的1×7钢绞线，抗拉强度标准值f_{ptk}=1860N/mm^2，预应力筋张拉控制应力0.72f_{ptk}=1339.2N/mm^2。

5.2.2.2 整体布置

竖向荷载通过千斤顶和分配梁施加到梁上。将量程3000kN、最大行程500mm的千斤顶安装在反力架上，反力架与地锚固，千斤顶将力施加于分配梁，通过分配梁将力传到试件上，实现三分点加载。试验的布置以及现场情况分别如图5-3、图5-4所示。

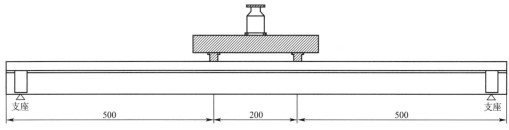

图 5-3 试验布置（尺寸单位：cm）

a) 现场整体情况

b) 现场细部情况

图 5-4 现场情况

5.2.2.3 测点布置

试验测试采用拉线式位移计和应变片,以获取整体结构的荷载-位移曲线及关键位置应变特性。

1)应变片布置情况

分别在跨中截面和2个加载点对应截面的翼缘板底面、梁肋侧面和梁肋底面粘贴应变片,共39个应变片。其中跨中截面混凝土应变片布置情况如图5-5所示。

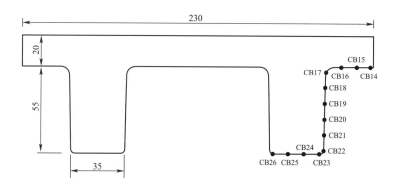

图 5-5 跨中截面混凝土应变片布置(尺寸单位:cm)

2)位移计布置情况

位移测量采用拉线式位移计,D1、D2、D9 和 D10 布置在支座垂直对应的板面上测量支座位移,D3、D4、D7 和 D8 布置在加载点垂直对应的梁肋底部测量加载点位移,D5 和 D6 布置在跨中梁肋底部测量跨中位移。位移计布置正视图及俯视图分别如图5-6、图5-7所示。

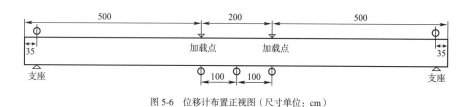

图 5-6 位移计布置正视图(尺寸单位:cm)

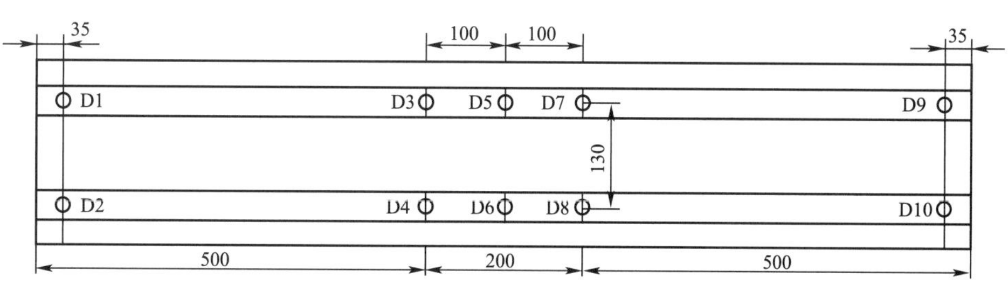

图 5-7 位移计布置俯视图(尺寸单位:cm)

5.2.2.4 加载制度

试验加载分为两个阶段,第一阶段采用力控制的加载方式。混凝土开裂前,每级荷载增量50kN,开裂后荷载增量25kN。当荷载约1900kN时试件基本屈服,进入加载的第二阶段。第二阶段采用位移控制加载,每级位移增量为10mm。前后两级位移加载中力的峰值开始下降时,认为试件达到抗弯承载能力极限状态。当受压区混凝土压碎后停止加载,梁完全破坏。

5.2.2.5 量测系统

数据采集系统使用静态数据采集仪UCAM-60B,通道数为50个,各测点与通道数对应关系分别如表5-1及表5-2所示。

应变片测点与通道对应表　　　　　　　　　　　　　　　表5-1

左加载点应变片号	通道号	跨中位置应变片号	通道号	右加载点应变片号	通道号	位置
1	CH001	14	CH014	27	CH027	翼缘板底面
2	CH002	15	CH015	28	CH028	
3	CH003	16	CH016	29	CH029	
4	CH004	17	CH017	30	CH030	梁肋侧面
5	CH005	18	CH018	31	CH031	
6	CH006	19	CH019	32	CH032	
7	CH007	20	CH020	33	CH033	
8	CH008	21	CH021	34	CH034	
9	CH009	22	CH022	35	CH035	
10	CH010	23	CH023	36	CH036	梁肋底面
11	CH011	24	CH024	37	CH037	
12	CH012	25	CH025	38	CH038	
13	CH013	26	CH026	39	CH039	

位移计测点与通道对应表　　　　　　　　　　　　　　　表5-2

位移计号	D1	D2	D3	D4	D5	D6	D7	D8	D9	D10
通道	CH040	CH041	CH042	CH043	CH044	CH045	CH046	CH047	CH048	CH049

5.2.3 有限元模拟

5.2.3.1 模型建立

本次使用了midas Civil软件系统并按照设计图纸建立梁单元模型,共13个节点、12个单元，如图5-8所示。

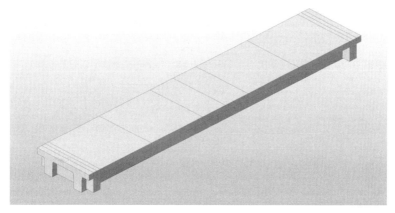

图 5-8　midas Civil 模型图

5.2.3.2　模拟加载

施加预应力荷载和自重荷载，并按照试验方案对模型分级施加节点荷载。模型荷载图见图5-9。

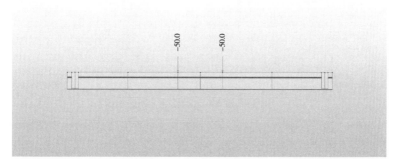

图 5-9　模型荷载图（单位：kN）

5.2.3.3　有限元结果分析

当每个加载点荷载335kN，即总荷载670kN时，梁受拉区应力达到2.646MPa，超过C50混凝土抗拉强度2.64MPa，视为混凝土开裂（图5-10）。

当每个加载点荷载达到1089kN，即总荷载达到2178kN时，梁受压区应力达到32.407MPa，刚好超过C50混凝土抗压强度标准值32.4MPa，可视为受压区混凝土被压碎（图5-11），梁完全破坏。

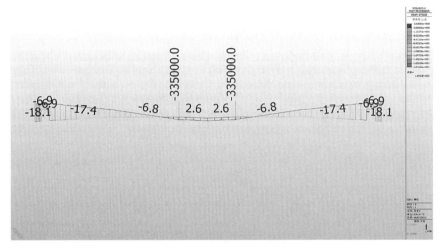

图 5-10　midas Civil 模拟混凝土开裂（单位：MPa）

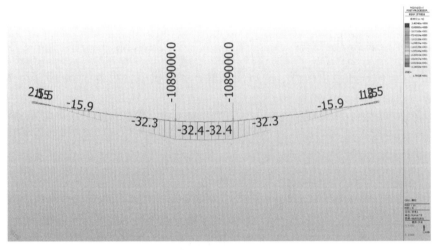

图 5-11　midas Civil 模拟混凝土压碎（单位：MPa）

5.2.4　静力试验结果分析

5.2.4.1　试验现象及试验结果分析

试验过程中，可将梁的受力状态分为三个阶段：弹性阶段、带裂缝工作阶段和破坏阶段。

加载前期，荷载较小，梁处于弹性阶段，荷载-位移曲线呈线性增长。由图5-12可知第一阶段梁的挠度较小。第二阶段的开始以构件开裂为标志，跨中纯弯段出现裂缝，随着荷载增大，裂缝向翼缘底部延伸；由于开裂后截面刚度降低，裂缝处拉应力主要由预应力筋承担，预应力筋应力迅速增加，梁的挠度变大，但不是特别明显。第三阶段为位移控制加载，梁进入破坏阶段，荷载增长缓慢而挠度增长迅速，弯曲裂缝延伸到板底，斜裂缝快速向加载点发展。整个加载过程的荷载-位移曲线及竖向挠度变形分别如图5-12、图5-13所示。取6个具有代表性的点进行分析。

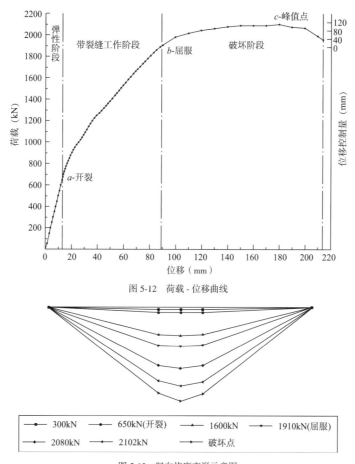

图 5-12 荷载-位移曲线

图 5-13 竖向挠度变形示意图

1）弹性阶段（荷载 300kN）

前10级加载情况下（荷载小于650kN），梁处于弹性状态（图5-14），混凝土表面无裂缝，荷载-位移曲线呈直线状态，且竖向挠度很小（图5-15）。当荷载为300kN时，可以观察到梁表面混凝土无裂缝产生。

2）开裂点（荷载 650kN）

当荷载达到650kN时，梁跨中纯弯段底部开始出现裂缝（图5-16）。荷载-位移曲线从弹性阶段的直线变为曲线，受力状态进入第二阶段——带裂缝工作阶段，此时竖向挠度仍较小（图5-17）。

a) 荷载300kN时梁肋底面

b) 荷载300kN时梁肋侧面

图 5-14　荷载300kN时梁（弹性状态）

图 5-15　荷载300kN时竖向挠度示意图

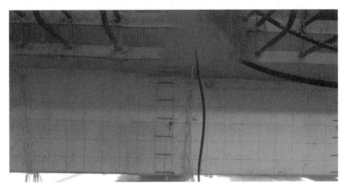

图 5-16　荷载650kN时混凝土开裂状态

图 5-17　荷载650kN时竖向挠度示意图

3）带裂缝工作阶段（荷载1600kN）

当荷载约为1600kN时，在加载点外开始出现较大的斜裂缝（图5-18），荷载-位移曲线位于切线斜率较稳定的阶段，梁的竖向挠度明显增大（图5-19）。

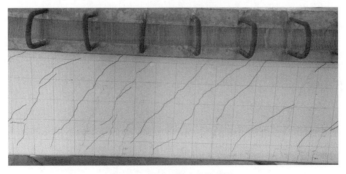

图 5-18　梁出现较大的斜裂缝

图 5-19 荷载 1600kN 时竖向挠度示意图

4）屈服点（荷载 1910kN）

随着荷载进一步增大，斜裂缝逐渐向加载点方向发展。当力达到1910kN时，构件屈服，且梁的变形已比较明显（图5-20、图5-21）。

图 5-20 屈服后梁出现较大变形

图 5-21 荷载 1910kN 时竖向挠度示意图

5）破坏阶段（荷载 2080kN）

构件屈服后进入受力状态的第三阶段，即位移控制加载阶段。这一阶段荷载增长缓慢而位移增长迅速。当位移加载五级即50mm时，荷载达到2080kN，跨中纯弯段弯曲裂缝均已延伸至翼缘板底，如图5-22~图5-24所示。

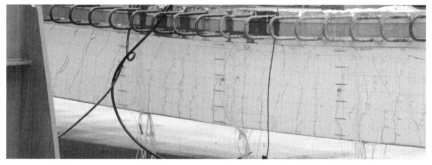

图 5-22 位移加载 50mm 时跨中纯弯段裂缝

图 5-23 位移加载 50mm 时梁的变形

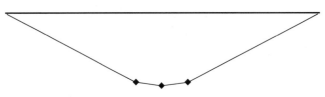

图 5-24 荷载 2080kN 时竖向挠度示意图

6）荷载峰值点（荷载 2102kN）

位移加载90mm时，荷载达到峰值，峰值荷载为2102kN。此时，斜裂缝已延伸至加载点（图5-25），构件达到承载能力极限状态，且挠度较大（图5-26）。

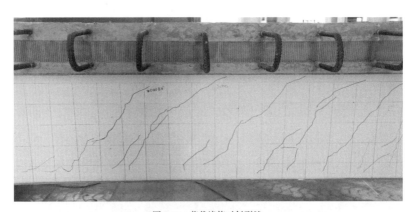

图 5-25 荷载峰值时斜裂缝

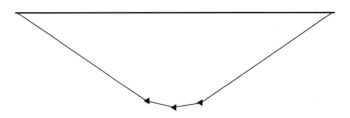

图 5-26 荷载 2102kN 时竖向挠度示意图

7)破坏点(荷载1960kN)

随着位移进一步增大,荷载-位移曲线进入下降段,构件接近破坏状态。当位移增至124mm时,受压区混凝土被压碎,构件完全破坏,荷载下降至1960kN,如图5-27~图5-29所示。

图 5-27 梁破坏时变形

图 5-28 梁破坏时受压区混凝土压碎

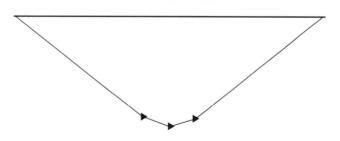

图 5-29 破坏时竖向挠度示意图

5.2.4.2 混凝土应变

1）翼缘板应变片（CB14、CB15、CB16）

翼缘板应变片位置如图 5-30 所示。

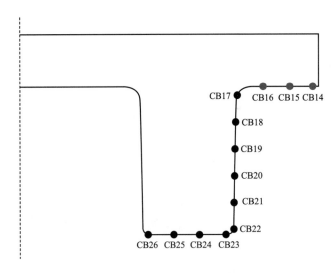

图 5-30 翼缘板应变片位置

图5-31所示为跨中截面翼缘板底面混凝土应变随荷载变化图，可知翼缘板混凝土从加载开始先受压后受拉，分析可得预应力钢束使梁加载前存在反拱。在加载过程中，反拱逐渐变小至零并开始向下发生变形，所以翼缘板存在先受压后受拉的过程。

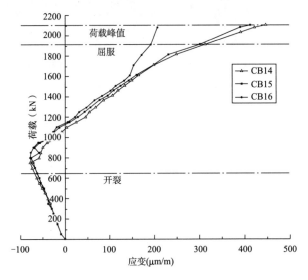

图 5-31 翼缘板底面混凝土应变 - 荷载曲线

图5-32所示为应变沿翼缘板宽度分布，x为应变片距离腹板侧面距离，由图可知随着荷载逐级增大，裂缝几乎不会沿着翼缘板宽度方向扩展。

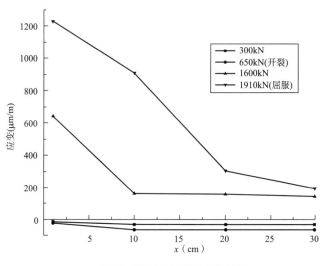

图 5-32　应变沿翼缘板宽度分布曲线

2）腹板应变片（CB17、CB18、CB19、CB20、CB21、CB22）

腹板应变片位置如图 5-33 所示。

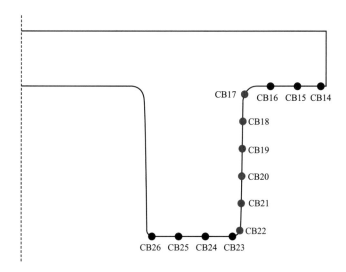

图 5-33　腹板应变片位置

图 5-34 所示为跨中截面腹板侧面混凝土应变随荷载变化图，应变片在荷载 600~650kN 后逐渐失效，说明开裂后裂缝首先沿截面高度方向发展。

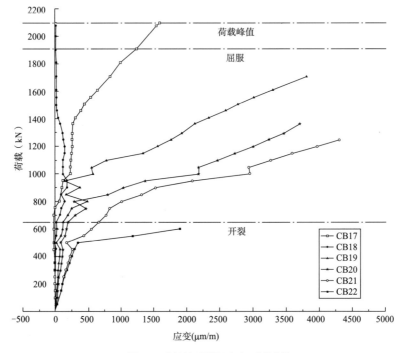

图 5-34 腹板侧面混凝土应变-荷载曲线

图5-35所示为应变沿截面高度的分布，h为应变片距离肋底的高度。由该图可知，开裂前，混凝土截面基本满足平截面假定。

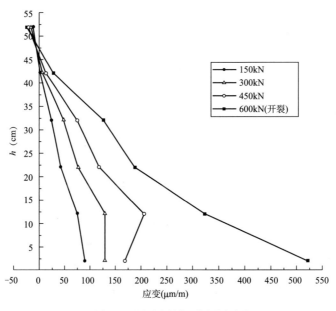

图 5-35 腹板应变沿截面高度分布曲线

3）底面应变片（CB23、CB24、CB25、CB26）

梁肋底面应变片位置如图 5-36 所示。

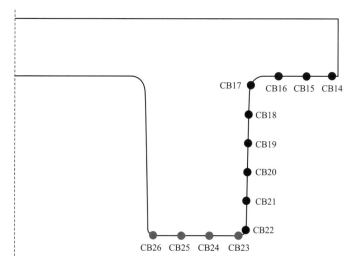

图 5-36　梁肋底面应变片位置

图5-37所示为跨中截面梁肋底面混凝土应变随荷载变化图，图5-38所示为应变沿梁肋底面宽度分布曲线。可知在开裂时梁肋底面出现裂缝，且裂缝贯穿梁肋底面。

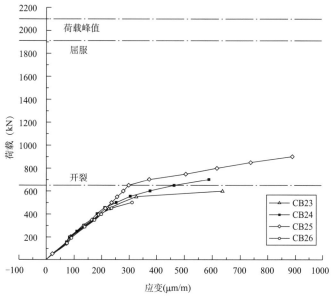

图 5-37　梁肋底面混凝土应变 - 荷载曲线

综上所述，跨中纯弯段混凝土开裂前处于弹性阶段，且符合平截面假定，开裂后裂缝沿着梁肋高度方向延伸至翼缘板底面。

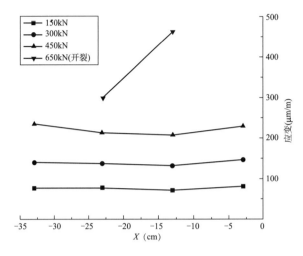

图 5-38 应变沿梁肋底面宽度分布曲线

5.2.5 试验结论

根据midas Civil模拟结果，构件在荷载为670kN时开裂，在荷载为2178kN时因混凝土压碎而破坏。实际试验中，荷载为650kN时构件开裂，荷载达到峰值2102kN后继续施加位移控制，施加124mm位移时受压区混凝土压碎，此时荷载为1960kN。Midas/Civil模拟与试验结果较为接近。

图5-39所示为ABAQUS模拟的荷载-位移曲线与试验荷载-位移曲线对比图。弹性阶段模拟结果与试验结果完全重合，进入塑性阶段后ABAQUS模拟的结果中位移较试验位移小，但是曲线的转折点对应的荷载和试验差别不大，都在大约1900kN的位置，说明ABAQUS可以近似得到梁的屈服点，为试验提供了帮助。

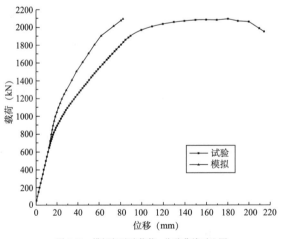

图 5-39 模拟与试验荷载-位移曲线对比图

5.3 预制下部结构连接构造试验研究

5.3.1 主要研究内容

预制装配技术由于具有众多优点，已经被应用到桥梁下部结构建设，实现了全预制。但是，目前大部分预制下部结构都建设于低震或非震地带。影响桥梁下部结构性能的主要是桥桩和承台、承台与桥墩，或桥墩与盖梁连接节点的性能。设计时要保证连接节点的强度，否则将会导致桥墩倒塌事故，造成一系列的直接或间接损失。我国在预制拼装桥墩节点连接技术方面的研究还不成熟，目前较少将其应用到多震或强震地带。亟须对不同方式的预制墩柱连接节点性能展开研究，为预制拼装技术应用于实际工程的下部结构提供相应的基础数据。本节以实际工程荣乌高速公路项目为背景，研究下部结构预制构件的连接构造的力学性能，完善这一施工工艺的可靠性论证，为设计提供有力的技术支撑。本节研究内容如下：

（1）内容一：预制拼装插槽式管墩连接节点抗震性能研究。

节点性能是预制拼装结构安全可靠的关键环节，作为能力保护构件，需保障其在地震作用下的安全。拟采用足尺节点模型拟静力试验手段，对插槽式管墩-盖梁（承台）连接节点开展试验研究，分析节点极限承载力、滞回耗能、延性指标等抗震性能，解释该节点形式在地震往复作用下的破坏模式及损伤演变机理，为实际工程设计提供指导和依据。

（2）内容二：预制管桩（柱）加现浇管芯结构的抗震性能验证。

针对预制管桩（柱）加现浇管芯的组合式墩柱-承台（盖梁）连接方式，拟采用足尺节点模型拟静力试验手段对该连接形式抗震性能开展研究，通过与不填充管芯节点模型试验结果对比，验证预制管桩柱和现浇灌芯这一结构形式的抗震性能，验算其强度和延性指标，揭示其破坏特征，并分析验证填芯对空心截面的约束效果，为实际工程设计提供指导和依据。

（3）内容三：变桩径柱法兰式连接抗震性能研究。

针对课题提出的变桩径法兰连接方式，设计考虑桩基础和桥墩连接节点及边界条件的足尺拟静力试验模型，通过水平往复加载方式，研究该连接节点的失效破坏模式和力学性能指标，验证该节点实现能力保护设计的可行性，为实际工程提供指导和依据。

（4）内容四：UHPC预制拼装墩柱后浇连接方式的研究。

提出UHPC后浇连接节点方式，设计相应试件缩尺模型试验方案。制作承插式连接预制墩柱对比试件、与本工程工艺相似的波纹管灌浆连接试件、以及本书提出的UHPC后浇带连接试件，共3个试件进行对比试验。

（5）内容五：往复荷载作用下UHPC后浇连接预制拼装墩柱抗震性能研究。

对3个试件分别进行拟静力试验，分析节点破坏形态、裂缝发展过程，对比往复荷载下的滞回曲线，并从中提取且对比分析3根试验柱的骨架曲线、延性性能、刚度性能、残余变形、曲率分布、耗能能力和钢筋、混凝土的应变变化，从而深入研究UHPC后浇连接预制墩柱节点的抗震性能，并分析该种连接方式与其他两根试验柱对比的优缺点，对采用UHPC的预制墩柱节点的力学性能进行客观评价。

5.3.2 不同连接方式桥墩研究现状

按照结构的抗震性能分类，可将预制拼装桥墩分为等同现浇和非等同现浇两大类。等同现浇形式是指通过设计使预制拼装结构具有与现浇形式（包括耗能能力、刚度等抗震性能）相似的能力；非等同现浇是指通过后张预应力的连接形式，在地震作用下预制桥墩与盖梁的连接可以呈现出摇摆节点的形式，以此使预制构件均处于弹性范围。下面分别介绍这两种预制拼装技术。

5.3.2.1 等同现浇连接形式研究现状

在工程实践中，等同现浇连接形式主要包括套筒灌浆连接、预留槽孔的灌浆连接、承插式连接、波纹管灌浆连接4种形式（图5-40）。下面对4种连接方式及其研究现状做详细介绍。

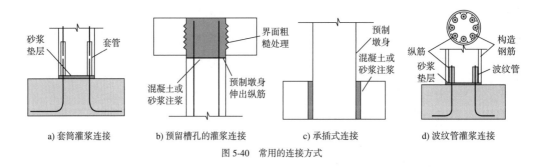

图5-40 常用的连接方式

1）套筒灌浆连接

套筒灌浆连接是指在预制构件时预先将套筒预埋，而另一个构件预制时需要预留外露钢筋，然后将一个构件的外露钢筋吊装插入预先埋置的套筒内，最后在套筒内灌入高强度混凝土灌浆连接。此连接方式优点是传力机制简单明确、现场湿作业内容较少、施工速度较快;缺点是由于存在专利产权,其造价相对较高。全灌浆式钢筋连接用套筒由连接套筒、钢筋、高强砂浆(或称为灌浆料)、灌浆管、管堵、密封环、密封端盖及密封柱塞组成。高强砂浆,也称为"套筒灌浆料",是一种以水泥为基本材料,配以适当的细集料,以及少量的混凝土外加剂和其他材料组成的干混料,加水搅拌后具有较大流动度、早强、高强、微膨胀等性能,填充于套筒与连接钢筋间隙内,形成钢筋灌浆连接接头。

预制柱套筒灌浆连接如图5-41所示。

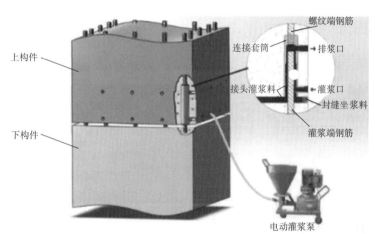

a) 套筒灌浆连接示意图

b) 构件拼接

c) 灌浆作业

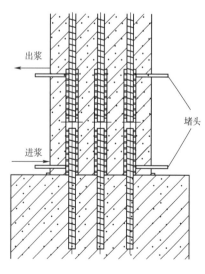

d) 压浆示意图

图 5-41　预制柱套筒灌浆连接示意图

美国Haber 等、Ameli等以及王志强等国内外学者陆续对套筒灌浆连接形式开展了拟静力试验抗震性能研究，研究结果表明，预制桥墩采用套筒灌浆连接方式相比于同参数现浇桥墩变形能力性能低一些。

Hewes等采用拟静力试验的研究方法研究了预应力筋配筋率、初始预拉力、钢套筒壁厚以及墩柱剪跨比等因素对预制拼装桥墩影响。试验结果表明，破坏主要发生在根部的接缝位置，采用套筒可以增加试件的延性系数，同时套筒可以较好地避免混凝土保护层的开裂。

周中哲等对预制桥墩增加了钢管约束，研究结果表明，采用钢管约束桥墩混凝土的试件的刚度变大、残余位移变小，图5-42给出比较典型的工程应用。

a) 弗罗里达州 Edison 公路桥

b) 爱荷华州 Keg Greek 公路桥

c) 上海市嘉闵高架桥北段

图 5-42 典型的工程应用

葛继平等将一种新型的可调节型机械套筒应用于某轨道交通预制拼装桥墩的设计方案中，并采用缩尺模型对其进行了拟静力试验，从而研究其抗震性能。将新型灌浆套筒试件与现浇试件进行对比试验后发现，机械套筒对塑性铰区域的钢筋具有增强作用，且从试验数据中发现，新型灌浆套筒预制拼装墩柱的抗震性能与整体现浇墩柱基本相同。

Georgia E.Thermou等对钢加固灌浆（SRG）套筒混凝土柱进行了综合试验，该套筒由嵌入无机黏合剂的超高抗拉强度钢（UHTSS）纺织品组成。通过试验得到了SRG灌浆套筒灌浆随着混凝土保护层厚度的减小而增加，并提出了一种能够友好地预测SRG灌浆套筒约束混凝土的强度和极限应变的模型。

赵武超等为研究荷载撞击下的灌浆套筒预制拼装墩柱的力学性能和损伤机理，采用数值仿真的技术建立了预应力混凝土（PC）柱精细有限元模型，完成了模拟方法的印证，并分析了试验柱和现浇筑的撞击响应特征差异。证明PC柱能表现出与同参数传统现浇混凝土（CIPC）柱类似的非线性力学响应，而动态响应差异主要集中在柱端接缝附近，在增加轴压比后PC柱的损伤越集中且更易发生脆性破坏，且其非线性力学行为与撞击质量和速度有一定关系。

综合上述相关研究，预制桥墩采用套筒灌浆连接方式的变形能力略低于现浇桥墩，将套筒设置在桥墩底部会引起塑性铰区域由桥墩底部向上移动。同时，外包套筒能避免或减少混凝土保护层的开裂。

2）波纹管灌浆连接

波纹管灌浆连接技术通常用于预制盖梁与预制墩、预制墩的各个节段之间的连接。这种连接方法具有施工速度快、节点连接强度高等优点。将预制桥墩的外伸露出纵筋锚固在盖梁或承台内，需要将波纹钢管预先埋置在构件的钢筋骨架内，但同时又会使连接处钢筋骨架空间变小，对预埋位置精度也有较高的要求。目前关于波纹管灌浆连接方式预制桥墩抗震性能的研究还相对较少，Mashal等对采用波纹管灌浆连接方式的桥墩进行了相关波纹管灌浆连接试验（图5-43）研究。波纹管灌浆连接典型工程应用如图5-44所示。

同济大学王志强等对预制桥墩-承台采用此连接方式开展了拟静力试验研究，试验结果表明，波纹管灌浆连接耗能能力与现浇试件接近。

姜海西等通过试验的方法对采用波纹管灌浆连接的墩柱进行了抗震性能研究。结果表明，损伤区域仍然发生在柱底接缝处位置和塑性铰附近，得出此连接方式与传统现浇钢筋混凝土桥墩的抗震性能相接近的结论。

贾俊峰等对波纹管灌浆连接的预制拼装钢筋混凝土（RC）柱进行了拟静力试验，并应用ABAQUS对其抗侧强度及局部损伤进行了仿真分析。试验与仿真结果表明，该种连接方式试件的破坏集中在接缝处，高强灌浆料垫层仅少许破碎，与现浇墩柱抗侧强度和残余位移基本一致，位移延性下降约10%，耗能能力也较低，但仍能满足钢筋混凝土桥梁抗震规范的要求，可应用于实际工程之中。

王洁金等研究波纹管灌浆连接形式的预制墩柱的抗震性能，以江西桥南村天桥的实际工程为原型，利用ABAQUS进行有限元缩尺建模，在低周往复荷载作用下进行分析，得到其与对比现浇墩柱的滞回曲线、刚度、耗能及破坏形式，并进行对比分析。结果发现，两种桥墩均发生了弯曲破坏，两种桥墩的滞回曲线、骨架曲线、承载能力、耗能及刚度也基本相似，且在低周往复荷载作用下波纹管内的灌浆料之间黏结性能牢靠，均未发生黏结滑移，因此该种连接方式较为可靠，可运用于实际工程建设中。

a) 预制承台

b) 预制阶段

c) 阶段拼装

d) 试验加载

图 5-43　波纹管灌浆连接试验

蔡叶澜等通过对预应力灌浆金属波纹管连接装配式双柱墩进行参数分析，得出其抗震性能结果，并基于此结果进行了数值模型可靠性分析校核，并进行了关键参数的敏感性分析，得出关键参数对节段拼装双柱墩抗震性能的影响规律。结果发现，预应力的存在使得试件的峰值承载力出现时间滞后，抗震性能得到了提升。

a) Lake Belton Hubbard 桥

b) 华盛顿 5 号州际公路桥

c) Lake Ray Hubbard 桥

图 5-44 波纹管灌浆连接典型工程应用

夏樟华等开展了装配式双柱墩的双向拟静力试验，并与现浇墩柱进行比较，重点分析了波纹管灌浆连接装配式预应力混凝土（PC）双柱墩的位移延性和变形性能。试验结果表明，波纹管连接墩柱与现浇墩柱的破坏形式均以弯曲破坏为主，而双向荷载作用下波纹管灌浆连接装配式墩柱的极限承载能力略小于现浇墩柱，但预应力的存在使得试件的峰值承载力出现延后现象，各方面性能更接近现浇墩柱，但残余变形明显减小。

Matsumoto和宋年华均在预制盖梁与预制桥墩之间采用此连接方式，进行了缩尺模型试验。试验结果表明，预制盖梁与桥墩连接节点与同参数的现浇试件抗震性能基本相同，说明波纹管灌浆连接安全可靠。

综上相关研究，波纹管灌浆连接方式的耗能能力、抗震性能与现浇连接试件基本相同，波纹管灌浆连接方式安全可靠。

3）承插式连接

承插式连接是指在盖梁或承台内提前预留孔位，将预制桥墩的一端插入预留的孔内，然后在桥墩插入部分的底部和四周浇筑混凝土或砂浆的施工方法。承插式连接具有施工工艺简单、施工速度较快、现场湿作业量较少的优点，但要求预留孔周围的混凝土应具有足够的强度，以抵抗预制桥墩在地震作用下产生的撬起力。2011年美国华盛顿州5号州际公路桥、我国上海嘉闵高架北二段采用了此连接方式（图5-45）。

a) 华盛顿州5号州际公路桥

b) 中国上海嘉闵高架北二段

图 5-45 承插式连接典型工程应用

Osanai 等进行了承插式接节点拟静力试验研究，指出预制墩柱插入预制盖梁或墩台埋深1.25~1.5倍墩柱直径时需要设置剪力键。

Mashal 等对采用承插式连接预制桥墩和承台进行了抗震性能试验研究，结果表明，承插式连接试件的滞回曲线相比于现浇桥墩的捏拢现象更为明显，耗能能力略低。

Olafur S.Haraldsson 等基于3个试件对后浇法承插式连接的装配式桥墩的抗震性能进行了试验研究。试验结果表明，墩柱的抗震性能与其插入深度有一定的关系，柱身插入越深，则抗震性能越强，且在侧向加载试验中3个试件的抗震响应都近似于现浇试件。

徐艳等以实际工程作为研究背景，对采用不同承插深度的试件进行了拟静力试验，并通过OPENSEES有限元软件进行了数值模拟计算。通过分析和比较认为，不同承插深度试件的抗震性能均与现浇试件相似，但承插深度$0.7D$时最为接近；且随着承插深度增大，墩身变形符合嵌岩桩的形变特点，可以参照嵌岩桩的嵌岩深度推测出最小合理承插深度。

LIN J C研究表明，存在抗剪力键承插连接的构件，其耗能能力与现浇构件相比并无明显区别。

曾增等依据实际工程设计了两个缩尺试件，以研究承插接触面粗糙处理和光滑处理对这种连接方式抗震性能的影响，分别对试件的加载过程、滞回特性、骨架曲线、耗能水平、残余位移和裂缝发展等方面进行描述和比较讨论。研究结果表明，在加载荷载水平较小时，两墩柱的力学特性和破坏现象近乎相同，但随着水平荷载的增大，凿毛处理的试验柱的抗震性能逐渐表现出优于光滑处理的试验柱，因此推荐强震区域使用凿毛处理的承插式墩柱。

赵宁对承插式预制拼装桥墩进行了拟静力试验，结果表明，承插式连接构件的破坏形式为弯曲延性破坏，此连接方式耗能能力较强且骨架曲线出现强度稳定段。

刘丰对整体现浇式、承插式的普通钢筋混凝土结构进行了抗震性能试验研究。研究表明：承插式试件的破坏形态主要是弯曲破坏，塑性铰具有向上移动的趋势。

Zhang Guangda等设计了3个1∶3缩尺的UHPC承插式钢筋混凝土墩柱试件，对其进行拟静力试验研究，建立了考虑桩基旋转效应的纤维有限元模型，并与CIP墩柱的抗震性能进行比较。试验和数值计算结果表明，预制桥墩的损伤演化、破坏模式和滞回响应与CIP墩柱相当，因此这种UHPC填充承插式连接预制拼装墩柱可以应用于中、高地震区。

综合上述相关研究，对于承插式连接耗能能力强弱结果不一，但可以说明的是，此连接方式的破坏形式为弯曲延性破坏，塑性铰呈现出上移的趋势，此连接方式可靠。

4）预留槽孔的浇筑混凝土或灌浆连接

预留槽孔的浇筑混凝土或灌浆连接，也称为插槽式连接（下文统称为插槽式连接），是指在盖梁、承台内采用波纹钢管预留槽孔，将预制墩柱的外露钢筋插入预留槽孔，然后进行拼装浇筑，使预制构件形成一个整体。在工程实践中，一般采用波纹管形成预留槽孔，波纹钢管可以增加后浇混凝土与周围混凝土之间的接触面积。预留槽孔的连接方式具有施工工艺比较简单，对施工工作者技术要求不高的优点。美国得克萨斯州Redfish Bay桥以及爱荷华州Boone County IBRC Project桥采用了此种连接方式，如图5-46所示。

a) 得克萨斯州 Redfish Bay 桥　　　　　　b) 爱荷华州 Boone County IBRC Project 桥

图 5-46　预留槽孔连接方式典型工程应用

针对插槽式连接形式抗震性能研究，Matsumoto进行了42%缩尺试验模型试验，拟静力试验结果表明，此连接方式位移延性较大，变形能力较强。

魏英以京台高速公路某段的桥梁工程为背景，总结了预制拼装技术在桥梁施工中的最新研究成果和工程经验，介绍了插槽式连接技术的应用特点及难点，但并未对其抗震性能进行详细的研究。

关于插槽式连接方式的相关抗震性能研究相对较少，已有研究表明，此连接方式具有较好的延性变形能力，对插槽式连接方式还需进一步深入全面的研究。

5.3.2.2　非等同现浇连接形式研究现状

非等同现浇方式采用后张预应力的方法使各部分阶段拼装成一个整体，使预制桥墩在地震作用下的非线性转动主要集中在摇摆节点。非等同现浇方式通过连接节点接缝的张开与闭合来消耗地震力，保证了即使在位移较大的工况下混凝土产生的拉应变较小，可以有效减少预制构件裂缝的产生，并且采用后张预应力可以使其有效恢复初始位置，缺点是耗能能力较差。非等同现浇连接墩的受力见图5-47，预制桥墩的典型工程应用如图5-48所示。

预制节段施工桥梁结构的受力本质，可视为插有若干素混凝土区段的钢筋混凝土结构，即纵向普通钢筋连续的钢筋混凝土段（R段）和纵向普通钢筋被断开的素混凝土段（C段，即接缝），如图5-49所示。

接缝（C段）是预制节段桥梁的特点也是弱点。虽然已有很多桥梁工程采用预制节段施工，但由于纵向钢筋在接缝处被完全切断，接缝本身以及对结构受力的影响十分复杂，所以至今许多国际主流规范并没有反映。接缝附近（C段）实际上只是砂浆，大量研究成果显示：预制节段结构的裂缝开展基本是在接缝附近，如图5-50所示。实际上，接缝处的裂缝开展情况与预设相同，如图5-51所示。其受力情况已经脱离结构设计中截面法的假设条件——所有截面满足平面假定。

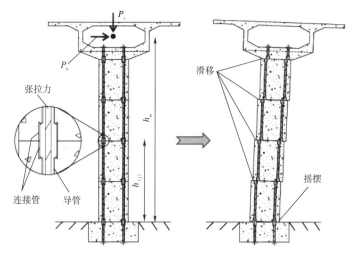

图 5-47 非等同现浇连接墩的受力图

a) Vail Pass 桥

b) Sunshine Skyway 桥

c) 纽约州 I-287 高架桥置换工程

图 5-48 预制桥墩的典型工程应用

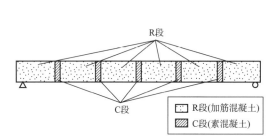

图 5-49 节段梁接缝本质示意图

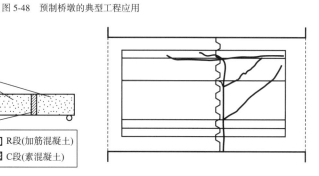

图 5-50 接缝附近的裂缝开展

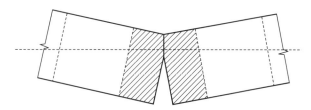

图 5-51 接缝裂开后的变形情况

自节段施工方法问世以来,国内外进行了大量的研究和试验研究其受力性能。在理论研究方面一般采用两种方法:一是结构方法,即采用全过程弹塑性有限元分析方法,但抗弯性能研究较多,抗剪性能研究较少,主要原因是抗剪配筋本身是混凝土结构领域内的难题,国际上还没有完全形成共识方法;二是采用传统的截面法,截面法是与规范规定方法相协调且简化的方法,具有代表性;且目前对此有相关规定的规范是美国州际公路和运输工作者协会颁布的《节段式混凝土桥梁设计与施工指导性规范》。它把节段接缝分为两类,即预制节段间的湿接缝和胶接缝,称为A类接缝;把预制节段间的干接缝称为B类接缝。表5-3为美国州际公路和运输工作者协会标准对于不同预应力钢筋形式和不同接缝类型的节段施工混凝土结构的抗弯折减系数和抗剪折减系数,表中虽以0.05为极差的系数带有一定经验性,但其优点是可以直接采用。

节段施工混凝土结构的强度折减系数　　　　表5-3

预应力筋类型	接缝类型	ϕ_f	ϕ_v
全黏结体预应力筋	A类接缝	0.95	0.85
	B类接缝	0.90	0.80
无黏结或部分黏结体外力筋	A类接缝	0.90	0.80
	B类接缝	0.85	0.75

预制节段施工桥梁的结构承载力采用截面法乘系数简化计算,虽符合标准要求,但从图5-51可以看出其依据并不够充分。采用考虑全过程的弹塑性有限元方法或试验方法包括了内力重分布,但其安全度与截面法不同。同时,其研究方法大多集中于研究抗弯问题。由于对混凝土梁的抗剪承载力问题本身没有统一认识,故节段梁的抗剪问题更为复杂。表5-4是国际主要标准的抗剪钢筋设计。

国际主要标准抗剪钢筋设计　　　　表5-4

国际主要标准比较	抗剪钢筋图示
美国混凝土协会(ACI)标准、中国现行国家标准与行业标准(仅有箍筋)	箍筋
欧洲标准、美国AASHTO(箍筋+主纵筋)	箍筋　上缘主筋　下缘主筋

续上表

国际主要标准比较	抗剪钢筋图示
网格抗剪配筋（纵向水平钢筋均是需要计算的抗剪钢筋）	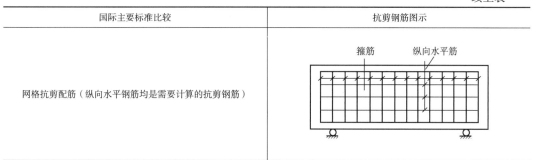

1）仅有竖向箍筋

目前只有美国混凝土协会（ACI）标准和中国的国家标准与行业标准采用，但混凝土抗剪贡献的取值却不同。美国混凝土协会（ACI）标准仅计混凝土出现第一条弯剪或腹剪裂缝时的荷载为混凝土抗力；而中国国家标准与行业标准的混凝土抗力为无腹筋梁的破坏荷载。所以，中国标准的混凝土贡献偏大，结果是抗剪钢筋少，且一旦腹板开裂，原来由混凝土承担的剪力传递至钢筋，容易导致抗剪钢筋屈服，从而破坏结构内的应力传递路径；在工程实际中会造成较宽的斜裂缝，且由于梁体剪切刚度降低，造成预应力混凝土桥梁的不断下挠问题等。

2）箍筋+上下缘主纵筋

目前美国AASHTO标准和欧洲标准采用（欧洲标准同时也采纳不考虑混凝土贡献的变角桁架模型），斜向主拉应力的竖直分量由箍筋承担，水平分量随着斜裂缝的发展不断向上下缘延伸，最终由上下缘的主纵筋承担形成抗剪架构。其根源是桁架模型，桁架模型建立结构体的平衡方程。所以在钢筋混凝土结构中，主纵筋除了满足抗弯要求以外，还需要考虑剪力引起的应力增量。

这是一种"机构"的平衡，即上下缘主筋能够承担由于斜裂缝不断产生往上、往下发展延伸的水平分力，这些水平分力最终由位于上下缘的主纵筋承担，从而"支撑"住了整体结构，不会造成抗剪崩溃。但问题是斜向裂缝宽度无法控制，且这是沿斜方向可以错动的"机构"。由于截面的正应力是由剪应力传递的，故剪切机理的损坏会导致对正应力（包括预应力）效应传递的影响，结构反应无法控制。

3）网格抗剪钢筋

由同济大学桥梁工程系在苏通长江公路大桥辅航道桥科研中提出，科研目的旨在消除极限状态下出现斜裂缝、钢筋屈服，避免因结构剪切刚度削弱引发的长期下挠。其理念是混凝土构件中任意位置，一旦主拉应力超过限值会引起开裂，因此在截面上相应任意位置，均需要有纵横向网格钢筋构成的抗剪钢筋，承担其竖向分力和水平分力，并保证这些钢筋在极限阶段不会屈服。这样不但控制住了斜裂缝，而且只要结构中所有纵横网格钢筋不屈服，就能够确保结构剪切刚度不会削弱，确保传递所需要的正应力。

网格抗剪钢筋意味着抗剪钢筋不仅是箍筋，腹板里的纵向钢筋都是需要计算的抗剪钢筋，而不是通常认识的"构造钢筋"。预制节段桥梁箍筋和纵向钢筋在接缝处是不连续的。在工程实践中，箍筋的"连续"较容易处理，其本身就是间隔分布的，所以跳过接缝与结构其他位置是协调的，关键是纵向普通钢筋的跨缝连续问题。图5-52是采用预制节段施工的苏通长江公路大桥引桥的纵向钢筋设计示意图。当时已有认识，需要最大限度减小图5-49中素混凝土C段区域的范围，故在实际设计中做了如图5-52的处理，即将纵筋也设计成为环箍形式，以提供接缝附近纵筋的锚固长度，确保接缝附近纵向普通钢筋的最大有效作用范围。

图 5-52 接缝处纵向钢筋设计示意图

4）预制节段间的纵向"插筋"

在受力性能上，除非设计标准提高，以确保极限状态下的主拉应力不会导致混凝土开裂，保证极限状态结构弯剪设计的有效性，但这样做的代价太高，也不合理。规范中结构抗弯设计的基石是截面法，即在极限状态下仍然维持平截面假定。对于剪切配筋而言，意味着在极限状态下，交遇斜裂缝的普通钢筋都不能屈服，否则无法满足抗弯设计截面法所需要的平截面假定。这里所谓"交遇斜裂缝的普通钢筋"都是需要设计的抗剪钢筋，它不只是竖向箍筋，而是网格钢筋。所以，对于预制节段结构，纵向跨缝插筋是抗剪钢筋的需要。

纵向钢筋的跨缝连续包括顶底板钢筋和腹板钢筋，顶底板的直线体内预应力钢束可以视作连续钢筋，故纵筋跨缝连续主要是腹板高度范围的。图5-53便是腹板接缝处采用纵筋跨缝插筋实现连续的示意图。当然，对

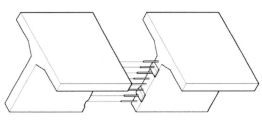

图 5-53 腹板接缝处纵向跨缝插筋示意图

于全体外预应力结构，主要应用于腹板高度范围，顶底板也需要有普通钢筋的跨缝连续插筋。

采用纵向跨缝插筋目的是从受力上"消除"接缝。采用这种方式，在构造上、施工方法上仍然是预制节段桥梁，继续保留预制节段桥梁的优点，而在受力性能上则"消除"接缝，彻底避免接缝缺点。这将使预制节段施工桥梁以及ABC施工方法，融入现行规范体系下的设计和施工，推动我国预制节段施工桥梁建设的健康发展。

近些年来，国内外学者对装配式桥墩及其预制节段连接方式等进行了深入研究：

Mander和Cheng对绕墩底转动的后张预应力桥墩的抗震性能进行了详细研究，试验结果表明：摇摆式体系的装配式桥墩具有良好的恢复变形能力，试验中试件的残余位移几乎为零。

Lin和Mo等进行了两个节段预制拼装桥墩的拟静力试验，通过预应力筋将墩柱节段连接在一起，墩底节段与基座整体现浇而成。试验结果表明：采用预应力钢筋连接方式的耗能能力与现浇桥墩接近，墩身节段之间的剪切滑移现象由于受到剪力键的限制而不明显。

吴威业通过拟静力实验方法研究了剪力键对预制拼装节段节点的抗剪性能，结果表明，采用剪力键干接缝的试件具有较好的延性，指出设置剪力键的连接构造方式可以作为推荐的预制拼装桥墩接缝构造形式。

葛继平对无黏结预应力钢筋、有黏结预应力钢筋、耗能钢筋3种方式的混凝土桥墩进行了详细的数值分析，指出纤维模型分析方法是有效的模拟方法。

2012年清华大学虎良研究了节段拼装桥墩的基本结构组成、力学特性、计算方法和基于材料的极限应变条件的设计方法，提出软化特征可控的一种双参指数型约束混凝土本构关系，并基于ABAQUS对6组试件进行了数值模拟分析，验证了本构关系的可靠性，使用OPENSEES平台进行验证，最终推导出基于塑性铰理论的SA-SCP桥墩简化计算模型，可供工程参考。

包龙生等提出采用耗能钢筋提高环形截面装配式桥墩在循环荷载作用下的屈服强度、极限强度及耗能能力的方法。采用ABAQUS有限元分析软件模拟无黏结预应力、普通纵筋、耗能钢筋和箍筋约束下的节段拼装式桥墩。经过模拟计算得到在一定范围内增加耗能钢筋的配筋率可以显著提高节段拼装式桥墩的屈服强度、极限强度和耗能能力的结论。

长安大学展丙来通过对节段拼装桥墩抗震理论研究成果的归纳分析，确定了采用纤维模型法模拟墩柱构件、非线性时程分析法进行桥梁体系地震响应分析的研究方法，并基于OPENSEES纤维模型分析方法，从单墩构件的角度研究对比了节段拼装墩柱和现浇墩柱延性特性的异同；从桥梁结构体系的角度，研究了不同工况下减隔震措施应用效果及设置选择原则，为工程提供参考；建立了节段拼装墩城市高架桥梁性能设计方法及设计流程，可为高震区工程应用提供技术支持。

Hsiao-Hui Hung等提出了分段预制拼装桥墩体系的半刚性连接方法，分段间是一种黏结钢筋、耦合器、剪切键拼接成的混合连接形式。并设置了两种不同剪力键，即钢榫式剪力键和钢混式剪力键并进行试验。结果表明，该系统具有良好的抗震特性。同时建立了适当的分析程序，以有效捕捉墩柱在地震作用下的力学行为。

马煜等为提升节段拼装桥墩的抗震性能，采用碳纤维增强复合材料（CFRP）对预制节段拼装桥墩的易损伤部位进行加固；并基于既有试验建立实体单元，以分析节段拼装桥墩在往复荷载作用下的恢复力特性及破坏情况。分别采用箍筋加密和外包CFRP布对预制桥墩底部进行加固，并对比两种加固方式对抗震性能的影响。结果表明，CFRP包裹能显著增强桥墩整体刚度和承载能力，并且桥墩的刚度退化更加平缓，有利于桥梁在地震作用下保持自身力学特性和稳定性。

汪立立等对等同现浇桥墩、非等同现浇形式预制拼装桥墩试件进行了有限元数值分析。分析表明，在多种工况下不同接缝形式的桥墩试件应力符合要求，预制拼装桥墩具有较强的连接强度。

葛继平等比较了预应力连接、承插式连接两种连接方式的抗震性能，预应力连接在预应力钢筋屈服前结构刚度较大，之后侧向位移较大。增加耗能钢筋可以增大桥墩横向刚度。

为进一步加强预制桥墩的抗震性能，各国学者将等同现浇与非等同现浇形式相结合，形成了混合型连接形式，期望预制桥墩在具有良好复位能力的同时有较强的耗能能力。

王志强等通过拟静力试验研究了无黏结后张预应力筋与套筒灌浆连接的混合连接形式的抗震性能，试验结果表明，此混合方式的预制桥墩耗能能力较强，在预制拼装施工工艺中，采用无黏结后张预应力会减小残余变形。

Shim等采用后张预应力的方法将各节段桥墩连接起来，在预制桥墩中加入黏结螺纹钢筋，并以螺纹钢筋孔道的钢管作为耗能装置来增加预制桥墩的抗震性能。

Sideris等设计了一种新型混杂滑移-摇摆节点预制桥墩，通过低节段与承台基础之间采用后张预应力钢筋连接的形式形成摇摆节点，其余节段连接采用滑移节点的形式，以节段在接缝处之间所产生的滑移来实现摩擦耗能。

综上所述，将等同现浇连接方式与非等同现浇连接两种连接方式结合起来，使两种连接方式优势互补，能够兼顾桥墩的耗能能力和自复位能力，可以看出，混合连接方式在今后的桥梁建设中具有较好的应用前景。

5.3.3 试验概况

5.3.3.1 试件设计

1）插槽式、法兰连接试件设计

根据结构的受力特性对试验模型进行如下设计：

（1）为研究拼装插槽节点的可靠性，设计盖梁与预制管柱连接构造试验方案如下：

①为方便试件的运输并节省成本，考虑到桥墩横桥向变形是反对称的，对称中心为反弯点，桥墩可取墩高一半，从反弯点处截开向上取至盖梁（图5-54）。

②为便于加载并模拟节点处的空间受力情况，试验采用倒立加载的方案（图5-55），盖梁架空，设有两道垫梁。基于midas Civil建立横桥向盖梁墩柱模型，如图5-56a）所示，垫梁间距根据在恒载作用下，计算得到横桥向盖梁弯矩内力图（图5-56b），根据弯矩图墩柱盖梁连接点两端相邻反弯点间距约为2.4m，并结合试验场地地基锚固孔的间距确定垫梁间距为2m，位于反弯点附近；预制管柱上端加载。

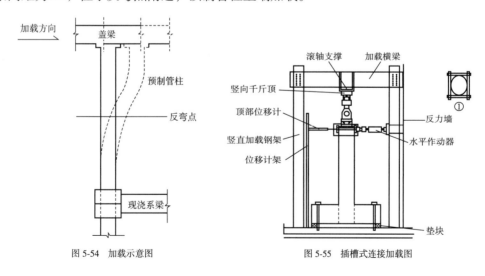

图5-54 加载示意图　　　　图5-55 插槽式连接加载图

（2）为研究连接法兰的可靠性，取法兰连接点附近构件进行试验，设计桩柱式连接试验方案如下：

①考虑桥墩的受力特性，模型取墩柱反弯点处（3m）向下至现浇系梁下1m PRC管桩处。

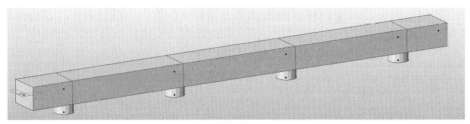

a) 横桥向盖梁模型

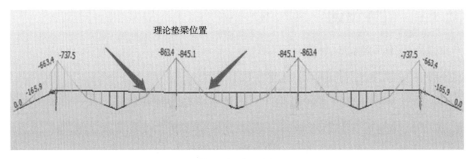

b) 横桥向盖梁弯矩内力图

图 5-56　横桥向盖梁弯矩内力图（单位：cm）

②1m PRC下端固结，下端固结采用承台与PRC管桩插槽式连接。为了使固结处有足够的强度和方便制作，固结承台采用上述试件盖梁尺寸和配筋，并在连接位置增加钢筋笼骨架，预制管柱上端加载。试验加载示意图见图5-57。

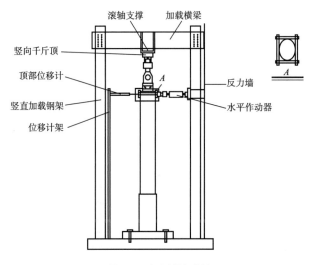

图 5-57　法兰连接加载图

根据上述设计的试验模型，为达到预期的研究目标，本书共设计3个足尺模型试件（表5-5）。考虑试件运输过程中限高问题，设计空心管柱为2m的插槽式连接试件（试件2），对应实际桥墩墩高4m，其对连接节点要求更高。设置与预制盖梁同尺寸的现浇试件是为了与其对比,从而可以对比说明插槽式预制拼装管柱与盖梁连接的抗震性能、裂缝开展及损伤机理。

试件设计   表 5-5

编号	墩高	试件名称	主要试验研究内容
试件1	2m	现浇盖梁与预制空心管墩连接并灌芯	对比研究插槽式预制拼装管柱与盖梁连接的抗震性能、裂缝开展、抗震性能及损伤机理等
试件2	2m	插槽式预制盖梁与关注连接并灌芯	
试件3	3m+1m	PRC管桩与预制管柱法兰连接	研究连接法兰的可靠性

2)承插式、波纹管灌浆连接、UHPC预制拼装墩柱后浇连接试件设计

为了研究UHPC后浇带预制墩柱的抗震性能,并与实际工程中采用的波纹管灌浆连接预制墩柱和承插式连接预制墩柱的抗震性能进行比较,制作UHPC后浇带预制墩柱、波纹管灌浆连接预制墩柱和承插式连接预制墩柱。考虑到加工场地、运输方便及试验场地,根据实际工程制作1/2的缩尺模型试件。为了在后期工程推广,从美观等角度考虑此次试件预制墩柱截面为内圆外方。

根据相似理论进行缩尺,实际墩柱高6m,外径100cm(图5-58),内径60cm,采用C80混凝土,缩尺后的尺寸为墩柱高2m,外径50cm,内径30cm。对于承台,主要满足在试验过程中不发生破坏即可,还需考虑到承台预留槽孔,用来固定承台。综上考虑将承台尺寸(长×宽×高)定为200cm×140cm×75cm。

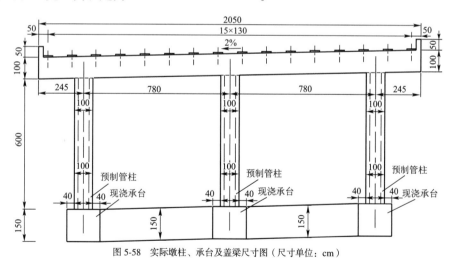

图 5-58 实际墩柱、承台及盖梁尺寸图(尺寸单位:cm)

每种试件制作时需考虑如下问题:

(1)UHPC后浇带连接预制墩柱,参考进行湿接缝连接时钢筋的搭接长度不能小于10d(d为钢筋直径),为了进一步保证连接的可靠性,将后浇带的连接高度定为30cm。

(2)波纹管灌浆连接预制墩柱需要考虑波纹管的尺寸,根据我国现行标准规范及

美国AASHTO建议，参考国内外已有试验成果，最终建议金属波纹管为圆形不锈钢波纹管，金属波纹管满足《预应力混凝土用金属波纹管》（JG/T 225—2020）的相关规定，全长不应小于$24d_s$（d_s为被连接纵筋直径），内径不宜小于d_s+40mm和$3d_s$的小值，壁厚不宜小于0.45mm。因此波纹管选择长400mm，内径50mm，壁厚0.5mm。

（3）承插式预制连接墩柱需考虑承插深度及预留槽孔大小，参考相关文献，承插深度取1.0D（D为墩柱直径），预留槽孔的大小为各边预留10cm的空隙。

综上所述，3种试件具体尺寸如下：

UHPC后浇带预制墩柱试件墩身尺寸为500 mm×500 mm×2000 mm，实际预制墩身高1700mm，后浇带高度为300mm；承台具体尺寸为2000mm×1400 mm×750 mm，试件总高度为2750mm（图5-59），承台设置尺寸（长×宽×高）为200mm×200mm×400mm的凸榫，距空心墩柱底部10cm距离设置钢筋网片（图5-60），两者相互配合，用于支撑预制墩柱。

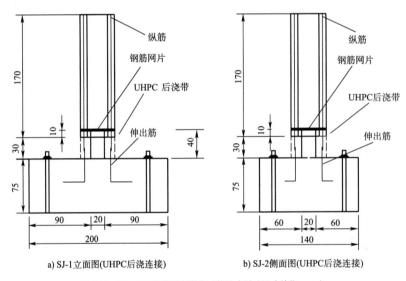

图 5-59 UHPC后浇带预制墩柱试件尺寸图（尺寸单位：cm）

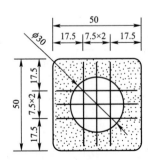

图 5-60 SJ-1 钢筋网片布置示意图（尺寸单位：cm）

波纹管灌浆连接预制墩柱试件墩身尺寸为500 mm×500 mm×2000 mm，实际预制墩身高1980mm，找平层高度为20mm；承台具体尺寸为2000mm×1400 mm×750 mm，试件总高度为2750mm，承台设置与纵筋对应连接的波纹管。

波纹管灌浆连接预制墩柱尺寸如图5-61所示。

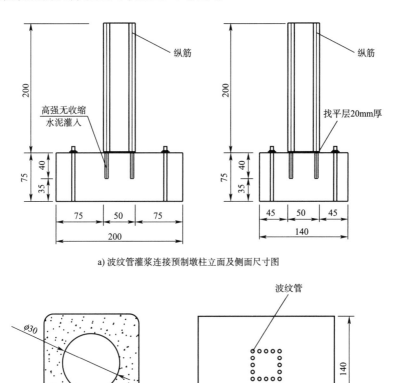

图 5-61　波纹管灌浆连接预制墩柱尺寸图（尺寸单位：cm）

承插式连接预制墩柱试件墩身尺寸为500 mm×500 mm×2000 mm，实际预制墩身高2500mm，插入承台深度度为500mm；承台具体尺寸为2000mm×1400 mm×750 mm，试件总高度为2750mm，承台预留700mm×700mm的孔，见图5-62。

各个部件具体尺寸及所用混凝土类型见表5-6。

试件详细参数明细表　　表 5-6

部件名称	部件实际尺寸	混凝土类型
后浇带预制墩身	500 mm×500 mm×1700 mm	C80
后浇带连接对应承台	2000mm×1400 mm×750 mm	C45

续上表

部件名称	部件实际尺寸	混凝土类型
波纹管预制墩身	500mm×500mm×1980mm	C80
波纹管连接对应承台	2000mm×1400mm×750mm	C45
承插式预制墩身	500mm×500mm×2500mm	C80
承插式连接对应承台	2000mm×1400mm×750mm	C45

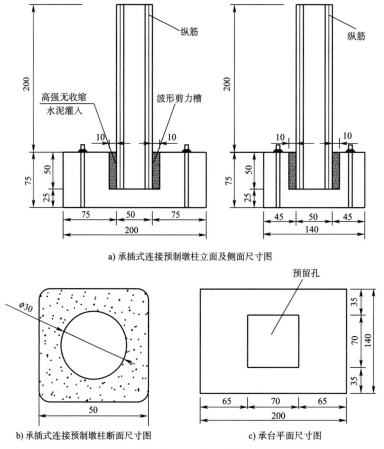

图5-62 承插式连接预制墩柱、承台尺寸图（尺寸单位：cm）

试件墩柱的配筋设计：主要按照纵筋配筋率与实际工程预制墩柱相近的原则，对纵筋进行缩比配筋设计。实际工程中预制墩柱的钢筋级别采用HRB500，配20根ϕ22纵筋，见图5-63，纵筋总截面面积为A'_s=7603mm²，墩柱截面混凝土截面面积A=502654 mm²，配筋率为：

$$\rho' = \frac{A'_s}{A} \times 100\% = \frac{7603}{502654} \times 100\% = 1.51\%$$

按照配筋率相近的原则,本试验中缩尺试件中钢筋级别同样采用HRB500,配置16根ϕ16钢筋,见图5-64,纵筋总面积为A'_s=3216mm²,墩柱截面混凝土面积A=502654mm²,配筋率为:

$$\rho' = \frac{A'_s}{A} \times 100\% = \frac{1809}{179314} \times 100\% = 1.80\%$$

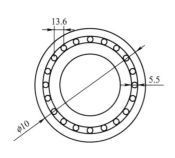
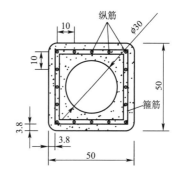

图5-63 实际墩柱纵筋配筋图(尺寸单位:cm)　　图5-64 试件预制墩柱纵筋配筋图(尺寸单位:cm)

在实际工程中,墩柱通长范围内采用主箍筋ϕ10螺旋箍筋,箍筋间距S=100mm,钢筋等级为HRB300;纵筋内部设置加筋箍,每2m设置1根。一个箍筋间距的箍筋长度L=3021.8mm,箍筋截面面积A=78.53mm²,箍筋核心区混凝土面积体积A_{cor}=353429mm²,配箍率为:

$$\rho_v = \frac{AL}{A_{cor}S} \times 100\% = \frac{78.53 \times 3021.8}{353429 \times 100} \times 100\% = 0.67\%$$

按照箍筋体积配箍率相同的原则,本试验缩尺试件中,试件预制墩柱箍筋采用主箍筋ϕ8矩形箍筋,钢筋等级为HRB300,箍筋间距S=100mm;纵筋内部设置加筋箍,每1m设置1根;肢数n_1=n_2=2。箍筋截面面积A_{s1}=A_{s2}=50.3mm²,箍筋核心区混凝土面积体积A_{cor}=129914mm²,箍筋宽度l_1=l_2=440mm;体积配箍率为:

$$\rho_v = \frac{n_1 A_{s1} l_1 + n_2 A_{s2} l_2}{A_{cor} S} \times 100\% = \frac{2 \times 50.3 \times 440 \times 2}{129914 \times 100} \times 100\% = 0.68\%$$

承台的配筋将参照《混凝土结构设计规范》(GB 50010—2010)进行设计,并参考一些学者的相关成果和经验。承台的力筋配筋设计保证其所受的承载力在进行加载时不发生破坏或不先于预制墩柱发生破坏,箍筋的配筋保证其不发生弯剪破坏,钢筋之间将采用绑扎连接,构造设计符合规范要求。

5.3.3.2 试件制作

1）试件1（现浇盖梁）的制作

试件1为现浇盖梁试件，其主要制作步骤如下：

（1）根据设计图纸与施工规范相关要求，绑扎预制管柱钢筋骨架，预制管柱长2.9m，其中0.9m为甩筋，如图5-65a）所示。

（2）预制管柱入模后在离心机上采用离心法浇筑，因为预制管柱长度较小，为防止离心时模具脱离离心机，采用转速为900r/min中速，离心时间为40min，蒸养养护至脱模，如图5-65b）、图5-65c）所示。

a) 预制管柱钢筋骨架绑扎　　　　b) 离心法浇筑　　　　c) 拆模养护

图 5-65　预制管柱制作

（3）根据设计图纸与施工规范相关要求，绑扎预制盖梁钢筋骨架，如图5-66a）所示；浇筑盖梁支模与固定如图5-66b）所示，预制管柱架立采用水平尺调整垂直度，保证预制管柱与盖梁垂直，如图5-66c）所示。

a) 盖梁钢架骨架绑扎　　　　b) 现浇支模　　　　c) 整体定位

图 5-66　现浇盖梁的制作与整体定位

（4）盖梁浇筑水泥混凝土，分三层振捣浇筑，待盖梁混凝土初凝前，进行预制空心管柱的灌芯混凝土作业，然后进行光面压平，如图5-67a）、图5-67b）所示；自然条件养护至设计强度，如图5-67c）所示。

a) 节点整体现浇浇筑　　　　　　b) 灌芯浇筑　　　　　　c) 养护至设计强度

图 5-67　混凝土浇筑及灌芯作业

2）试件 2（墩柱盖梁插槽式连接）制作

试件2为预制盖梁试件，其主要的制作步骤和现浇盖梁类似，只是预制盖梁时预留了插孔，采用波纹钢管预留，具体制作步骤如下：

（1）根据设计图纸与施工规范相关要求，绑扎预制管柱钢筋骨架，预制管柱长2.9m，其中0.9m为甩筋长度，如图5-68a）所示。

（2）预制管柱入模后在离心机上采用离心法浇筑，因为预制管柱长度较小，为防止离心时模具脱离离心机，采用转速为900r/min中速，离心时间为40min，蒸汽养护至脱模，如图5-68b）、图5-68c）所示。

a) 预制管柱钢架骨架绑扎　　　　b) 骨架入模　　　　　c) 拆模养护

图 5-68　预制管柱的制作

（3）根据设计图纸与施工规范相关要求，绑扎预制盖梁钢筋骨架，如图5-69a）所示；盖梁入模浇筑，浇筑时分三层浇筑振捣，然后进行光面压平，如图5-69b）所示；预制盖梁采用蒸养养护至设计强度，如图5-69c）所示。

（4）在拼装前需对拼装构件接头处（预制管柱带甩筋位置）混凝土进行凿毛，并对接头处的杂物进行清洁处理，如图5-70a）；预制管柱、预制盖梁拼接支架架立固定，并调整预制管柱保证其垂直度，进行混凝土浇筑并进行预制管柱灌芯，如图5-70b）所示；自然条件养护至设计强度，如图5-70c）所示。

a) 养护至设计强度　　　　　b) 盖梁钢筋骨架绑扎　　　　　c) 盖梁入模浇筑

图 5-69　预制盖梁的制作

a) 凿毛处理　　　　　　　b) 拼接浇筑并灌芯　　　　　　c) 养护至设计强度

图 5-70　墩柱盖梁拼接浇筑

3）试件3（桩柱法兰连接）的制作

分别预制3m预制管柱，1m PRC管桩（带甩筋），固结承台，具体制作步骤如下：

（1）按照设计图纸进行绑扎预制管柱（3m）钢筋笼，并在预制管柱钢筋骨架一端焊接端板，如图5-71a）所示。

（2）钢筋骨架入模，将钢筋骨架固定在模具上，防止在离心浇筑时钢筋骨架的晃动，如图5-71b）所示；离心法浇筑，蒸汽养护至设计强度，如图5-71c）所示。

a) 3m预制管柱钢筋绑扎　　　b) 入模离心法浇筑　　　　c) 蒸汽养护至设计强度

图 5-71　3m预制管柱的制作

（3）3m预制管柱进行混凝土灌芯，分层浇筑和振捣，在预制管柱底部垫有塑料膜，防止漏浆，自然养护至设计强度，如图5-72所示。

（4）按照设计图纸进行绑扎PRC管桩钢筋笼，钢筋骨架入模，进行预应力张拉，如图5-73a）所示；同样采用离心法浇筑管桩并养护至设计强度，达到设计强度后进行预应力钢筋与螺纹钢筋截断至设计长度，如图5-73b）所示。

图5-72 预制管柱灌芯

PRC管桩与固结承台浇筑前，调整管桩的垂直度，保证其与承台垂直连接，如图5-74a）所示；锚固承台分三层浇筑，待混凝土初凝前进行PRC管桩混凝土灌芯作业，并压平光面，如图5-74b）所示，蒸养养护至设计强度；最后进行3m预制管柱、PRC管桩的法兰盘焊接，如图5-74c）所示。

a) PRC 管桩预应力张拉

b) 养护至设计强度

图 5-73　1m PRC 管桩的制作

a) PRC 管桩与承台拼接定位

b) 浇筑混凝土并养护

c) 法兰盘焊接

图 5-74　法兰盘下部连接构件制作及焊接

需要说明的是，试件3采用盖梁作为锚固承台，其钢筋构造配筋图与试件1盖梁钢筋构造配筋图一致，其制作方法与试件1类似，故不再赘述。试件1与试件2在制作过程中，试件1波纹管外径为1.05m比设计大5cm，为确保钢筋间距与保护层厚度，盖梁实际尺寸较设计大5cm。

4）试件4（UHPC后浇连接预制桥墩）制作

试件4为UHPC后浇连接预制桥墩试件。预制桥墩采用离心法制作，承台制作采用模具然后进行浇筑。为了能够快速施工，使承台和桥墩强度达到吊装要求，两者都进行蒸汽养护。下面介绍桥墩和承台的制作过程。

钢筋下料：根据设计图纸对箍筋和纵筋的进行下料，UHPC后浇连接墩柱对应一根纵筋的长度为1700mm，单个箍筋长度为1800mm。

绑扎钢筋笼：按照设计要求进行纵筋间距及箍筋间距定位，然后对纵筋和箍筋进行绑扎，最后形成钢筋笼（图5-75）。

a) 纵筋定位

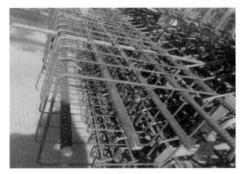

b) 箍筋定位

c) 绑扎钢筋

d) 试件4钢筋笼

图5-75 试件4桥墩钢筋笼及其制作流程

入模固定：将钢筋笼放到模具中，因一端有预留钢筋，需加工专用端板，通过端板与钢筋笼连接，通过端板4个螺栓与纵筋固定，端板间的距离决定墩柱的长度；为了使端板与模具保持垂直，使用角尺进行定位；为了便于脱模，在端板内部铺一层塑料薄膜，并用胶带与端板固定；为了防止端板发生移动，采用两个角铁将端板与模具进行焊接固定。端板与端板最终固定图如图5-76所示。

a) 端板

b) 端板定位

c) 角铁焊接

d) 角铁与端板固定效果

图 5-76　端板与端板最终固定图

灌入混凝土浆料：将模具放入装料车下边，等待往钢筋笼灌入混凝土，通过移动模具位置，使混凝土均匀灌入钢筋笼中，待钢筋笼中混凝土处于比较饱满状态时停止灌入，并用铁铲将模具边缘混凝土清除（图5-77）。

合拢模具：目前只有下模，在进行离心前需要将上模与下模合拢，并通过螺栓固定。需要注意的是，螺栓一定固定牢靠，防止离心时模具分离；为防止漏浆，在上模与下模之间放入麻绳，见图5-78a），麻绳一定要放入模具专用槽，否则麻绳会浇筑在墩柱中，不仅影响墩柱的美观，还需要工人进行处理，浪费时间与人力。

进行离心：用吊车将模具放置离心机（图5-79）离心区进行离心。

因桥墩较短，重量较轻，为防止离心时模具脱离，本试验首先将两个试件在一个模具中进行离心，第三个试件离心时，第一次离心的两个试件中一个不拆模，与第三个试件再次离心。为使试件成型，本次桥墩制作将采用与为1500 r/min中速，离心时间为25 min。

a) 待浇混凝土

b) 浇筑混凝土

c) 铲除混凝土

图 5-77 灌入混凝土浆料

a) 麻绳

b) 上下模板待合拢

c) 拧紧螺栓

图 5-78 合拢模板流程

离心结束后从两侧洞口向里查看是否有多余浆料,见图5-80。若有,则首先用刀将两侧的塑料薄膜划开,然后需要通过吊车将模具倾斜,从一侧洞口将多余浆料倒出。

蒸汽养护:离心完成后的墩柱强度较低,为了能够达到拼装要求及进行加载的强度,需要对离心完成墩柱采取蒸汽养护,将墩柱放入蒸养池,见图5-81a),对墩柱养护

图5-79 离心机

约7h,养护完成后此时强度能够达到吊装及运输强度,然后进行脱模,脱模后桥墩墩柱见图5-81b)。

a) 墩柱内部

b) 倒多余灌浆料

图5-80 墩柱内部及倒多余灌浆料

a) 蒸养池

b) 试件4墩柱

图5-81 蒸养池及墩柱

承台钢筋笼绑扎:按照图纸将承台钢筋笼所需钢筋进行裁剪,然后进行绑扎,试件4

承台钢筋笼见图5-82。

图 5-82　试件 4 承台钢筋笼

钢筋笼入模：通过吊车将承台钢筋笼放入承台模具，本次试验承台所需模具为通过钢板进行加工，焊接为一个整体，试件4因为承台中部有一个凸隼，专门制作了浇筑凸隼模具。因为钢筋笼底部钢筋有保护层，需要在钢筋笼底部垫相应保护层厚度的垫块。

钢筋笼入模具之前需要在模具的四周涂脱模剂，这样做的主要目的是后期便于脱模。

模具与钢筋笼入模分别见图5-83、图5-84。

a) 承台模具

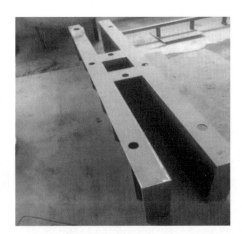

b) 隼模具

图 5-83　模具

定位：因试验加载需要，需要在承台底上留地锚螺栓孔，通过将聚氯乙烯（PVC）管浇筑在混凝土中来预留所需地锚孔，为了定位准确，加工了对应的PVC管定位模具；承台伸出纵筋按照图纸进行定位，并与承台钢筋笼进行焊接固定，防止浇筑混凝土时钢筋发生偏移。

浇筑混凝土：往模具均匀分层浇筑混凝土（图5-85），并用振捣棒进行振捣，最后对顶面进行找平，磨光。

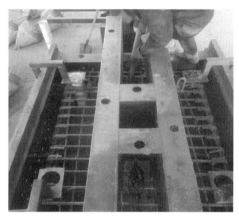

图5-84　钢筋笼入模　　　　　　　　　　图5-85　浇筑混凝土

隼部的混凝土浇筑需要承台顶面达到初凝的效果，有一定的硬度时进行浇筑，这样做的主要目的是防止浇筑在隼模具内的混凝土从底部溢出来，导致制作的隼高度不够。

蒸汽养护及脱模：对浇筑完毕混凝土进行蒸汽养护，需5h；蒸汽养护后为防止承台内外温差较大，导致混凝土收缩产生裂缝，温度每小时应降低5℃。蒸汽养护结束后进行拆模，然后对承台表面进行打磨并除去多余残渣。

试件4承台见图5-86。

a) 试件4承台正视图　　　　　　　　　　b) 试件4承台侧视图

图5-86　试件4承台

定位预制柱：使用起重机吊起预制桥墩，使隼伸入空心部分，调整预制桥墩，进行定位，使桥墩与承台保持垂直（图5-87）。

图 5-87　试件 4 桥墩定位图

绑扎箍筋：按照其他试件箍筋的布置间距布置箍筋，间距10cm（图5-88）。

图 5-88　试件 1 后浇带箍筋

预制后浇带模板：在后浇带外侧预制4块木板，并将4块木板进行固定，见图5-89。

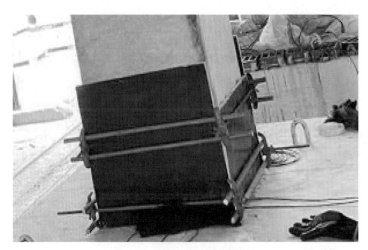

图 5-89　试件 4 后浇带预制模板

浇筑UHPC：将UHPC按照比例搅拌均匀，从柱顶浇筑UHPC，当模板中短边木板有多余浆料溢出时停止浇筑。

试件4整体效果图及后浇带脱模效果图见图5-90。后浇带脱模后颜色有分层现象，分析其原因是，浇筑时进行3次浇筑。

a) 试件4整体图　　　　　　　　　　b) 后浇带脱模效果

图5-90　试件4整体图及后浇带脱模效果图

5）试件5（波纹管灌浆连接预制桥墩试件）制作

试件5为波纹管灌浆连接预制桥墩试件，预制桥墩采用离心法制作，承台制作采用模具然后进行浇筑。为了能够快速拼装，使承台和桥墩强度达到拼装及运输要求，两者都进行蒸汽养护。试件5桥墩与承台制作流程大致与试件1相等，简单介绍相同部分，详细介绍不同部分。

钢筋下料：根据设计图纸对箍筋和纵筋进行下料，一根纵筋的长度为2400mm，单个箍筋长度为1800mm。

绑扎钢筋笼：按照设计要求进行纵筋间距及箍筋间距定位，然后对纵筋和箍筋进行绑扎，最后形成钢筋笼（图5-91）。

图5-91　试件5桥墩钢筋笼

入模固定：将钢筋笼放到模具中。

灌入混凝土浆料：将模具放入装料车下边，等待往钢筋笼灌入混凝土。

合拢模具：模具合拢，具备离心条件。

进行离心：用起重机将模具放置离心区进行离心。

蒸汽养护：对桥墩进行蒸汽养护，养护完成后拆模。

承台笼绑扎：按照图纸将承台钢筋笼所需钢筋进行裁剪，然后进行绑扎

钢筋笼入模：在模具的四周涂脱模剂，通过起重机将承台钢筋笼放入承台模具。

定位：除加载定位地锚螺栓孔外，还需要定位波纹管，按照图纸所设计，将波纹管定位，使桥墩伸出纵筋能够插入到波纹管内。需要注意的是，要定位准确，使伸出纵筋正好处于波纹管中心，这样便于增大套筒内的混凝土对钢筋黏结力；波纹管要与钢筋绑扎牢固，顶部用布堵上，防止混凝土浇筑在波纹管内。

试件5桥墩试件见图5-92，模具与钢筋笼见图5-93。

图 5-92　试件 5 桥墩

图 5-93　模具与钢筋笼

浇筑混凝土：往模具均匀分层浇筑混凝土，并用振捣棒进行振捣，见图5-94，最后对顶面进行找平，磨光。需要注意的是，振捣时要小心，防止振捣时波纹管发生倾斜。

图 5-94　浇筑混凝土

蒸汽养护及脱模：对浇筑完毕混凝土进行蒸汽养护，最终试件5承台见图5-95。

a) 试件5承台

b) 试件5承台侧视图

图5-95　试件5承台

清理灰尘及凿毛：用高压气管将PVC及波纹管内的灰尘清理干净，对承台进行凿毛处理（图5-96）。

图5-96　接触面凿毛效果图

定位预制柱：使用起重机吊起预制桥墩，使纵筋插入对应波纹管中，桥墩与承台之间垫20mm的铁垫块，调整预制桥墩，进行定位，使桥墩与承台保持垂直，见图5-97。

图5-97　试件5桥墩定位图

注浆：压浆机出浆均匀后从注浆孔进行注浆，顶部波纹管出浆后立即用胶塞将注浆孔堵上，依次对各个注浆口进行注浆，预留对角两个注浆口用于浇筑找平层。

预制找平层模板：在后浇带外侧预制4个木板，并将4个木板进行固定，见图5-98。

注浆找平层：对最后两个注浆孔进行注浆，从顶部观察注浆量。先对一个孔进行注浆，待从顶部观察到波纹管出浆后，可稍微多注一些浆料，然后将注浆孔堵上，浇筑最后一个注浆口，持续注浆，待从顶部观察到将找平层填满后，立即停止注浆。

试件5最终整体图见图5-99。

图5-98 试件5找平层预制模板

图5-99 试件5最终整体图

6）试件6（承插式连接预制桥墩）

试件6为承插式连接预制桥墩，预制桥墩采用离心法制作，承台制作采用模具然后进行浇筑。为了能够快速拼装，使承台和桥墩强度达到拼装及运输要求，两者都进行蒸汽养护。试件6桥墩与承台制作流程大致与试件1相等，简单介绍相同部分，详细介绍不同部分。

钢筋下料：根据设计图纸对箍筋和纵筋进行下料，一根纵筋的长度为2500mm，单个箍筋长度为1800mm。

绑扎钢筋笼：按照设计要求进行纵筋间距及箍筋间距定位，然后对纵筋和箍筋进行绑扎，最后形成钢筋笼（图5-100）。

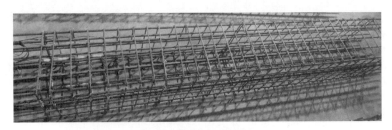
图5-100 试件6桥墩钢筋笼

入模固定：将钢筋笼放到模具中。

灌入混凝土浆料：将模具放入装料车下边，等待往钢筋笼灌入混凝土。

合拢模具：模具合拢，具备离心条件。

进行离心：用起重机将模具放置离心区进行离心。

蒸汽养护：对桥墩进行蒸汽养护，养护完成后拆模。

试件6桥墩如图5-101所示。

承台笼绑扎：按照图纸将承台钢筋笼所需钢筋进行裁剪，然后进行绑扎。

钢筋笼入模：在模具的四周涂脱模剂，通过起重机将承台钢筋笼放入承台模具（图5-102）。

图 5-101　试件 6 桥墩

图 5-102　钢筋笼与模具

定位：定位预留PVC地锚孔，承台钢筋笼定位，调整前后左右间距；试件6承台预留槽孔，需采用专用模具。

浇筑混凝土：往模具均匀分层浇筑混凝土，并用振捣棒进行振捣，最后对顶面进行找平，磨光。

蒸汽养护及脱模：对浇筑完毕混凝土进行蒸汽养护，最终试件6承台见图5-103。

凿毛接触面：将插入承台的墩身进行凿毛处理，增大与高强灌浆料的接触面积，增大两者之间的咬合力。墩身凿毛效果见图5-104。

定位预制柱：使用起重机吊起预制桥墩，将桥墩放入承台预留槽孔内，调整预制桥墩进行定位，使桥墩与承台保持垂直；防止桥墩在浇筑过程中发生偏移，通过斜撑与起重机固定墩柱，见图5-105。

浇注高强灌浆料：将高强灌浆料按照比例搅拌均匀，用铁铲缓慢往预留缝中灌入高强灌浆料，见图5-106。

养护：盖一层塑料布，进行低温度蒸汽养护。

图 5-103　试件 6 承台

图 5-104　墩身凿毛效果图

a) 垂直度核验

b) 试件 6 固定

图 5-105　试件 6 桥墩定位图

a) 垂直度核验

b) 试件 6 固定

图 5-106　试件 6 接缝灌浆

5.3.3.3　测点布置

1）插槽式、法兰连接试件测点布置

试验的位移计、钢筋和混凝土的应变片由计算机通过DH3815动静态应变测试系统采集，力的测量系统、预制管柱柱顶位移采用伺服加载系统自带的系统采集，采集数据频率为5Hz。纵筋应变片的布设见图5-107a），混凝土应变片布置见图5-107b）。曲率测量通过位移计测量来求得，位移计的布置见图5-107c）和图5-107d）。

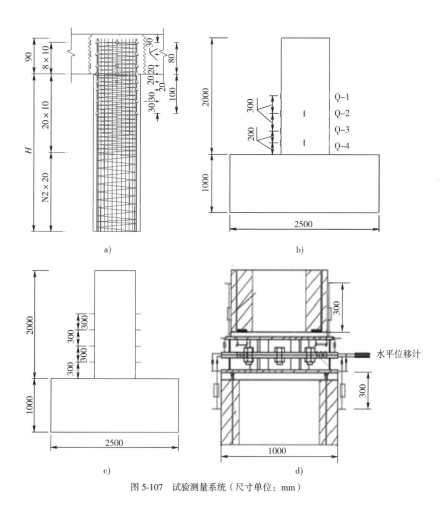

图5-107 试验测量系统（尺寸单位：mm）

2）承插式、波纹管灌浆连接、UHPC预制拼装墩柱后浇连接试件测点布置

钢筋的应变测点主要布置在纵筋和箍筋上。纵筋布置在与加载方向垂直的面的中心纵筋上，试件4有10个纵筋测点，试件5和试件6各有8个纵筋测点，相同测点布置为距离承台顶面依次向上50mm、100mm、200mm、300mm，试件4在承台伸出筋多布置了两个测点纵筋测点，距承台顶面向下100mm；每个试件都有10个箍筋测点，距离承台顶面依次向上0mm、100mm、200mm、300mm、400mm。试件4的钢筋测点布置见图5-108，试件5和试件6的钢筋测点布置见图5-109，Z表示纵筋，G表示箍筋，"/"表示编号间隔，余类同。

混凝土应变布置在与水平加载方向垂直的表面上，每个试件共6个测点，一侧3个，距离承台顶面依次向上100mm、400mm、700mm；布置在与水平加载方向平行的表面上每个试件共2个测点，距离承台顶面向上100mm。混凝土表面应变片型号为BX120-100AA，电阻值为120Ω，敏感栅长度为100mm。混凝土应变测点布置见图5-110，H代表混凝土应变。

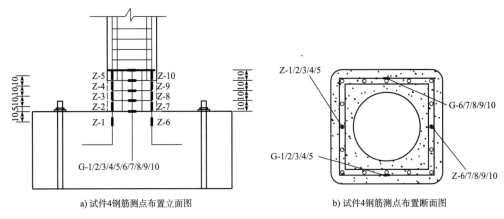

图 5-108 试件 4 的钢筋测点布置图（尺寸单位：cm）

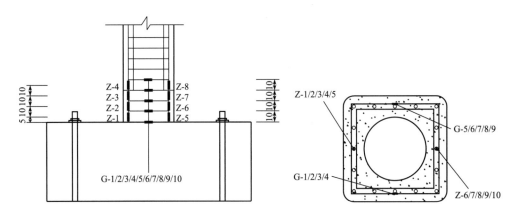

图 5-109 试件 5/6 钢筋测点布置图（尺寸单位：cm）

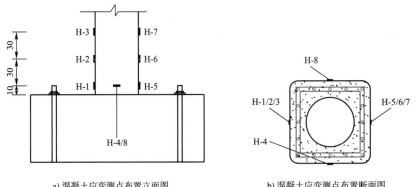

图 5-110 混凝土应变测点布置图（尺寸单位：cm）

本次试验布置4个水平位移计，墩顶、柱脚处各布置一个，承台底部布置2个。墩顶水平位移计用于测量顶部的水平位移，柱脚处的水平位移计用于观察墩柱是否发生剪切滑移破坏，承台底部水平位移计用于观察试件是否发生水平移动，用于对柱顶水平位移数据的修复。W-1至W-10为竖向位移计，用于测量桥墩曲率；W-11为竖向位移计，用于观察承台在竖向方向是否发生移动。位移测点布置见图5-111。

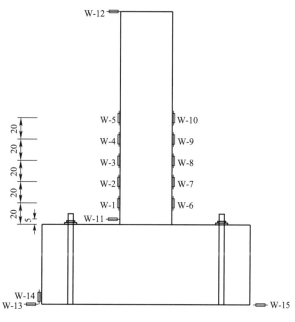

图5-111 位移测点布置图（尺寸单位：cm）

5.3.3.4 加载制度

1）插槽式、法兰连接试件加载制度

采用中国地震局工程力学研究所大型反力架加载系统完成试件加载。插槽式、法兰连接试件加载装置如图5-112所示。试件在垂直于加载方向上设有侧限，防止试件在反复荷载作用下产生面外移动。

试验的加载制度如下：

（1）根据桥梁静力分析结果确定桥墩所受轴力为1100kN，通过竖向千斤顶施加荷载，试验过程中保持竖向轴力恒定。

（2）试验水平加载采用力-位移混合控制方案，一般试件的水平加载历程如图5-113所示。本试验构件不同于一般构件，由于桥墩剪跨比较小、刚度较大，采用常规位移控制会使力的波动较大，甚至产生单调加载破坏，所以本试验加载采用位移控制。逐步加载直至当某一幅值位移作用下，水平荷载下降到最大值的85%以下或试件发生严重破坏而无法承受轴力时，试验停止。

图 5-112 试验加载装置

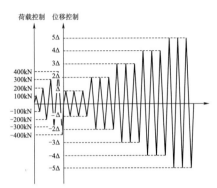

图 5-113 一般试件的水平加载历程

2）承插式、波纹管灌浆连接、UHPC预制拼装墩柱后浇连接试件加载制度

试件屈服前，用力控制加载，分级加载，当快接近开裂荷载时，减小力的级差；试件屈服后，用位移控制加载，取试件屈服时的最大位移值Δ，以相同的级差加载到屈服位移，得到2Δ、3Δ、4Δ、5Δ、6Δ……每一级位移反复3次，逐步加载直至水平荷载下降到最大值的85%以下，结束试验。

力和位移混合加载制度见图5-114。

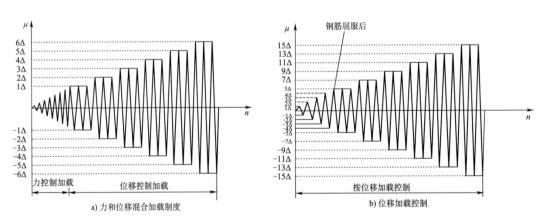

图 5-114 力和位移混合加载制度

由于加载机器存在一些问题，在试验初期采用力加载控制时，在加载达到每一力的等级峰值时，墩顶仍会产生少量残余位移，这导致在试验中无法确切得到力加载控制下每一荷载等级的墩顶位移，所以经过查阅相关文献及仔细讨论，后两根试件选择直接采用位移加载控制，加载制度与以上位移加载制度相似，试件屈服前每级位移循环一次，

试件屈服后每个加载等级下循环3次，逐步加载，直至水平荷载下降到最大值的85%以下，结束试验。

（1）竖向轴压荷载

在应变相等要求下，施加在模型上的集中荷载与实桥上的集中荷载的关系分别为：

$$P_\mathrm{M} = C_\mathrm{L}^2 \cdot C_\mathrm{E} \cdot P_\mathrm{P} \tag{5-1}$$

式中：P_M、P_P——分别为模型和原型上的集中荷载；

C_L——几何缩尺，即模型与原型的几何相似比，取1/2；

C_E——模型和原型材料的弹性模量比；本书原型和模型采用相同材料，故取1。

原型桥梁盖梁上部具有两排支座，16片T梁，所以原型单个墩柱顶集中荷载为：

$$P_\mathrm{P} = \frac{(379.8 \times 2 + 388.9 \times 14) \times 2 + 928}{3} = 44455 \text{（kN）}$$

其中，379.8kN为边梁支座最大反力；388.9kN为中梁支座最大反力；928kN为盖梁自重。

由式（5-1）得：

$$P_\mathrm{M} = C_\mathrm{L}^2 \cdot C_\mathrm{E} \cdot P_\mathrm{P} = (1/2)^2 \times 1 \times 4445.5 = 1111 \text{（kN）}$$

实际轴压比为：

$$\mu = \frac{N}{Af_\mathrm{c}} = \frac{44445500}{502654.82 \times 44.5 + 282743.33 \times 26.8} = 0.148$$

式中：N——轴力；

A——混凝土截面面积；

f_c——抗压强度设计值。

缩尺后轴压比为：

$$\mu = \frac{N}{Af_\mathrm{c}} = \frac{1111000}{179314 \times 50.2} = 0.123$$

式中：N——轴力，为1111kN；

A——混凝土截面面积，为179314mm²；

f_c——抗压强度设计值，为44.5MPa。

（2）墩顶水平荷载

采用Xtract软件计算得最终弯矩为501.4kN·m，墩柱高2m，计算其墩顶力为251.2kN。

桥墩墩底截面处于弹性状态，墩身曲率沿墩高线性分布，墩顶水平位移可通过下式计算：

$$\Delta_1 = \frac{1}{3}\varphi_{\mathrm{c}1}H^2 \tag{5-2}$$

式中：Δ_1——墩顶水平位移；

H——桥墩加载高度；

φ_{c1}——弹性阶段墩底截面曲率。

桥墩墩底截面处于塑性状态，截面受压区边缘混凝土达到极限压应变或受拉侧钢筋拉断。此阶段，墩顶水平位移Δ_2主要包括弹性位移e和塑性位移p，墩顶水平位移可通过下式计算：

$$\Delta_2 = \frac{1}{3}\varphi_{c1}H^2 + \left(H - \frac{l_p}{2}\right)\theta_p \quad (5-3)$$

式中：Δ_2——墩顶水平位移；

l_p——等效塑性铰长度；

θ_p——塑性阶段墩底转角。

弯矩-曲率曲线如图5-115所示。

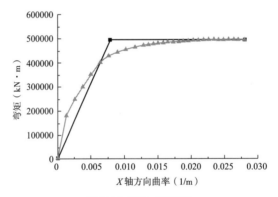

图5-115 弯矩-曲率曲线

5.3.4 有限元模拟

5.3.4.1 模型建立

1) 模拟单元的选取

在本章的数值模拟中，混凝土、法兰盘选用三维实体单元中的C3D8R单元（八节点线性减缩积分单元）模拟，钢筋采用桁架单元（Truss Element）中的T3D2模拟，波纹钢管采用壳单元模拟。

2) 边界条件

通过约束垫梁的U1、U2、U3三个方向自由度达到边界固定条件，预制管柱柱顶为自由端，过对预制管柱柱顶参考点RP1输入位移时程来实现加载过程。

3）试件1（现浇盖梁）模型

现浇试件模型主要包括盖梁现浇混凝土、预制管柱、钢筋骨架、刚性垫梁，采用嵌入区域约束（Embedded Region）将钢筋嵌入混凝土中，不考虑混凝土钢筋之间的黏结滑移，现浇盖梁试件模型（试件1）及网格划分如图5-116所示。

a) 有限元数值模型　　　　　　　　b) 网格划分

图5-116　现浇盖梁试件模型（试件1）及网格划分

4）试件2（墩柱盖梁插槽式连接模型）

预制墩柱盖梁插槽式连接模型包括盖梁现浇混凝土、预制管柱、钢筋骨架、刚性垫梁，对波纹钢管采用壳单元模拟。钢筋骨架、混凝土和垫梁采用的单元类型和现浇盖梁试件模型一致，同样采用嵌入功能将钢筋骨架嵌入混凝土中。预制盖梁插槽式连接试件模型（试件2）及网格划分如图5-117所示。

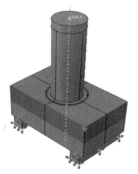 

a) 有限元数值模型　　　　　　　　b) 网格划分

图5-117　预制盖梁插槽式连接试件模型（试件2）及网格划分

需要说明的是，试件2预制盖梁网格划分较试件1稀疏，经过对比分析计算，加密预制盖梁的网格划分并未对分析计算结果产生影响，考虑到试件2波纹钢管与混凝土之间的接触计算的复杂性，为节省计算时间，采用如图5-117b）的划分形式。

5）试件3（预制管柱与PRC管桩法兰连接模型）

预制管柱与PRC管桩法兰连接模型部件包括3m预制管柱、1mPRC管桩、加载固定承台、法兰盘。其他模拟条件与试件2模型一致，不再赘述。预制管柱与PRC管桩法兰连接试件模型（试件3）及网格划分如图5-118所示。

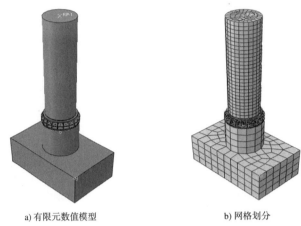

a) 有限元数值模型　　　　　　b) 网格划分

图 5-118　预制管柱与 PRC 管桩法兰连接试件模型（试件 3）及网格划分

需要说明的是，加载承台仅起到固定管桩方便加载的作用，同时考虑到试件 3 模型较大，划分单元较多，所以采用相对较为稀疏的网格划分，为节省计算时间，采用如图 5-118b）的划分形式。

5.3.4.2　有限元结果分析

1）试件 1 数值模型与试验模型对比

加载点力-位移滞回曲线数值结果和试验结果的对比如图5-119所示。

与试验结果相比，基于ABAQUS有限元模型计算得到的力-位移滞回曲线能够较好地与试验结果吻合，峰值荷载和初始刚度较为接近，可以较好地反映试件的滞回耗能特性。但是二者也存在偏差，数值模拟捏拢现象不明显，所得滞回曲线要比试验滞回曲线更饱满，这可能是因为在ABAQUS分析过程中没有考虑裂缝开展宽度、钢筋黏结滑移及分析模型与实际的差异、材料参数的差异等因素；由有限元数值分析可知，在滞回曲线弹性阶段刚度几乎不变，其原因是有限元数值分析将材料性质和加载条件的理想化。

2）试件 2 数值模型与试验模型结果分析对比

加载点力-位移滞回曲线数值结果和试验结果的对比如图5-120所示。

从试件2荷载-位移滞回曲线对比图可以看出，数值模拟极值与试验结果极值相近，刚度趋势契合较好。ABAQUS模拟的荷载-位移曲线对称性要好于试验曲线，这是由于实际试验过程中正反向荷载和位移的控制不能完全做到对称，会存在一些误差，而软件模拟过程中对称性在计算机中更利于控制。由有限元数值分析可知，在滞回曲线弹性阶段刚度几乎不变，其原因与试件1数值模型一致。插槽式连接模型模拟的极限荷载略小于现浇式模型，分析原因是刚波纹钢管的存在而产生影响，但从结果来看影响程度不是很大。墩柱盖梁插槽式连接采用上述建模方法可得到比较好的模拟效果。

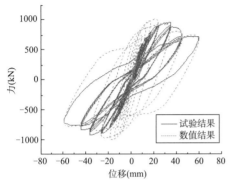
图 5-119 试件 1 荷载 - 位移滞回曲线对比图

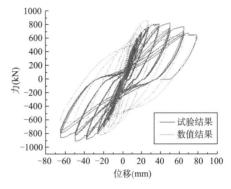
图 5-120 试件 2 荷载 - 位移滞回曲线对比图

数值模型所采用的CDP模型在材料积分点处无法模拟裂纹，可以通过图示方法大致显示裂纹的方向。根据文献[1]的研究成果，当某点的拉伸等效塑性应变大于零且最大主塑性应变为正值时，则该点产生初始裂纹，裂纹面的法向矢量与最大塑性应变方向平行。试件模型在屈服时，混凝土及钢筋骨架最大应力发生在柱脚位置（图5-121），混凝土最大塑性应变如图5-122所示，从该图中可以看出，预制管柱柱脚区域存在剪切引起的截面斜裂缝，与试验现象相契合。

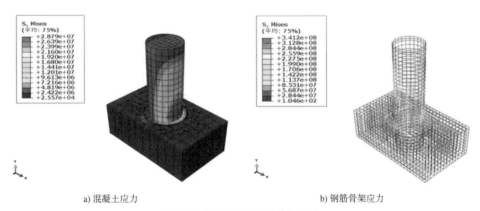

a) 混凝土应力　　　　　　　　b) 钢筋骨架应力

图 5-121　模型屈服时应力（单位：Pa）

数值分析结果的弥散性无法模拟出具体损伤位置。破坏时钢筋骨架发生变形（图5-123a），此时试验现象为柱脚区域混凝土裂缝急剧增大，局部混凝土压溃剥落。由于混凝土的剥落，柱脚区域应力释放，最大应力向上移动（图5-123b）。总体来讲，数值模型破坏现象与试验模型破坏结果接近，该数值模型可以作为后续研究的基础模型。

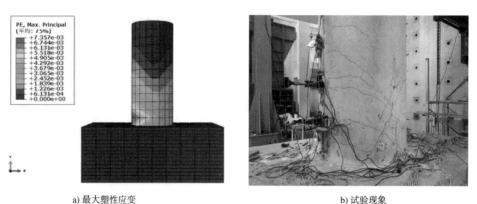

a) 最大塑性应变　　　　　　　　　　　　b) 试验现象

图 5-122　屈服时混凝土最大塑性应变（单位：m）及对应试验现象

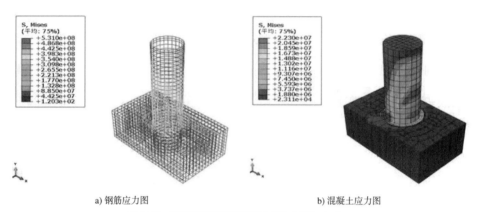

a) 钢筋应力图　　　　　　　　　　　　b) 混凝土应力图

图 5-123　试件破坏时钢筋及混凝土应力（单位：Pa）

3）试件 3 数值模型与试验模型结果分析对比

（1）滞回曲线

加载点力-位移滞回曲线模拟结果和试验结果的对比图 5-124 所示。

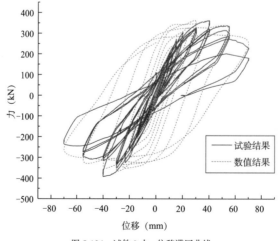

图 5-124　试件 3 力-位移滞回曲线

从试件3（桩柱法兰连接）滞回曲线的对比结果可以看出，数值模拟极值与试验结果极值相近，刚度趋势较为吻合。数值模拟捏拢现象不明显，所得滞回曲线要比试验滞回曲线更加饱满，其原因是分析中没有考虑裂缝开展宽度、钢筋黏结滑移等因素的影响。由有限元数值分析可知，在滞回曲线弹性阶段刚度几乎不变，其原因是有限元数值分析将材料性质和加载条件的理想化。

（2）模型屈服时形态

模型屈服时应力及最大塑性应变如图5-125所示。

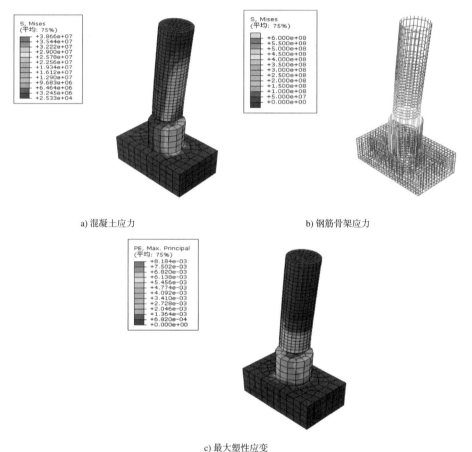

a) 混凝土应力　　　　　　　　　　b) 钢筋骨架应力

c) 最大塑性应变

图5-125　模型屈服时应力及最大塑性应变（应力单位：Pa；应变单位：m）

（3）模型破坏时形态

模型破坏时应力及最大塑性应变如图5-126所示。

因为法兰刚度较大，法兰的存在无法显示其应力及塑性应变的云图，考虑到法兰在试验过程中未发生破坏，所以在提取数值模拟结果时，建立了除法兰外的显示组，数值模型屈服及破坏时形态如图5-125、图5-126所示。从图5-126可以看出，最大应力区域集中在预制管柱与法兰连接处，且最大塑性应变云图显示此处产生裂缝，与试验现象相同。模型发生破坏时，与法兰连接区域钢筋骨架应力最大，发生明显变形。此时的试验破坏现象是预制管柱基脚混凝土与端板产生的黏结裂隙过大，深入混凝土内核，纵筋发生较大的变形，PRC管桩产生裂缝，法兰的加劲肋在加载方向应力稍大，与试验现象契合。总体来讲，采用此数值模拟方法可以较好地模拟桩柱法兰盘连接受力过程。

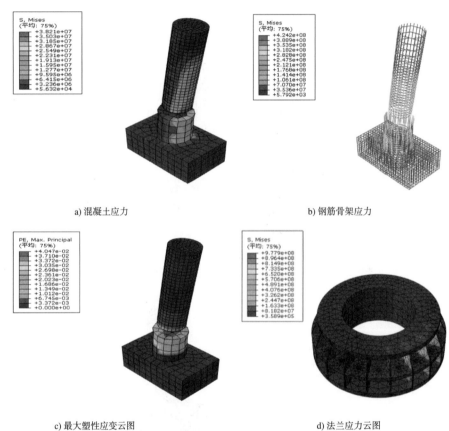

a) 混凝土应力　　　　　　　　　b) 钢筋骨架应力

c) 最大塑性应变云图　　　　　　d) 法兰应力云图

图 5-126　模型破坏时应力及最大塑性应变（应力单位：Pa；应变单位：m）

5.3.5　试验现象及试验结果分析

5.3.5.1　试验现象

1）试件1试验现象

对试件1（现浇盖梁）进行了拟静力试验，对试验现象过程阐述如下：

（1）出现第一条裂缝。加载的目标力为−500kN（拉）工况时，墩身出现第一条水平裂缝，距盖梁底面30cm，裂缝长度约为1.1m，宽度为0.1mm，该裂缝为弯曲裂缝，如

图5-127a)所示。

（2）纵筋屈服。屈服荷载约为800kN，随着侧向位移的增大，裂缝宽度逐步增加，桥墩开裂区域上升，裂缝逐渐从南北侧向东西侧斜向下发展，斜裂缝平行出现并不断延伸，斜裂缝斜率不断变大，裂缝间距减小，桥墩试件底部最外侧的纵筋屈服（图5-127b)，并逐步向内侧纵筋延伸，力-位移滞回曲线表现为刚度逐步退化。

a) 第一条裂缝

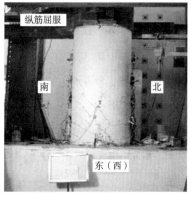
b) 纵筋屈服

图5-127 试件1试验现象图（1）

（3）底部混凝土保护层开始脱落。位移控制为+35mm时，混凝土保护层开始脱落，如图5-128a)所示。

（4）试件破坏。位移控制为+45mm时，在加载方向上墩底混凝土压溃，循环加载时，混凝土大面积脱落，裂缝宽度急剧增大，承载力下降至最大值的85%以下，桥墩发生剪切破坏，裂缝形态为X形斜裂缝。试验自始至终盖梁均未发生破坏，且未产生肉眼可见裂缝，如图5-128a)~图5-128d)所示。

a) 混凝土剥落

b) 斜裂缝急剧增大

c) X形斜裂缝

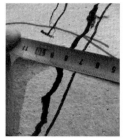
d) 裂缝宽度

图5-128 试件1试验现象图（2）

根据试件1的破坏现象可以判断，试件1呈现剪切破坏形态。试件1首先出现的弯曲裂缝（水平裂缝）有发生弯曲破坏趋势，但随着荷载等级的加大，在纵筋屈服时首条水平裂缝发展为斜裂缝，并同时出现多条斜裂缝；随后裂缝均斜向下开展，斜率不断增大，裂缝区域从柱脚向上发展至加载高度；最后产生斜密布X形斜裂缝、混凝土保护层的剥落，产生临界斜裂缝以及较大的裂缝宽度。破坏原因主要是桥墩在主拉应力作用下产生弯剪斜裂缝，随着裂缝的开展其中某几条发展为临界斜裂缝，在往复荷载作用下结构损伤不断积累，裂缝宽度急剧增大，承载力迅速下降至最大值的85%以下，试验结束。

2）试件2试验现象

对试件2（墩柱盖梁插槽式连接）进行了拟静力试验，其试验现象过程阐述如下：

（1）出现第一条裂缝。加载的目标力为400kN工况时，墩身出现第一条裂缝，裂缝从南北侧向东西侧中性轴方向斜向下开展。裂缝水平段距盖梁底面33cm，该裂缝为弯剪斜裂缝，如图5-129a）所示。

（2）盖梁产生径向和环向裂缝。加载的目标力为600kN工况时，盖梁产生径向和环向裂缝，裂缝长度10cm，开展至波纹管位置，裂缝产生的原因是浮浆存在空洞，如图5-129b）所示。

（3）纵筋屈服。屈服荷载约为700kN，与试件1加载情况类似，随侧向位移的增大，裂缝宽度逐步增加，桥墩开裂区域上升，裂缝逐渐从南北侧向东西侧斜向下开展，斜率不断增大，斜裂缝平行出现并不断延伸，较试件1裂缝间距大，力-位移滞回曲线表现为刚度逐步退化，如图5-129c）所示。

 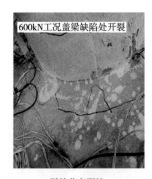 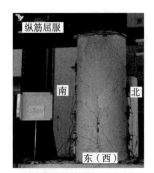

a) 第一条裂缝　　　　b) 拼接节点裂缝　　　　c) 纵筋屈服

图5-129　试件2试验现象图（1）

（4）斜裂缝发展成临界裂缝。位移控制为50mm时，某条斜裂缝发展成临界裂缝，裂缝宽度达5mm，如图5-130a）、图5-130b）所示。含空洞的浮浆混凝土脱离，除去浮浆混凝土发现盖梁产生受力裂缝，如图5-130c）所示。

（5）试件破坏。随着侧向位移的增大，裂缝宽度急剧增大，位移控制为78mm时，承载力下降至最大值的85%以下，桥墩发生剪切破坏，裂缝形态为X形斜裂缝，如

图5-130d）所示。

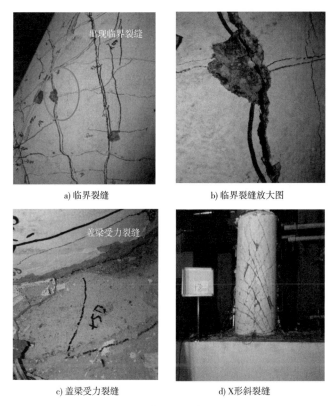

a) 临界裂缝 b) 临界裂缝放大图

c) 盖梁受力裂缝 d) X形斜裂缝

图 5-130 试件 2 试验现象图（2）

　　根据试件2的破坏现象可以判断，试件2也呈现剪切破坏形态。试件2出现的第一条裂缝为弯剪斜裂缝，从一开始就表现出剪切的破坏趋势。随着荷载等级的增加，纵筋屈服，预制管柱柱身出现多条斜裂缝。随后裂缝均斜向下开展，斜率不断增大，裂缝区域从柱脚向上发展至加载高度，呈现X形裂缝。随着裂缝的开展，其中某几条裂缝发展为临界斜裂缝，在往复荷载作用下结构损伤不断积累，裂缝宽度急剧增大，承载力迅速下降至最大值的85%以下。值得注意的是，试件2的墩柱盖梁连接节点处出现微裂缝，分析其原因主要是在拼接浇筑混凝土过度振捣，导致上层混凝土强度较低。

3）试件 1 与试件 2 破坏现象比较

　　根据试件1（现浇盖梁）与试件2（墩柱盖梁插槽式连接）的破坏形式可以判断出两个试件的破坏形式均为剪切破坏。试件1首先出现弯曲裂缝（水平裂缝），试件2则为弯剪斜裂缝，随后破坏现象类似，裂缝均斜向下开展，斜率不断增大，裂缝区域从柱脚向上发展至加载高度。试件连接节点及盖梁在试验过程中自始至终未产生实质破坏裂缝，没有发生破坏；试件2在加载力为600kN（约为最大强度的74%）时，在墩柱与盖梁拼装浇筑处产生径向微裂缝，分析其原因主要是在拼接浇筑混凝土过度振捣，导致拼装浇筑的上层混凝土强度较低。

试件1加载结束的标志是斜裂缝急剧增大且柱脚混凝土保护层压溃，相应的水平荷载下降到最大荷载的85%以下［图5-131a］。试件2加载结束的标志是预制管柱出现较宽的X形斜裂缝，其中某几条裂缝宽度急剧增大，发展为临界斜裂缝，承载力迅速下降至最大值的85%以下，试件2的柱脚仅发生轻微混凝土剥落现象［图5-131b］。

a）试件1破坏现象　　　　　　b）试件2破坏现象

图5-131　试件加载结束时试验现象

总体来讲，试件2的破坏形式与试件1大体一致。因为试件1和试件2剪跨比较小的原因，其破坏形式均为剪切破坏，剪切破坏对墩柱插槽式连接节点要求更高，在这种对实际工程最不利的工况下，插槽式连接及盖梁均未出现破坏，有利证明此连接方式的可靠性。

4）试件3试验现象

对试件3（桩柱变径法兰连接）进行拟静力试验，对其试验过程现象阐述如下：

（1）法兰连接受拉区端板与混凝土之间产生黏结裂缝。第1级加载100kN，3m预制管柱与端板缝隙（W_1）宽度为0.45mm，PRC管桩与端板缝隙（W_2）宽度为0.5mm。混凝土与端板之间较弱的黏结强度无法抵抗水平荷载作用下在该处产生的拉应力而造成开裂。初期加载缝隙较小，开展深度不大。

（2）预制管柱出现第一条裂缝。加载目标力为200kN时，墩身产生第一条水平裂缝，距法兰上端板23cm，裂缝长度约为0.9m，宽度为0.05mm，该裂缝为弯曲裂缝［图5-132a］。同时产生第一条竖向微裂缝，长度约为0.16m，产生竖向裂缝的原因可能是在水平外荷载作用下纵筋产生滑移劈裂［图5-132b］。

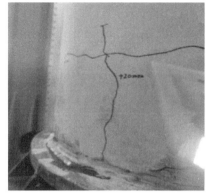

a) 首条水平裂缝 b) 首条竖向裂缝

图 5-132 第一条水平裂缝及竖向裂缝

（3）纵筋屈服。屈服荷载约为320kN，随侧向位移的增大，桥墩开裂区域上升，出现几条稀疏的弯曲微裂缝和竖向裂缝，裂缝间距较大；桥墩试件底部距离中性轴最远处纵筋屈服，并逐步向内侧纵筋延伸，力-位移滞回曲线表现为刚度逐步退化；端板与混凝土之间的裂缝宽度和深度逐渐增大，W_1达到0.95mm，W_2达到1.1mm，如图5-133a)所示。

（4）PRC管桩产生第一条裂缝。位移控制为40mm时，PRC管桩产生第一条水平微裂缝，距承台28cm，该裂缝为弯曲裂缝，如图5-133b)所示。

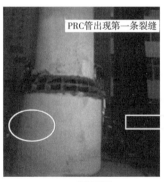
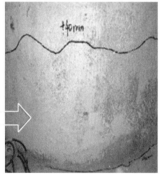

a) 纵筋屈服时产生裂缝 b) PRC 管桩裂缝 c) 裂缝放大图

图 5-133 试件3试验现象图（1）

（5）试件破坏。随着侧向位移的增大，预制管柱端板与混凝土之间的裂缝宽度逐渐增大，开展深度不断增大至混凝土内核，受拉区混凝土退出工作，拉应力完全由钢筋承受。位移控制为70mm时，承载力下降至最大值的85%以下，墩柱基脚因钢筋过大的塑性变形而发生破坏，此时W_1为13mm，W_2为2mm。破坏时，预制管柱及PRC管桩仅产生几条弯曲裂缝，且均为微裂纹；连接法兰加劲肋未发生屈曲现象，如图5-134所示。

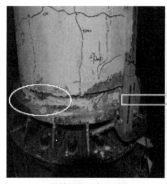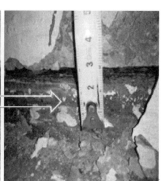

| a）纵筋屈服时产生裂缝 | b）PRC 管桩裂缝 | c）裂缝放大图 |

图 5-134　试件 3 试验现象图（2）

根据试件3的破坏现象可以判断，试件3以预制管柱基脚破坏结束。从加载开始预制管柱端板与柱脚混凝土之间开始产生黏结裂缝，随后预制管柱柱脚位置出现弯曲裂缝和竖向裂缝。因为黏结裂缝的增大，纵筋滑移现象较为明显，分析出现竖向裂缝的原因是在水平外荷载作用下纵筋产生滑移劈裂。在加载工况位移为40mm时，PRC管桩出现水平微裂缝。随着预制管柱端板与柱脚混凝土之间的黏结裂缝增大，预制管柱与PRC管柱产生的裂缝宽度减小。试验最后黏结裂缝开展深度不断增大至混凝土内核，受拉区混凝土退出工作，拉应力完全由钢筋承担，承载力下降至最大值的85%以下，结束试验。

5）最大荷载及破坏主要原因

根据上述试验现象分析，试件的承载性能（包括最大荷载和破坏时的最大位移），以及破坏因素的比较如表5-7所示。

承载性能及破坏原因　　　　表 5-7

试件	最大荷载（kN）	破坏时位移（mm）	破坏主要因素
1	980	45	斜裂缝中几条裂缝发展为临界斜裂缝，裂缝宽度急剧增大，承载力迅速下降至最大值的 85% 以下
2	870	78	
3	388	70	混凝土与端板缝隙急剧增大，纵筋发生不可恢复的较大变形，强度下降至最大值的 85% 以下

6）试件 4 试验现象

对UHPC后浇连接试件进行了拟静力试验，对试验现象过程阐述如下：

（1）出现第一条裂缝。加载的目标位移为6mm工况时，墩身出现第一条裂缝，裂缝出现在UHPC与普通混凝土的接缝处，高30cm，长90cm，宽0.01mm，为西北南三侧贯穿长裂缝，该裂缝为弯曲水平裂缝，如图5-135a）所示；还有一处出现在北侧高60cm处，宽0.01mm，长15cm。

（2）UHPC与普通混凝土接缝处出现环向裂缝。加载的目标位移为15mm工况时，柱身高30cm处即UHPC段与普通混凝土段的接缝处出现贯穿四面的环向长裂缝,裂缝宽度0.3mm,环向裂缝两侧有多条竖向断裂缝延伸,裂缝出现的原因是此处为两种不同材料的接缝,因两种材料强度不同,相互黏结的能力不够,如图5-135b)所示。

(3)纵筋屈服。屈服位移约为30mm,与承插式连接试件加载情况类似,随着侧向位移的增大,裂缝宽度逐步增加,桥墩开裂区域上升,南北两侧斜裂缝不断延伸增多,斜率不断增大,东西两侧出现多条横向裂缝,靠近承台位置混凝土保护层有轻微脱落迹象,柱底也因是UHPC和普通混凝土接缝出现环向贯穿长裂缝,力-位移滞回曲线表现为刚度逐步退化,如图5-135c)所示。

a) 第一条裂缝

b) 接缝处环向裂缝

c) 纵筋屈服

图5-135 UHPC后浇连接试件试验现象图

(4)试件破坏现象加剧。位移控制为±42mm时,沿UHPC和普通混凝土接缝处斜方向延伸裂缝数量增多,UHPC处有噼里啪啦压碎声响,西侧接缝处宽达4mm,北接缝处即将脱落,东侧接缝处及东南角接缝处有大块混凝土脱落,如图5-136a)所示。位移控制为±48mm时,西南柱底表层混凝土翘起严重[图5-136b)],怀疑为浇灌UHPC时流出覆盖在承台表面的浮浆,除去浮浆混凝土发现承台普通混凝土与UHPC之间同样存在贯穿大裂缝。

(5)试件破坏。随着侧向位移的增大,裂缝宽度急剧增大,位移控制为84mm时,承载力下降至最大值的85%以下,接缝处及柱脚等多处大块混凝土脱落,桥墩发生弯曲破坏,裂缝形态为两水平环向主裂缝及沿两水平接缝处上下较均匀分布斜裂缝,如图5-136c)、图5-136d)所示。

根据UHPC后浇连接试件的破坏现象可以判断,该试件呈现弯曲形态。试件出现的第一条裂缝为沿接缝处的水平环向裂缝,从一开始就表现出弯曲的破坏趋势。随着位移等级的增加,纵筋屈服,预制墩柱柱身环向裂缝逐渐变宽,水平裂缝周围出现多条斜裂缝,尤其在高30cm处即UHPC段与普通混凝土柱接缝处两侧。随后裂缝由接缝处向两侧开展,斜率不断增大,高30cm接缝处裂缝区域与柱脚裂缝区逐渐贯连,呈现X形裂缝。随着裂缝的开展,其中某几条裂缝相互联系,导致某些区域大块混凝土即将脱落,在往复荷载作用下结构损伤不断积累，裂缝宽度急剧增大，承载力迅速下降至最大值的85%以下，接缝处及柱脚区多处混凝土发生脱落现象。值得注意的是，该试件的柱脚与承台表面连接处出现大面积翘起现象，分析其原因主要是在浇筑UHPC时溢出的一些浮浆凝结在承台表面，柱体受到侧向往复荷载时柱脚处会对承台产生压力，导致承台表面UHPC凝结浮浆块的翘起。

a) 接缝处混凝土脱落

b) 柱脚承台表面处翘起

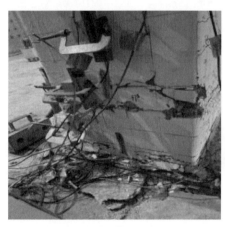
c) 柱脚及接缝大块混凝土脱落

d) X形斜裂缝

图 5-136　UHPC 后浇连接试件试验现象图

7) 试件 5 试验现象

对波纹管灌浆连接试件进行拟静力试验，对其试验过程现象阐述如下：

（1）出现第一条裂缝。当加载的目标位移为3mm时，出现了第一条裂缝［图5-137a）］。第一处在南侧高25cm处，长15cm，宽0.03mm；第二处在北侧高23cm处，长11cm，宽0.03mm。这两处裂缝通过西侧高25cm处贯穿裂缝连通，西侧还有一处高为15cm，宽0.01mm，长40cm的长裂缝。

（2）纵筋屈服。屈服位移为+18mm，与前两个试件加载情况相似，随着侧向位移的增大,裂缝宽度逐步增大,墩柱的开裂区域逐渐上升,伴随着轻微的混凝土压碎声响,柱底接缝处出现1~3mm宽裂缝,导致柱底有抬起趋势,四周多处裂缝延伸并变宽,柱脚有几处小块混凝土保护层脱落,如图5-137b)所示,由力-位移滞回曲线可知,刚度逐步退化。

a) 第一条裂缝　　　　　　　　　　　　b) 柱脚小块混凝土保护层脱落

图 5-137　第一条裂缝及柱脚小块混凝土保护层脱落

(3) 柱脚混凝土保护层大范围脱落。侧向位移达到 ±36mm 时,四周柱脚多处小块混凝土保护层剥落,柱身多处裂缝延伸,东西两侧主裂缝变宽至2mm,西侧因受压导致表层混凝土保护层发生鼓包现象,东侧柱底混凝土脱落较为严重,如图 5-138 所示。

a) 东侧混凝土脱落　　　　b) 西侧混凝土脱落及鼓包现象　　　　c) 柱身裂缝变宽

图 5-138　试件5试验现象图(1)

(4) 试件破坏。随着侧向位移的增大,柱脚多处大块混凝土保护层脱落,柱体内部钢筋露出,受拉区混凝土退出工作,拉应力完全由钢筋承担。位移控制在48mm时,承载力下降至最大值的85%以下,东西两侧柱脚处破坏非常严重,东西两侧混凝土保护层之前因受压而在鼓包处发生脱落,露出内侧钢筋,且肉眼可见钢筋变弯,如图5-139所示。

a) 位移控制在48mm整体图　　　b) 柱脚混凝土脱落严重　　　c) 柱身钢筋露出且变弯

图5-139　试件5试验现象图（2）

根据该试件的破坏现象可以判断，波纹管连接试件也呈弯剪破坏形式。从加载开始柱脚出现细微裂缝，随着位移等级的增加，裂缝不断延伸，主裂缝四周不断出现新的延伸性小裂缝，四周主裂缝相互贯穿。在墩顶加载位移为18mm时，东西两侧柱脚混凝土保护层开始脱落。随着位移加载等级的上升，裂缝逐渐变宽，柱脚多处大块混凝土保护层脱落严重。到墩顶加载位移为48mm时，裂缝开展深度不断增大至混凝土内核，受拉区混凝土退出工作，柱脚区混凝土保护层大范围脱落，钢筋露出，拉应力完全由钢筋承担，承载力下降至最大值的85%以下，试件破坏，结束试验。

8）试件6试验现象

对承插式试件进行了拟静力试验，对试验现象过程阐述如下：

（1）出现第一条裂缝。加载的目标力为240kN（推）工况时，南侧墩身出现两条水平裂缝，裂缝距承台表面25cm，第一条裂缝长度约为24cm，宽度为0.06mm，如图5-140a）所示；第二条裂缝长度约为5cm，宽度为0.06mm。西侧出现两条裂缝，第一条裂缝距承台表面23cm，长度9cm，宽0.03mm；第二条裂缝距承台表面25cm，长度43cm，宽0.1mm，与南侧裂缝贯穿。

（2）纵筋屈服。屈服荷载约为390kN，随着侧向位移的增大，裂缝数量增多，裂缝宽度逐步增加，桥墩开裂区域上升，东西侧与南北侧多条长裂缝相互贯穿，斜裂缝平行出现并不断延伸，斜裂缝斜率不断变大，裂缝间距减少，桥墩试件底部最外侧的纵筋屈服如图5-140b）所示，并逐步向内侧纵筋延伸，由力-位移滞回曲线可知刚度逐步退化。

（3）底部混凝土保护层开始脱落。位移控制为+33mm时，混凝土保护层开始脱落，如图5-141a）所示。

（4）试件破坏。位移控制为-55mm时，在加载方向上墩底混凝土压溃，裂缝间混凝土受压呈鼓包现象即将脱落，循环加载时，混凝土大面积脱落，裂缝宽度急剧增大，承载力下降至最大值的85%以下，桥墩发生弯剪破坏，裂缝形态为X形斜裂缝，墩柱底部混凝土脱落严重,有钢筋露出。试验自始至终承台均未发生破坏,且未产生肉眼可见裂缝,如图5-141b)~图5-141d)所示。

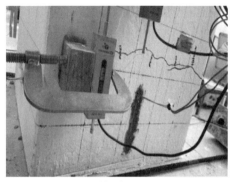

a) 第一条裂缝　　　　　　　　　　　　b) 纵筋屈服

图 5-140　承插式连接试件试验现象图(1)

a) 混凝土剥落　　　　　　　　　　　　b) 斜裂缝急剧增大

c) 裂缝处鼓包现象　　　　　　　　　　d) 钢筋露出

图 5-141　承插式连接试件试验现象图(2)

根据承插式连接试件的破坏现象可以判断,试件呈现弯剪破坏形态。试件首先出现弯曲裂缝(水平裂缝),有发生弯曲破坏趋势。但随着荷载等级的加大,在纵筋屈服时首条水平裂缝发展为斜裂缝,同时出现多条斜裂缝。随后裂缝均斜向下开展,斜率不断增大,裂缝区域从柱脚向上发展至加载高度。最后,产生斜密布X形斜裂缝,混凝土保护层剥落,产生临界斜裂缝以及较大的裂缝宽度。破坏原因主要是桥墩在主拉应力作用下产生弯剪斜裂缝，随着裂缝的开展其中某几条裂缝发展为临界斜裂缝，在往复荷载作用下结构损伤不断积累，裂缝宽度急剧增大，承载力迅速下降至最大值的85%以下，试验结束。

由于加载仪器自身原因，力控制加载时在到达目标控制力时会出现一个位移平移段，且力加载控制时在前几级加载工况下墩身并未出现裂缝，因此后两个试件试验时单纯采用位移控制加载的方式。

9）3个试件的破坏现象比较

根据3个试件的破坏形式可以判断出试件5及试件6破坏形式均为弯剪破坏，而试件4的破坏形式为弯曲破坏。3个试件首先出现的均为弯曲裂缝（水平裂缝），试件5和试件6裂缝出现在柱身侧面交角处且为较短裂缝，但试件4的裂缝则整齐地出现在UHPC与普通混凝土接缝处且为环向贯穿裂缝，随后破坏现象试件5与试件6类似，裂缝均斜向下开展，斜率不断增大，裂缝区域从柱脚向上发展至加载高度。而试件4由于主裂缝均匀出现在UHPC与普通混凝土的接缝处，随着加载位移的增加，出现的竖向和斜向延伸裂缝分布在接缝处上下两侧。3个试件破坏时均为柱脚发生严重损坏，试件5和试件6破坏时柱身混凝土保护层大范围脱落，导致内侧钢筋暴露在外，而试件4由于UHPC强度较高且柱身混凝土保护层并未发生脱落，但试件4柱脚与承台间裂缝较后两个试件的裂缝要大，且承台表面出现翘起现象，怀疑为浇灌UHPC时溢出的浮浆凝固在承台表层，在柱身受推拉时对承台产生压力而发生翘起。

试件4加载结束的标志是UHPC与普通混凝土之间的裂缝急剧增大，且接缝处及柱脚混凝土保护层大范围压溃脱落，相应的水平荷载下降到最大荷载的85%以下，如图5-142a）所示。试件5和试件6加载结束的标志是墩柱柱身出现较宽的X形斜裂缝，其中某几条裂缝宽度急剧增大，混凝土保护层大块脱落，导致钢筋露出并变弯，承载力迅速下降至最大值的85%以下，试件5和试件6的柱脚发生严重的混凝土脱落现象，如图5-142b）和图5-142c）所示。

a）试件4破坏现象　　　b）试件5破坏现象　　　c）试件6破坏现象

图5-142　试件加载结束时试验现象

总体来讲，试件4的破坏形式与试件5和试件6大体一致。但因为试件4柱脚部分为UHPC材料，在这一段拉压强度较高，导致其塑性铰区域上移，而主要发生破坏的位置在UHPC与普通混凝土接缝处，而其他柱身位置自加载初始至破坏时未发生大面积脱落并伴随钢筋露出的现象。因此，证明了此连接方式的可靠性。

10）最大荷载及破坏主要原因

根据试验现象分析，试件的承载性能（包括最大荷载和破坏时的最大位移）以及破坏因素的比较如表5-8所示。

承载性能及破坏原因　　　　　　　　　　　　　　　　　表5-8

试件	最大荷载（kN）	破坏时位移（mm）	破坏主要原因
4	正向 +535 反向 −531	84	UHPC与普通混凝土接缝处水平主裂缝宽度急剧增大，主裂缝两侧小裂缝延伸变宽导致周围混凝土脱落，柱脚对承台压溃严重，承载力迅速下降至最大值的85%以下
5	正向 +420 反向 −460	48	柱脚附近斜裂缝不断扩展变宽导致混凝土保护层脱落破坏严重，纵筋暴露且发生肉眼可见的较大弯曲变形，承载力迅速下降至最大值的85%以下
6	正向 +481.9 反向 −549.1	55	

5.3.5.2　试验结果分析

良好的位移延性有助于减少地震的破坏，吸收与耗散地震能量，避免结构倒塌。

破坏前无明显征兆，力-变形曲线达到最大承载力后突然下跌形成明显尖峰的构件（结构）称为脆性构件（结构），如图5-143所示。

破坏前有明显征兆，力-位移曲线在最大承载力附近存在平台，能够承受较大的变形而承载力无明显减低的构件（结构）称为延性构件（结构），如图5-144所示。

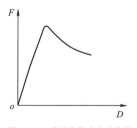
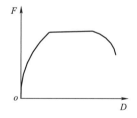

图5-143　脆性构件力变形曲线　　　图5-144　延性构件力变形曲线

1）滞回曲线

试件1~试件3在低荷载水平作用下，基本处于弹性阶段，滞回环曲线往返路径基本在同一条直线。试件1、试件2随着水平荷载的增加，滞回环逐渐被拉开，试件开始耗能，试件的滞回环从一开始的梭形发展到反S形，试件的残余位移也越来越大，到后期自复位能力完全丧失。

试验结果表明，在水平荷载作用下，试件1弯剪破坏力-位移曲线大致经历3个过程：开始加载到出现第一条裂缝（此阶段试件1可以近似处于弹性阶段）、从试件开裂到纵向钢筋屈服、从纵向钢筋屈服到试件弯剪破坏。从试件1的滞回曲线中可以看出，有捏拢现象，符合剪切破坏特性。

在水平荷载作用下，由于试件2较试件1钢筋产生了较大的滑移，捏拢现象较为显著，强度较试件1降低约14%，结构变形能力变强，受剪跨比影响结构发生剪切破坏。试件2剪切破坏力-位移曲线也大致经历3个过程：开始加载到出现第一条裂缝（此阶段试件1近似处于弹性阶段）、从试件开裂到纵向钢筋屈服、从纵向钢筋屈服到试件剪切破坏。

试件3在水平荷载作用下，桥墩并未发生弯曲破坏，由于预制管柱纵筋产生了较大的滑移，预制管柱混凝土与端板产生较大缝隙，捏拢现象更为显著，试件的滞回环从一开始的梭形发展到反S形，试件的残余位移也越来越大，到后期自复位能力完全丧失。

试件1~试件3滞回曲线如图5-145所示。

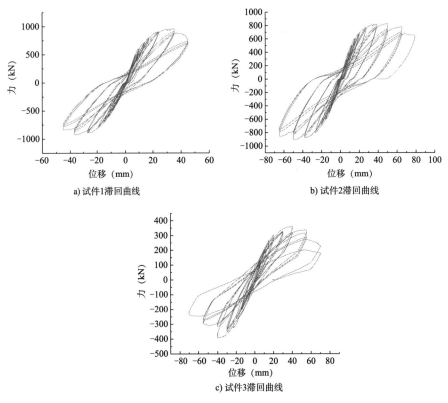

a) 试件1滞回曲线　　b) 试件2滞回曲线

c) 试件3滞回曲线

图5-145　试件1~试件3滞回曲线图

试件4~试件6在低荷载水平或小位移等级作用下，基本处于弹性阶段，滞回环曲线往返路径基本在同一条直线。试件6随着水平荷载的增加及试件4、试件5随着水平位移的增大，滞回环逐渐被拉开，试件开始耗能，试件的滞回环从一开始的梭形发展到反S形，试件的残余位移也越来越大，到后期自复位能力完全丧失。

试验结果表明，在水平荷载作用下，试件5及试件6开裂荷载及位移等级较小，纵筋屈服后柱身斜裂缝开展较快且斜率逐渐变大，最终破坏时柱身混凝土脱落非常严重，纵筋暴露且有较大弯曲变形，发生的是以弯曲裂缝及剪切裂缝为主的弯剪破坏；试件4柱脚处由于采用了UHPC，其混凝土抗压强度高以及材料中钢纤维在裂缝界面上的桥联作用，使得其抗弯抗剪能力大大增强，在UHPC处裂缝分布均匀且宽度较为细密，破坏时并没有像试件5及试件6发生柱身混凝土大面积脱落的现象，也未发生钢筋暴露在外的情况，只在接缝处有几处小块混凝土脱落的现象。这种破坏现象表明，试件1发生了延性较好的弯曲破坏。

在水平荷载作用下，由于试件5及试件6较试件4钢筋产生了较大的滑移，捏拢现象较为显著，正向强度较试件4降低约21%，结构变形能力变强，随位移增大弯剪破坏愈加严重。两个试件的弯剪破坏力-位移曲线也大致经历3个过程：开始加载到出现第一条裂缝（此阶段试件可以近似处于弹性阶段）、从试件开裂到纵向钢筋屈服、从纵向钢筋屈服到试件弯剪破坏。试件的滞回环从一开始的梭形发展到反S形，试件的残余位移也越来越大，到后期自复位能力完全丧失。

试件4~试件6的滞回曲线如图5-146所示。

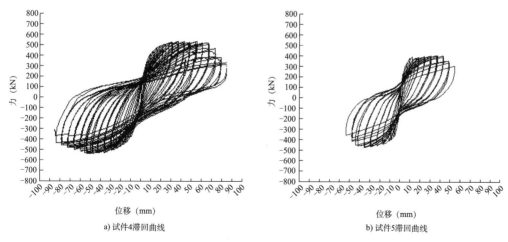

a) 试件4滞回曲线　　　　b) 试件5滞回曲线

图 5-146

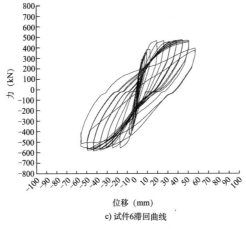

图 5-146　试件 4~试件 6 滞回曲线图

2）骨架曲线

结构在低周反复加载试验中，将力-位移曲线每次循环的所有峰值点连接起来所得到的包络线称为骨架曲线。骨架曲线的形状大体上和单调加载曲线相似，而极限荷载则略低一些，能较明确地反映结构和构件的强度、变形和延性等抗震指标。骨架曲线在研究非弹性地震反应时是很重要的。它是每次循环的力-位移曲线达到最大峰点的轨迹，在任意时刻的运动中，峰点不能越过骨架曲线，只能在到达骨架曲线以后沿骨架曲线前进。

试件1~试件3在强度上升完成后进入强度稳定段，然后再进入强度退化，大致呈三折线。试件2的水平抗力比试件1的小8%，经混凝土试块抗压强度试验，试件2试块的抗压强度平均值为54.2MPa，较试件1试块（58.5MPa）低约8%，由此可见，插槽式连接与现浇连接的结构抗力能力相当。

试件1~试件6骨架曲线如图5-147、图5-148所示。

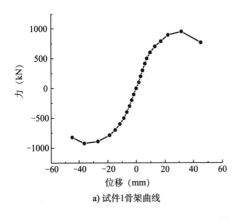
a) 试件1骨架曲线

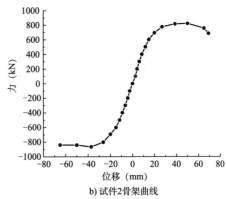
b) 试件2骨架曲线

图　5-147

第 5 章 结构试验

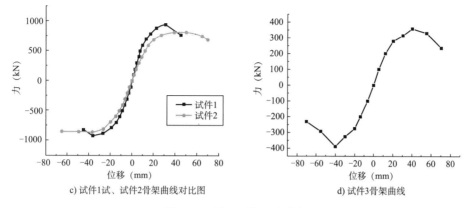

图 5-147 试件 1~试件 3 骨架曲线

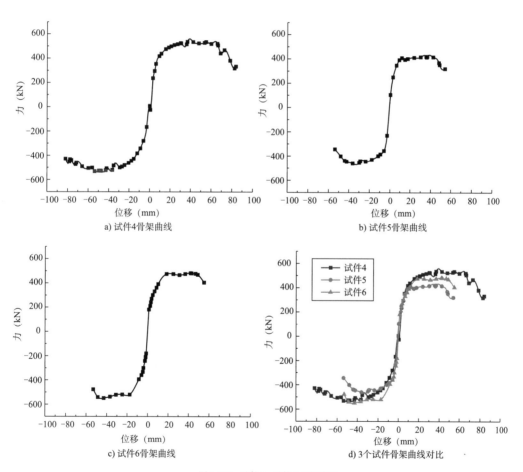

图 5-148 试件 4~试件 6 骨架曲线

试件4~试件6在强度上升完成后进入强度稳定段，然后再进入强度退化，大致呈三折线。试件4制作中使用了UHPC，因此其正向加载的水平抗力比试件5约大20%，比试件6约大9%，由此可见，UHPC对预制墩柱的抗弯能力起到增强作用，而试件6比试件5正向加载水平抗力大13%,由此可见,使用普通混凝土的情况下承插式预制墩柱连接方式更为可靠。

3) 延性性能

在结构抗震性能中,延性大小是抗震能力强弱的重要标志。延性是指在初始强度没有明显退化的情况下,结构或构件非弹性变形的能力。延性的量化设计指标包括曲率延性系数和位移延性系数。曲率延性系数仅标志截面的延性,而位移延性系数不仅和塑性铰区长度、曲率大小有关,还和构件的长度有关,通常用位移延性系数来表示结构或构件的延性,最大延性系数可表示为:

$$\eta_\Delta = \frac{U_m}{U_y} \tag{5-4}$$

式中:U_y、U_m——屈服位移和极限位移。

在实测力-位移骨架曲线上,屈服点通常不容易确定,这是材料的非线性特征,不同部位的钢筋不能同时进入屈服等原因造成的。本书采用面积互等法(即能量)确定屈服点,其基本原理是利用骨架曲线所包面积即能量相等,将试件的力-位移关系等效成为理想双线性。其中,"D点"为荷载最大点,U点为极限点,"OAY"和"ADU"的面积相等(图5-149)。

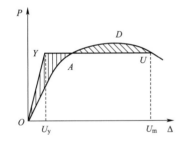

图5-149 面积互等法确定屈服点

依据《建筑抗震试验规程》(JGJ/T 101—2015),试件在出现最大荷载之后,随着变形的增加而荷载下降到最大荷载85%时对应的位移为极限位移U_m,对应的荷载为极限荷载。根据上述方法确定试件的屈服位移、极限位移和位移延性系数,见表5-9。

试件特征位移和位移延性系数　　表5-9

试件	试件1	试件2	试件3	试件4	试件5	试件6
屈服位移 U_y(mm)	18.4	22.3	27	11.48	7.23	10.35
极限位移 U_m(mm)	44.98	67.33	57.19	83.75	53.91	54.97
位移延性系数	2.44	3.02	2.12	6.05	6.73	5.37

按照不同的屈服位移定义,计算得到的延性指标一般不同,这一点一直被认为是延性设计理论中的一个缺陷。但考虑到在计算延性需求和评估延性能力时,是基于同样的结构简化模型假定和同样的屈服点定义,所以采用任何一种方法均可评判结构的延性。

由表5-9可见,试件2的延性比试件1的延性约低20%。由此可知,插槽式连接构件延性要明显好于现浇构件。试件3延性较低,造成延性系数低的主要原因是预制管柱混凝土与端板之间产生的缝隙较大,引起钢筋滑移,预制管柱和PRC管桩仅出现轻微裂缝。

试件6的延性性能比试件5的约低20%。由此可知,承插式连接构件延性要明显好于波纹管连接构件。试件4延性较试件5低,造成延性系数低的主要原因可能是预制墩柱柱身下部采用UHPC材质,而其强度过高导致塑性铰区域上移,引起钢筋滑移。预制柱身只有轻微裂缝,在并未发生严重塑性变形时,墩柱承载力就已在极限承载力85%以下发生破坏,由此可知UHPC连接试件的延性性能较差。

4)初始刚度、等效刚度及卸载刚度

从滞回曲线中可以看到,刚度与位移关系时刻在变化。随着位移的增大,新裂缝不断产生,旧裂缝不断发展,刚度逐渐减小,这就是刚度退化现象。发生刚度退化的主要原因是混凝土的开裂、压碎使得混凝土退出工作,从而导致截面有效高度减小。

(1)初始刚度

力-位移曲线在原点的切线斜率称为初始刚度。初始刚度主要针对构件处于弹性时的情况。初始刚度是指试件最初的刚度,该过程处于试件屈服前,试件结构没有被破坏,刚度基本保持初始值。初始刚度是指力-位移曲线在原点的切线斜率(图5-150)。各试件初始刚度如表5-10所示。

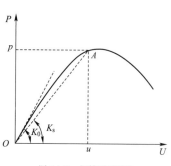

图 5-150 初始刚度图示

各试件初始刚度 表5-10

试件	试件1	试件2	试件4	试件5	试件6	试件3
初始刚度 K_0(kN/mm)	66.96	47.69	78.72	88.15	89.22	17.24

(2)等效刚度

等效刚度又称为割线刚度,是指力-位移曲线上任意点与坐标原点的连线斜率。图中所示A点的等效刚度K_s:

$$K_s = \frac{p}{\mu} \tag{5-5}$$

式中:p——水平力;

μ——位移与屈服位移之比。

等效刚度表示试件已经进入屈服状态,随着位移的增大,刚度开始逐渐发生退化,退化的主要原因可能是钢筋的屈服、滑移、裂缝等。等效刚度常被用作等效结构的弹性刚度，它是抗震设计中一个常用的设计参数。

试件1~试件3的K_s/K_0-μ曲线如图5-151所示，由该图可知，各个试件的μ值均随着μ增加而减小，并在μ约为1时出现了转折。试件1和试件2的曲线在μ为1之前较为接近，而以后逐渐远离，说明插槽式连接形式在前期荷载作用下表现与现浇构件性能相似，后期会有较小的差别。

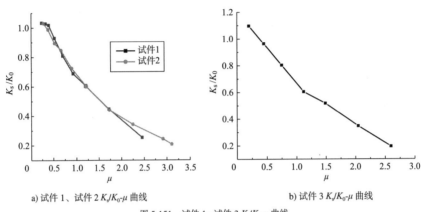

a) 试件1、试件2 K_s/K_0-μ 曲线   b) 试件3 K_s/K_0-μ 曲线

图 5-151　试件 1~ 试件 3 K_s/K_0-μ 曲线

通过试件4~试件6实测的骨架曲线中计算出K_s/K_0-μ曲线，其中μ为位移与屈服位移的比值。由于该曲线的数值均是相对值，可以排除试件具体参数的影响，所以更具直观性、可比性。3个试件的K_s/K_0-μ曲线对比图如图5-152所示，由该图可知，各个试件的K_s/K_0值均随着μ值增大而减小，并在μ约为1时出现了转折。试件4~试件6的曲线在μ为0.2之前较为接近，而以后逐渐远离，在μ为0.6之后又会接近。说明3种连接形式在前期荷载作用下性能相似，中期会有较小的差别，后期又会趋于性能相似。

（3）卸载刚度

试件在非线性阶段由于结构的损伤，加载阶段的刚度和卸载阶段的刚度都发生退化。卸载刚度退化将有利于减小结构的残余变形。卸载刚度对结构地震需求的影响主要表现在以下两个方面：

①减小了等效滞回阻尼比，因此有可能增大结构的地震需求；

②卸载刚度退化将有利于减小结构的残余变形以及保持结构的稳定性。

卸载刚度与残余位移之间的关系：残余位移增大，卸载刚度减小；残余位移减小，卸载刚度增大。滞回曲线上A点的卸载刚度（图5-153）为：

$$K_u = \frac{L_{AC}}{L_{BC}} \tag{5-6}$$

式中：L_{AC}——线段 AC 长度；

L_{BC}——线段 BC 的长度。

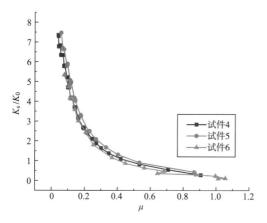

图 5-152　试件 4~试件 6 的 K_s/K_0-μ 曲线对比

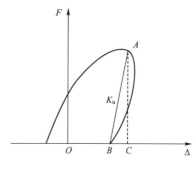

图 5-153　卸载刚度图示

试件1~试件3的K_u/K_0-μ曲线如图5-154所示。

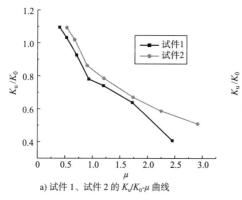

a) 试件 1、试件 2 的 K_u/K_0-μ 曲线

b) 试件 3 的 K_u/K_0-μ 曲线

图 5-154　试件 1~试件 3 K_u/K_0-μ 曲线

可以看出，各个试件的K_u/K_0均随μ的增加而减小，μ为位移与屈服位移之比。试件1和试件2的曲线在μ=1.7之前相隔较近，之后分散，这是由于在加载后期试件1柱脚压溃、钢筋屈服，恢复力变小。总体来讲，在本次试验中插槽式连接形式对卸载刚度退化的影响不大。

试件 4~试件 6 的 K_u/K_0-μ 曲线对比图如图 5-155 所示。

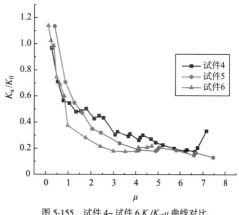

图 5-155　试件 4~试件 6 K_u/K_0 曲线对比

试件4~试件6的曲线在$\mu=1$之前相隔较近,之后分散,在$\mu=5$之后又趋于靠拢,这是由于在加载前期3个试件破坏形式相似且刚度相差较小,但在加载中期时,试件3刚度较其他两个试件更大,在加载后期3个试件破坏形式又趋于一致。

5)耗能能力

豪斯纳在20世纪50年代初提出了结构在地震中的能量平衡概念,即地震输入的能量与结构的动能、弹性变形能、阻尼耗能及滞回耗能的总量相等,即:

$$E_K(t) + E_D(t) + E_H(t) + E_E(t) = E_t(t) \tag{5-7}$$

式中:$E_K(t)$——结构的动能;

$E_D(t)$——结构的阻尼耗能;

$E_E(t)$——结构的弹性变形能;

$E_H(t)$——结构的滞回耗能;

$E_t(t)$——地震输入的总能量。

显然在地震输入的总能量不变的条件下,能耗越大,结构产生的能容就越小。能量平衡体系概念揭示了结构抗震的重要意义。延性好的结构体系,耗能能力比较强。耗能能力不仅与位移延性有关,还与滞回环的形状有关,所以分析结构的耗能能力,对于全面了解其抗震性能是十分必要的。

(1)累积滞回耗能

累积滞回耗能E_{AD}是指结构在循环荷载作用下从开始到破坏滞回耗能总量,即为每一个滞回环面积之和。

$$E_{AD} = \sum_{i=1}^{n} \Delta W_i \tag{5-8}$$

式中:E_{AD}——构件累积滞回耗能;

n——加载等级总数;

ΔW_i——第i级荷载的滞回耗能。

本书取试件从加载开始到加载结束整个过程的累积耗能,试件1~试件3的累积滞回耗能如表5-11所示,滞回曲线如图5-156所示,每次循环的峰值位移对应此次循环的耗能如图5-157所示。

各试件累积滞回耗能 表5-11

试件	试件1	试件2	试件3
E_{AD}(kN·mm)	81832.412	136646.13	58010.4211

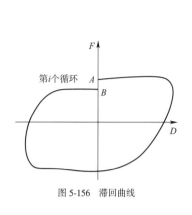 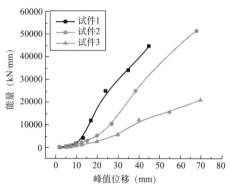

图 5-156　滞回曲线　　　　　图 5-157　试件 1~试件 3 峰值位移 - 能量曲线

结合试件的滞回曲线分析可得到以下结论：随着混凝土结构的损伤，3 个试件耗能能力均逐渐增加。可以看出，试件 2（插槽式连接）的耗能能力大于试件 1（现浇构件），增幅约为 40%，其主要原因是试件 2 刚度小于试件 1 刚度，在相等峰值位移的前提下，试件 1 耗能能力高于试件 2，但后期试件 1 柱脚压溃钢筋屈服导致耗能能力下降，试件 2 延性较高，耗能能力较强。

本书取试件从加载开始到加载结束整个过程的累积耗能，试件 4~试件 6 的累积滞回耗能如表 5-12 所示，每次循环的峰值位移对应此次循环的耗能如图 5-158 所示。

各试件累积滞回耗能　　　　　表 5-12

试件	试件 4	试件 5	试件 6
E_{AD}（kN·mm）	1221478.093	375805.4984	367880.5526

结合试件的滞回耗能曲线分析可得到以下结论：随着水泥混凝土结构的损伤，试件 5 和试件 6 耗能能力均逐渐增加。可以看出，试件 6（承插式连接试件）的耗能能力大于试件 5（波纹管连接试件），其主要原因在于试件 6 刚度小于试件 5 刚度，在相等峰值位移的前提下，试件 5 耗能能力高于试件 6，但后期试件 5 柱脚压溃钢筋屈服导致耗能能力下降，试件 6 延性较高，耗能能力较强。试件 4 耗能能力最为优秀，在加载前期耗能能力逐渐增加，后期略有下降趋势，是因为 UHPC 强度更高，导致墩柱耗能性能更为优秀，在加载后期 UHPC 破坏较小，但纵筋渐渐屈服退出工作导致耗能能力有些许下降。

（2）等效黏滞阻尼

在现代工程抗震中，经常用等效黏滞阻尼系数大小来判断结构在地震中的耗能能力。另外，等效黏滞阻尼在结构电算中也发挥重要作用，等效黏滞阻尼系数定义如下：

$$\zeta_{eq,h} = \frac{1}{2\pi}\frac{A_1}{A_2} \quad (5-9)$$

式中：A_1——滞回耗能（图5-159）；

A_2——弹性变形能。

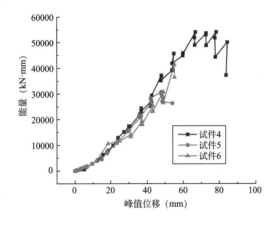

图5-158 试件4~试件6峰值位移-能量曲线

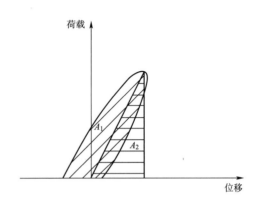

图5-159 等效黏滞阻尼图示

各试件峰值位移对应的黏滞阻尼系数如图5-160所示。

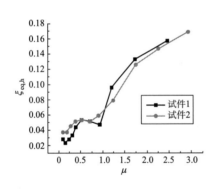

a) 试件1、试件2等效黏滞阻尼系数

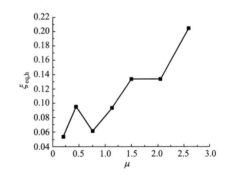

b) 试件3等效黏滞阻尼系数

图5-160 试件1~试件3等效黏滞阻尼系数

从试件1、试件2、试件3等效黏滞阻尼系数图可以得出：3个试件的等效黏滞阻尼系数整体趋势是增长的，说明试件发生开裂、钢筋屈服、混凝土压碎等现象。

试件1、试件2在屈服之前等效黏滞阻尼系数在0.02~0.06，之后开始线性增长。试件1、试件2到达峰值位移45mm之前，试件1的等效黏滞阻尼系数略大于试件2，说明试件1的破坏程度大于试件2，与本小节5.3.5节试验现象相匹配，之后等效黏滞阻尼系数增长。

试件3等效黏滞阻尼系数最后达到0.2，其主要原因在于3m预制管柱柱脚混凝土与端板产生较大缝隙（13mm），预制管柱与PRC管桩柱（桩）身破坏较少。

试件4~试件6峰值位移对应的黏滞阻尼系数如图5-161所示。

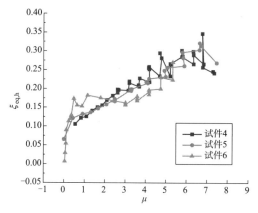

图 5-161　试件 4~ 试件 6 等效黏滞阻尼系数

从试件4~试件6等效黏滞阻尼系数图可以得出：3个试件的等效黏滞阻尼系数整体趋势是增长的，说明试件发生开裂、钢筋屈服、混凝土压碎等现象。试件4最终等效黏滞阻尼系数接近0.4，是因为其破坏时有两条分布在两接缝处的主裂缝，而其柱身破坏较少，故等效黏滞阻尼系数较大；试件5中期等效黏滞阻尼系数要大于试件4，因为其屈服强度要高于试件5；试件5及试件6曲线较为相似，因为这两个试件在破坏形式及破坏程度上都较为相似。

6）残余变形

残余变形是构件从加载使结构发生变形，然后卸载至外荷载为零，构件产生的不可恢复塑性变形。从拟静力荷载-位移滞回曲线上表现出卸载段与X轴的交点。在地震作用下，若产生的桥墩残余变形较小，则有利于震后的修复工作，尽快恢复交通，降低经济损失，残余变形指标的重要性可见一斑。

试件1~试件3的残余位移曲线如图5-162 所示，试件1、试件2残余位移对比如图5-163所示。

从图5-162、图5-163可以看出，试件1（现浇）、试件2（插槽式连接）在荷载初期残余位移接近0，基本可忽略不计；后期残余变形逐渐增大，其试件1与试件2的曲线较为接近，说明试件1和试件2的残余位移相差不多，插槽式连接表现出与整体现浇连接恢复到初始位置的能力相当。

试件3从开始加载到加载结束，残余位移逐渐增大，前期残余位移增加缓慢，到加载后期，残余位移急剧增长，其主要原因是此阶段3m预制管柱纵筋已进入塑性变形阶段，3m预制管柱柱脚混凝土与端板在受力方向已完全脱离，受力钢筋发生不可恢复的变形。

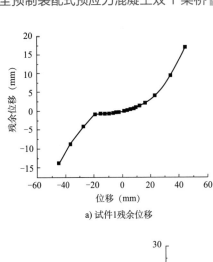
a) 试件1残余位移

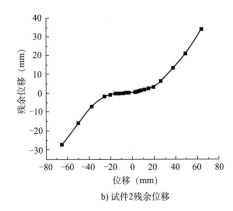
b) 试件2残余位移

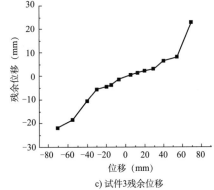
c) 试件3残余位移

图 5-162 试件 1~试件 3 残余位移

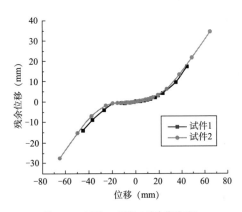

图 5-163 试件 1、试件 2 残余位移对比

试件 4~试件 6 的残余位移曲线如图 5-164 所示，试件 4~试件 6 残余位移对比图如图 5-165 所示。

从图5-164、图5-165可以看出，试件5（灌浆波纹管连接）、试件6（承插式连接）在荷载初期残余位移接近0，基本可忽略不计。后期残余变形逐渐增大，其试件5与试件6的曲线较为接近，说明试件5和试件6的残余位移相差不多，灌浆波纹管连接表现出与承插式连接恢复到初始位置的能力相当。

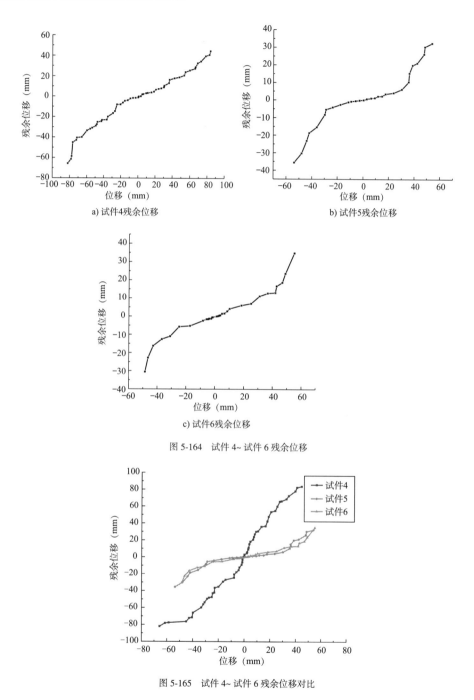

图 5-164　试件 4~试件 6 残余位移

图 5-165　试件 4~试件 6 残余位移对比

试件4从开始加载到加载结束，残余位移逐渐增大，前期残余位移急剧增长，到加载后期，残余位移增加缓慢，其主要原因是UHPC段强度较高，导致墩柱过早进入塑性变形阶段，而到了加载后期主要破坏区区域出现在两接缝处，而柱身并未出现大范围开裂，在往复作用下受力钢筋发生不可恢复的变形，但柱身因UHPC强度较高并未发生较大变形。

7）曲率分布曲线

由于试件1~试件3的滞回曲线不是严格对称，所以从推、拉两个方向来进行曲率分布分析。试件1~试件3采用位移计测试试件曲率。实际上曲率不能直接测得，而是通过位移计的测量值进行计算，下面对曲率测量计算原理作简单介绍。桥墩在外荷载作用下发生的弯曲变形是由于墩柱两侧混凝土下部产生拉、压变形，若布置在两侧的位移传感器测量的读数分别为h_1、h_2，则在高度H处，截面的转角θ为：

$$\theta = \frac{h_1 - h_2}{L}$$

由此可得，在高度H范围内的平均曲率：

$$\phi = \frac{\theta}{h} = \frac{h_1 - h_2}{LH}$$

由于试件1、试件2的滞回曲线不是严格对称，所以从推、拉两个方向来进行曲率分布分析。试件3的刚性法兰在试验过程中未发生变形，所以只做出平均相对转角与测点高度之前的关系曲线。试件1的实测曲率分布曲线如图5-166所示，试件2的实测曲率分布曲线如图5-167所示，试件3的平均相对转角曲线如图5-168所示。

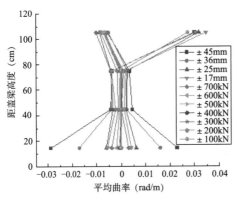

图5-166 试件1实测曲率分布曲线

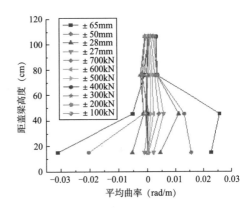

图5-167 试件2实测曲率分布曲线

由图5-166、图5-167的曲率曲线分布趋势可知，试件2（插槽式连接）的曲率略大于试件1（整体现浇）曲率，说明试件2柔度大于试件1，试件2塑性变形更大，延性更好。

试件1最上端的位移计（测点距盖梁顶面高度105cm）读数存在问题，导致此处曲率反常。在位移等级较低时，曲率呈线性分布；在荷载等级（位移等级）较高时，曲率向预制管柱与盖梁连接处集中。

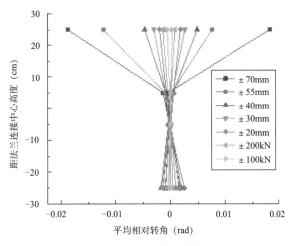

图 5-168　试件 3 平均相对转角曲线

试件2在位移等级较低时，曲率沿墩高呈相对较规则的线性分布。当位移在38mm时试件产生裂缝，宽度达2mm，而后柱脚混凝土出现剥落，引起柱脚曲率反常，曲率向墩底集中。

从图5-168可以看出，法兰以上的3m预制管柱产生的平均相对转角较大，而PRC管桩所产生的转角较小，说明3m预制管柱产生较大弯曲变形，1m PRC管桩仅发生轻微变形。

试件4的实测曲率分布曲线如图5-169所示，试件5的实测曲率分布曲线如图5-170所示，试件6的实测曲率分布曲线如图5-171所示。

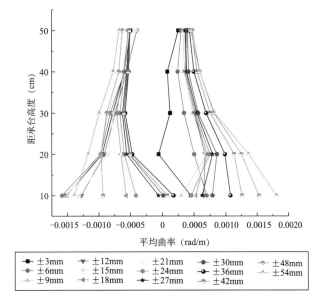

图 5-169　试件 4 实测曲率分布曲线

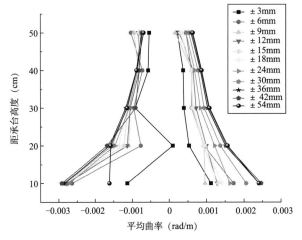

图 5-170 试件 5 实测曲率分布曲线

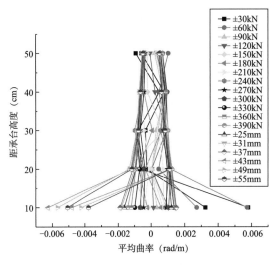

图 5-171 试件 6 实测曲率分布曲线

由图 5-169~图 5-171 的曲率曲线分布趋势可知，试件 5（波纹管灌浆连接）和试件 6（承插式连接）的曲率略大于试件 4（UHPC 后浇段连接）的曲率，说明试件 5 及试件 6 柔度大于试件 4，试件 5 及试件 6 塑性变形更大，延性更好。

试件 4 在位移等级较低时，曲率较小，在柱底处曲率变化尤其小。在位移等级较高时，柱底处曲率变化较大，柱身越高的位置，曲率变化较小。试件 5 在位移等级较低时，曲率较试件 4 初始曲率大，但曲率变化与试件 4 类似，随着位移等级的增大，柱底部分曲率变化较大，但柱身较高位置曲率变化不大。试件 6 由于最初使用荷载控制加载，在加载初期，柱身位移变化较小，导致曲率变化也较小，初始曲率较为集中，随着屈服后使用位移加载控制后，曲率随位移等级增大而增大。

5.3.6 试验结论

为了对预制拼装墩柱盖梁插槽式连接的可靠性及抗震性能、桩柱法兰盘连接的强度进行研究和论证，设计了3个试件足尺试验模型（试件1~试件3），进行了拟静力试验。通过对试验的现象、抗震性能分析并以试验结果修正数值模型参数，基于ABAQUS有限元软件进行更为广泛的数值拓展分析。

为了研究UHPC后浇连接预制拼装墩柱连接节点抗震性能，设计制作了3个足尺试件（试件4~试件6），采用拟静力试验进行研究，加载过程采用力控制、位移控制相结合的方式。根据对试件的破坏现象和试验结果分析对比，可以得到以下主要研究结论：

（1）通过比较试件1（整体现浇盖梁）与试件2（墩柱盖梁插槽式连接）的试验破坏现象以及试验结果分析可以得出，试件破坏形式为剪切破坏，插槽式连接节点及盖梁均未发生破坏，说明插槽式连接方式是可靠的，能够满足抗震性能要求。

（2）插槽式连接方式相比于整体现浇试件的极限位移、延性系数、耗能能力略大，承载能力相当。

（3）试件3（桩柱法兰盘连接）的破坏原因主要是纵筋发生较大的塑性变形，预制管柱基脚混凝土与端板裂隙较大，到加载后期受拉区混凝土退出工作，主拉应力完全由钢筋承受。法兰强度较高，预制管柱混凝土与端板、PRC管桩混凝土与端板连接强度较低。

（4）在试件4制作工程中，UHPC自身强度等级较高，黏结性能较强，且掺有钢纤维及减水剂，导致UHPC整体流动性比普通灌浆料较差，且由于钢纤维的存在并不能使用普通灌浆设备进行灌浆施工，故试验是将UHPC从空心墩柱上方倒入进行施工。这种方式在缩尺试件施工中由于柱身较短可用搅拌设备使UHPC灌注密实，但并不能用于实际工程中，因为施工较为复杂，需使用大口径强力灌浆机与特制模板配合施工。

（5）通过比较试件4~试件6的试验破坏现象以及试验结果分析可以得出，试件4破坏形式为弯曲破坏，试件5及试件6的破坏形式为弯剪破坏，主要发生破坏的部位均在连接节点处，但试件4破坏集中在两接缝处，柱身较为完整，尤其在UHPC后浇段只出现少量细微裂缝，且极限承载力及破坏时水平位移较大，故UHPC后浇连接方式可靠，能够满足抗震性能要求。

（6）UHPC段强度较高导致试件4塑性铰区上移，从而导致试件4的破坏主要发生在接缝处，而柱身并未发生严重破坏，但柱底承台处发生受压破坏翘起的现象，承台与柱间也出现明显裂缝，这种损伤形式不利于柱的整体抗震性能，需要对该节点处进行加固设计。

（7）试件5及试件6在达到峰值荷载后，承载力退化速度较快，而试件4在达到峰值荷载后，承载力退化速度很慢，可知UHPC可以有效提高桥墩柱抵御地震二次冲击的作用。

（8）试件4的总耗能能力大于试件5和试件6，但在初始阶段3个试件的耗能曲线极为相似，由于加载后期试件5及试件6柱脚压溃、钢筋屈服导致耗能能力下降，而试件4由于UHPC强度较高，其破坏较晚，导致其总耗能能力较强。可知桥墩柱在使用UHPC后能够有效提高耗能能力。

（9）试件5和试件6的残余位移相差不多，但试件4残余位移与其他两个相差较大。并且试件5及试件6残余位移发展形式相似，都是初期发展较平缓，后期激增，而试件4前期增长较快，到加载末期趋于平缓。这是由于试件4的UHPC后浇段的存在导致塑性铰区上移，而墩柱的两接缝处最先发生较严重的塑性变形，在加载后期由于UHPC强度较高并不会发生较为严重的残余位移。

5.4 小结

通过对桥梁上部结构双T梁、桥梁下部结构连接结构开展试验研究，从试验试件设计、试件制作、试验现象、试验结果等方面详细、系统地阐述全预制装配式预应力混凝土双T梁桥试验研究内容，并基于有限元数值分析软件对试验过程进行模拟分析，得到较好的模拟结果，得出此类试验的模拟方法。形成了系统化标准的全预制装配式预应力混凝土双T梁构件试验研究步骤，以期对类似工程试验研究提供指导和参考。

本章以实际工程为背景，深入开展墩柱盖梁插槽式连接的抗震性能和预制管柱与预制管桩（PRC）法兰连接可靠性的研究；提出了一种较为方便施工的装配式空心墩柱与承台的连接方式——UHPC后浇节点连接，通过拟静力试验对其力学性能进行研究，并与承插式墩柱及实际工程波纹管灌浆连接桥墩进行对比，从多个角度深入开展预制拼装桩柱式基础的墩柱盖梁连接力学性能的研究，完善施工工艺的可靠性，为设计提供有力的技术支撑，从而将桩柱式预制拼装技术逐步向城市高架桥梁领域推广，加快雄安新区以及我国城市桥梁现代化建设进程。因此，开展UHPC后浇连接抗震性能及其影响因素的研究，对于促进预制拼装的混凝土桥墩的应用，积极推动我国桥梁建设事业等方面具有重要的理论意义和实际应用价值。

第6章 施工工艺

6.1 本章主要研究内容

全预制装配式桥梁建造技术，不仅能够很好地控制工程质量，而且可以加快施工速度，减少现场污染，同时也符合低碳、和谐社会的发展要求。随着技术的不断进步，该技术必将引领桥梁建造向高效、低碳、环保的方向发展。

国内全预制装配式桥梁还处于探索实践阶段，国内各省（自治区、直辖市）、各地区发展参差不齐，暂无统一的、系统的施工规范或标准可供直接参考和应用，全预制装配式桥梁施工工艺标准体系亟待完善。

本章以荣乌高速公路工程的全预制装配式预应力混凝土双T梁桥建造为典型实例，对全预制装配式桥梁施工技术进行研究，对重点和难点进行重点分析，包括先张预应力混凝土双T梁与装配式桥梁大直径预制管柱的预制技术，以及预制管桩、预制管柱、预制盖梁、预制先张双T梁的装配技术，并总结项目的施工工艺流程、形成技术和安全标准，用以指导装配式桥梁施工，提升国内装配式桥梁施工水平。

6.2 预制拼装技术集中化、标准化

1）装配式桥梁的集中预制和常规运输

随着我国预制安装结构的实践发展，在更大的视角下，一个项目的经济性并不是由结构本身决定，而是与整体结构的各方关联因素密切相关，包括预制场地、预制工艺、标准化设计、预制件运输、预制件安装等。同时，一个工程配套一个预制场的做法，会造成场地和设备的浪费。预制构件装配式桥梁采用集中预制、集中供货是发展趋势。

装配式T梁采用节段预制、运输至场地拼装后安装就位，如图6-1、图6-2所示。这种设计施工方法在日本等国家较为普及。预制构件轻型化使运输常规化，不需要采用特殊运输方式。这样，一个预制场可以覆盖周边几十千米的广大区域，特别适合城市和山区的装配式桥梁建设。

图6-1 预制节段装配式T梁和稀齿键

图6-2 平缝钢榫键

我国已开始预制节段装配式桥梁的研究和实践。由中交路桥建设有限公司设计施工完成的贵隆高速公路机耕天桥是我国第一座预制节段装配式桥梁。该桥为混凝土叠合梁简支桥，混凝土桥面板为整体现浇，跨径20m，共分为5段，采用宽底板的工字形断面，于2019年7月顺利建成通车。该桥采用小节段，极大地方便了在山区道路的运输。已经设计完成即将实施的德州至上饶高速公路合肥至枞阳段上部结构，采用预制节段拼装简支轻型T梁结构，跨径25m，分为3段，采用宽底板的工字形断面，并采用钢制横梁，总体理念服务于设计施工标准化和长程常规运输。

装配式桥梁的盖梁有时是施工中的瓶颈，特别是需要地面道路而采用大悬臂盖梁的城市桥梁，盖梁的质量达到300余吨。目前在装配式桥梁的建设实践中，上部结构是预制的，桥墩预制灌浆套用连接已经有较多实际运用，盖梁装配化也有一些实践。同济大学桥梁工程系混凝土桥梁研究室研发的一种"格构双片式"盖梁，特点是减轻吊装质量，并保证盖梁普通钢筋在盖梁纵向连续；格构双片式盖梁在桥梁纵向分为两幅，中间只有支座处有"格构"连接保证其稳定性；格构可以采用混凝土、UHPC或者更为方便的钢构件，这样可以大幅降低盖梁吊装质量（每幅重量不到整体质量的50%），使城市大悬臂盖梁的吊装质量限制在100~150t。格构双片式预制节段盖梁如图6-3所示。

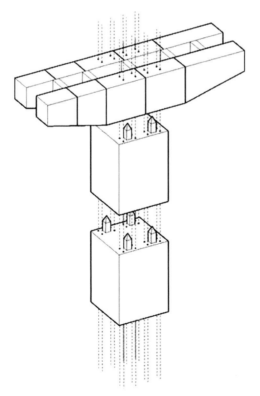

图6-3 格构双片式预制节段盖梁

格构双片式盖梁的另一个优点，便是可以与上部结构纵梁采用同样施工方法。上部结构若是分节段的，每幅盖梁同样也是分节段的，与上部结构可以做到预制、运输、安装一体化。当然，盖梁若是分节段，同样需要沿盖梁纵向的跨缝插筋，以保证盖梁剪切受力。

2）接缝形式和齿键形式

预制节段接缝处受的剪切力有两种，一种是弯剪，另一种是直剪。弯剪对应的是弯曲剪应力带来的主拉应力和主压应力，前述的"纵向插筋"就是用来抵抗主拉应力的水平分量。由于受拉，纵向跨缝插筋需要锚固长度。

对于接缝间的直剪，由剪力直接除以受剪面积获得，设计中一般采用剪力键。箱梁结构中的腹板剪力键通常采用密齿，并结合长线法或短线法"密贴浇筑"施工。采用纵向预制节段的中小跨径装配式桥梁一般采用T梁截面，其接缝间齿键有采用图6-1中的稀齿键形式。由于稀齿键还是混凝土键，所以仍然需要密贴浇筑法预制。图6-2中的节段接缝采用平缝钢榫键，接缝处钢榫键的设置数量由截面承受的剪力决定，钢榫键示意如图6-4所示。钢榫键是近来日本较常采用的键齿形式，对应的接缝形式是平缝，即不设置凹凸的混凝土剪力键，其最大的优势是不需要密贴浇筑，极大地方便了节段预制本身和预应力管道的放样和施工。

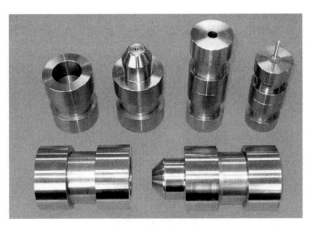

图6-4　钢榫键示意图

3）预应力设计与标准化

预制节段施工结构强调工业化和标准化，其中预应力的设计施工是其关键的组成部分之一。特别对于大跨径混凝土桥梁，体内预应力管道会大幅降低预制节段的标准化程度。这里分别讨论最常见的三种预制构件拼装桥梁：装配式桥梁、逐跨拼装施工的箱梁桥、平衡悬臂拼装施工的箱梁桥。

装配式桥梁一般是小跨径，节段划分不多，预制施工简单，以简支受力为主，上弯预应力钢束少。且由于整体结构可拆，并不太多强调预应力本身可拆，故一般采用常规的体内预应力钢束。

逐跨拼装施工的箱梁桥一般跨径为50m左右，由于是以简支受力为主，正弯矩体外预应力钢束效率高，所以可以大比例采用体外钢束，这样可以大为简化混凝土节段的预制施工。例如江苏省崇启跨江大桥引桥中，简支状态受力全部由体外预应力钢束承担，腹板内没有预应力管道，体内预应力钢束仅在底板有一些直线束，在架桥机前移后施工，不影响全桥的施工速度。

更大跨径的桥梁一般采用平衡悬臂拼装施工方法。目前我国最大跨径预制节段悬臂拼装桥梁为浙江省舟山鱼山大桥180m的次中跨孔。对于更大的跨径，我国现有设备、施工能力上都没有问题，但线形误差控制却很有难度，主要是匹配预制的节段无法在施工中进行调整。预制精度和称重可以精确控制节段重量；采用空间网格等精细化计算模型可以考虑拼装初期结构本身是深梁，而不满足平面假定的情况；由于徐变收缩模型、预应力计算的各项参数，在规范中均是采用统计平均数据，所以不可避免地会有不确定性，且难以克服。所以在大跨径悬臂拼装桥梁中，插入个别现浇湿接缝调整高程，可以将悬臂拼装施工桥梁的跨径进一步推向更大跨径。

在预应力的设计上，标准化是关键，这意味着体外束和直线体内束成为首选。悬臂施工桥梁的负弯矩钢束数量众多，布置在顶板下面的体外束效率很低，故悬臂施工结构采用体内体外混合配置更为合理。对于预制节段悬臂拼装桥梁，采用三向直线预应力配置方式，在理论上是可以采用的。在竖向预应力能够确保质量的前提下，增加精细化分析所要求的底板横向预应力直线体内钢束，悬臂施工钢束采用直线体内束，成桥钢束全部采用体外钢束。由于竖向预应力、顶板和底板的横向预应力，均是在预制场地进行的，所以可以监测和控制其施工质量和效果，甚至在预制场地施工的直线体内束可以采用先张法。这样可以使预制构件更为标准化，施工更为方便快捷。

6.3 成套预制技术

6.3.1 不同预制桥梁梁体研究

在过去的30~40年中，国外开发了许多部分或完全预制的桥梁系统。在此，列述当今仍在使用的预制桥梁主要类型。

6.3.1.1 实体板梁桥

小型桥面板可以用预制件和现浇面层建造，作为一个组合结构，通常用于桥梁、高架桥、涵洞、隧道等的桥面。这种桥面板导致桥梁结构沉重但易于安装，因此它仍然适用于小跨桥梁，在某些情况下甚至适用于中跨桥梁。对于跨径在8~13m的小跨径桥梁，可选择大块实体板梁解决方案（图6-5）。预制板的宽度可调，例如1200mm，厚度为150~350mm。混凝土板并排放置，并在现场浇筑150~200mm不等的结构面层。预制板大多采用预应力，顶部伸出钢筋保证与结构面层良好连接。板的纵向接合面设有纵向槽，形成剪力键。桥梁外边缘通常和面层一样在现场浇筑，来实现桥面宽度变化。

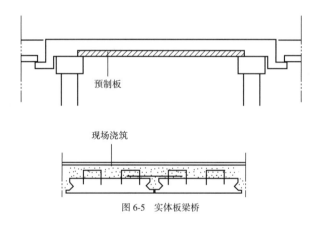

图6-5 实体板梁桥

在更先进的解决方案中，主梁由I形、倒T形或重型双T构件组成，并排放置并与现浇面层和现浇接缝混凝土相连。现浇部分的附加钢筋包括穿过梁腹板开口的横向钢筋和梁上方的顶部钢筋。该系统适用于跨径在6~20m的桥梁。桥梁的边缘可以用预制边梁或现浇悬臂板来实现。图6-6显示了在英国、西班牙、荷兰等地常用的预制板桥体系。该体系虽然结构自重大，但非常耐用。

图6-6 现浇填充式预制板桥

目前，意大利、西班牙和葡萄牙已在长线预制台座上用滑模成型机制造一系列新的预制预应力构件，其高度达1.0m，模块宽度达1.2m。图6-7、图6-8显示了由预制梁组成的多跨径桥梁的截面示例，截面包含倒T形、双T形、类似于空心板的箱形单元，用于跨径在12~20m的桥梁。该预制系统的主要优点是利用有限的劳动力投入，创造巨大的生产能效。多跨桥可以设计为完全连续和部分连续，在支点和跨中可采用横梁。

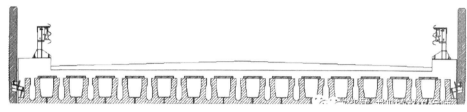

图6-7　倒双T梁的桥梁横截面

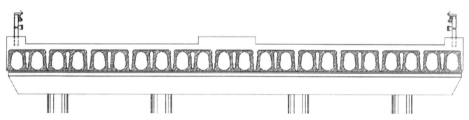

图6-8　空心板桥的横截面

6.3.1.2　梁式桥

大跨径梁桥是20世纪60年代以来预制梁常采用的方案。主梁由几根倒T形或工字梁组成，主梁之间通过横隔梁相连。支点处设置横隔梁，根据桥梁跨径不同，有时也在跨中设置横隔梁。架设主梁、现浇接缝后，在梁顶部的槽口上放置混凝土模板现浇桥面板。梁的顶部有突出的预留钢筋，用于与桥面板连接。该结构体系既可用于简支梁桥结构，也可用于连续梁桥结构。倒T形梁的结构体系适用跨径在15~45m（图6-9、图6-10）。现浇桥面板与倒T形梁组成内部封闭体系。

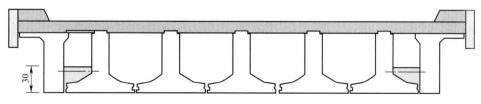

图6-9　倒T形梁桥横截面

图 6-10 倒 T 形多跨公路桥

I 形梁桥适用于跨径在 15~55m 的桥梁。主梁梁间距是可变的，与桥梁跨径和荷载大小有关。图 6-11~图 6-16 给出了各国的 I 梁桥实例。

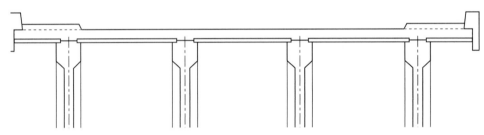

图 6-11 I 字形梁桥横截面

图 6-12 在建高速公路预制梁桥

图 6-13 高速公路上的正在施工的梁桥（无中断交通）

图 6-14 跨河道 I 形梁桥

图 6-15 复杂截面河道预制桥

图 6-16 I形梁架设箱梁

预应力箱形梁体系主梁由一系列并排或小距离放置的箱梁组成。主梁架设安装后，现场工作仅限于现浇纵向接缝和横向预应力的张拉。长细比约为30，高度为1.5m的箱梁实现了50m的跨径。梁顶部中有凸出预留钢筋，用于连接现浇桥面板、接缝结构、调平层等。

无结构面层预制箱梁桥、箱梁桥分别如图6-17、图6-18所示。

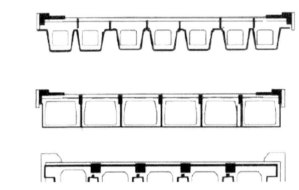
图 6-17 无结构面层预制箱梁桥

图 6-18 箱梁桥

还采用一种带有顶部凸缘的箱形梁来建造桥面。该结构体系在澳大利亚广泛用于跨径约45m的桥梁。他们称这种装置为"SuperTee beams"。图6-19和图6-20给出了有关构件、架设和施工的详细信息。

图 6-19　料场和安装期间的 SuperTee beams

另一种箱梁类型采用底部为一个宽翼缘结构，与传统箱梁不同的是，底板为封闭结构（图6-21）。现浇顶板的制作方法与传统箱梁桥相同。

图 6-20　SuperTee beams 实际工程　　　　图 6-21　底板带宽翼缘的封闭式箱梁示意图

第三种箱梁结构类型为主梁预制U形结构（图6-22、图6-23），上面加预制面板并现浇桥面结构层。

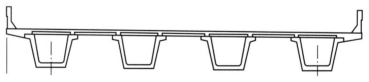

图 6-22　预制 U 形梁现浇桥面板箱梁

图 6-23　U 形箱梁架设

双车道箱梁架设施工、纵向箱梁和横向节段桥面板的组合分别见图6-24、图6-25。

图6-24 双车道箱梁架设施工图

图6-25 纵向箱梁和横向节段桥面板的组合

6.3.1.3 单箱箱梁

在过去的几十年中，西班牙开发了一种适用于大跨径和复杂桥梁的新结构体系——单箱箱梁（图6-26）。该体系由一个带有悬臂或支撑的现浇桥面板的大型梯形梁组成。桥梁可设计为连续结构，跨径可达90m及以上。由于运输受限的原因，单箱箱梁的尺寸限制在45m左右。当桥梁跨径更大时，需要沿跨径方向分割成多个梁，先放置在临时支座上，后通过后张拉使其连续。预制、运输、施工时的临时状态的受力情况都需要精细计算，确保各个阶段结构的受力满足条件。这种结构被认为是由部分预制混凝土和现浇混凝土组成的。桥梁正常使用极限状态的设计依赖于成桥阶段结构受力。主梁节段安装后，进行后张预应力钢束的张拉。后张拉的预应力钢束可以放置在主梁中（体内预应力），也可以在外部（体外预应力）。

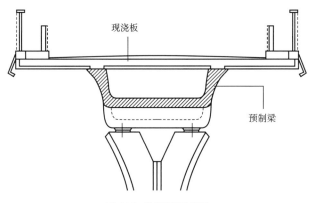

图6-26 单箱箱梁示意图

桥梁的悬臂桥面板有两种做法，一是与桥面板一起现浇；二是采用预制板，由预制混凝土支撑构件或钢构件支撑。图6-27~图6-29显示了单箱箱梁的示例。

a) 悬臂板　　　　　　　　　　　　　　　　b) 支撑板

图 6-27　单箱箱梁和弯曲单箱箱梁横截面图

图 6-28　带预制悬臂板的箱梁

图 6-29　宽悬臂板单箱箱梁

预制单箱箱梁桥与普通单箱梁桥相似，但是采用特殊的模板预制，达到一定的弯曲曲率，通常不采用先张法，而是采用后张法。带曲率腹板的预制单箱梁通常具有结构连续性，跨径可达50m以上。

变高度单箱箱梁（V形墩）、带悬臂板的变高度预制单箱箱梁分别见图6-30、图6-31。

图 6-30　变高度单箱箱梁（V形墩）

图 6-31 带悬臂板的变高度预制单箱箱梁

6.3.1.4 曲线箱梁桥

自1995年以来，随着对结构美观重视度的提高，很多预制厂着力研发预应力弯箱梁技术，箱梁的抗扭刚度非常适合于具有水平曲率的桥梁。目前西班牙、荷兰和英国已经建设预应力弯箱梁，半径100~200m不等，在制造过程中，张拉预应力钢束引起的偏转力由连接在模具底座上的专用设备承担。相关图片如图6-32~图6-34所示。

图 6-32 曲线箱梁与地铁高架桥

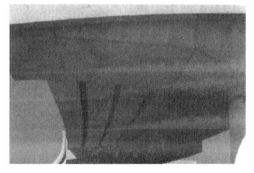 

图 6-33 曲线箱梁高架桥实例

图 6-34　预制曲线弯箱实例

6.3.2　装配式先张预应力混凝土双 T 梁预制技术

传统的预制双T梁制作和拆模工艺复杂。双T梁的模板由端模、侧模和底模三大部分通过钢支撑和钢拉杆连接成为一个整体，由于侧模和端模采用的定型大块刚模板重量大，与双T梁整体接触面积大，其模板的拆除工艺也较为复杂，尤其是端部端横梁的存在使得端部模板的拆除更为困难。对于双T梁端部模板的拆除，目前采用千斤顶向下拉模板，但存在以下问题：

（1）由于端部钢模与混凝土接触面大，存在较大真空吸力，使得模板拆除费时、费力；

（2）在拆模过程中敲打模板，容易损伤混凝土构件。

为进一步提高生产效率，降低施工成本，对双T梁台座、模板等传统工艺进行优化设计，用以提高施工效率，降低施工成本，保证施工安全。本建设工程项目开发的装配式先张预应力混凝土双T梁预制技术获得了第二届全国公路微创新大赛银奖。

6.3.2.1　技术特点

装配式先张预应力混凝土双T梁预制技术具有以下特点：

（1）双T梁采用下凹槽台座设计、液压内模、滑移轨道，自动液压系统控制内模起落，通过在横梁位置设置的液压千斤顶实现两端同步自动脱模。

（2）模板整体移动，不需要单块拼装，拆装方便，可提高工作效率和安全系数。

（3）液压模板可以自行移动，拆装都不需要门式起重机，降低门式起重机使用成本。

（4）项目利用原城际铁路制梁场原有条件，创新利用可重复使用的预制管桩作为张拉传力系统，减小了双T梁张拉端的结构尺寸和对原硬化基层的破坏深度，环保高效。

（5）采用预制管柱作为传力柱，双T梁张拉过程中，张拉端和预制管柱受力相对简单，项目部采用有限元建模进行分析，并加强对施工过程中的结构受力复核，确保生产安全。

6.3.2.2 工艺原理

运用独创的一种双T梁拆模装置及模板系统，实现自动液压系统控制内模起落，设置滑移轨道系统，通过在横梁位置设置的液压千斤顶实现两端同步自动脱模。脱模油缸通过活动钢板对端横梁底部施加压力，并通过下部的钢垫板把荷载反作用在端模底部钢板上，从而实现利用模板系统承受脱模反力。双T梁采用下凹槽台座设计、液压内模、滑移轨道，自动液压系统控制内模起落，通过在横梁位置设置的液压千斤顶实现两端同步自动脱模，可以整体移动、拆装方便。当梁体混凝土浇筑后使1槽7片内模整体下降，落入行走轨道，通过牵引使整体前移到下一槽台座处，再采用液压顶升系统安装就位，可提高工作效率。模板整体移动，不需要单块拼装，提高安全系数；液压模板可以自行移动，拆装都不需要门式起重机，降低门式起重机使用成本。

运用独创的一种先张法双T梁装配式预应力管桩张拉系统，设置下凹槽台座设计。双T梁采用先张法施工工艺，长线法台座预制，每槽7片，共设置台座224个，钢筋数控只能加工，在胎架上绑扎成型，整体吊装入模，预应力采用整体张拉，混凝土强度、龄期达到设计要求后整体放张预应力，可解决传统张拉工艺混凝土基础台与端板墩之间产生裂缝的难题。原固安南制梁场地做了地面硬化，为了不破坏原硬化地面，双T梁张拉台座不做下沉处理，在±0m地面上进行施工，其主要由传力杆、传力支墩与端横梁等三部分构成。传力杆采用可再回收利用的标准PHC 800 AB 130预应力混凝土管桩通过支墩两两架空装配相连，长度组合为14m+7×12m+14m，具体为5根12m与2根14m预应力混凝土管桩[符合国家建筑标准设计图集《预应力混凝土管桩》（10G409），采用C80混凝土加工而成]。传力杆两端及中间接头处支墩基础均采用C25混凝土，墩体均采用C50混凝土，最终形成长92.5m、单宽6.2m的张拉台座。

6.3.2.3 工艺

1）工艺流程

先张法双T梁施工主要流程：清理台座→预应力筋制作、非预应力筋骨架制作→穿预应力筋及安装钢筋骨架→安装预埋件→调整初应力→张拉预应力筋→安装模板→浇筑混凝土→养护混凝土→养护混凝土→拆除模板→放张、切断预应力筋→移梁存放。

双T梁预制概况、断面及预应力配筋分别见图6-35~图6-37。

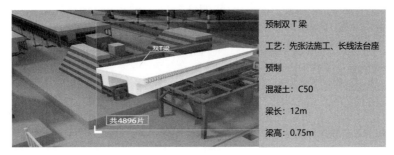

图 6-35　双 T 梁预制概况

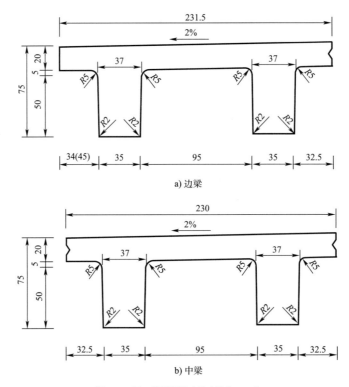

a) 边梁

b) 中梁

图 6-36　双 T 梁断面图（尺寸单位：cm）

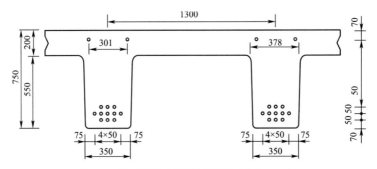

图 6-37　双 T 梁预应力钢束断面图（尺寸单位：mm）

2）操作要点

（1）预制场设置。

该工程双T梁预制场位于K75+100张六庄互通区处，占地面积为67亩（1亩≈666.67m²），主要负责石庄大桥、张六庄特大桥、雷子街1号大桥、雷子街2号大桥、孙脉庄大桥双T梁预制工作。预制场内设224个双T梁台座，双T梁台座采用C30混凝土浇筑，配备48套模板。

场区采用硬化、砖化、绿化相结合，台座、作业区及场内运输道路采用30cm厚8%灰土处理，作业区采用15cm厚C25混凝土硬化，台座、运输道路采用20cm厚C25混凝土硬化，人行通道铺设透水砖，其他区域进行绿化。场区道路两侧以及底座两端设置矩形盖板（尺寸为30cm×40cm）排水沟，场内底座之间设矩形盖板排水沟。并设置纵坡，保证场区内不积水。

（2）台座。

台座地基压实度达到96%以上，台座采用C30混凝土现浇（长7800cm、宽3.4cm、高300cm），并在双T梁张拉台设置钢横梁，上横梁采用工40a型工字钢与20mm厚钢板焊接而成，下钢横梁采用工63b型工字钢与20mm厚钢板焊接而成，台面宽度1800mm，靠近台座板10m范围内，台面加厚至220mm，其余台面厚100mm。

12m双T梁台座纵向7片一道，横向共计32道，纵向7片12m双T梁同时张拉，横向2列或3列布置。先张法预应力台座采用墩式台座，由牛腿、台座板、台面构成的C30钢筋混凝土结构（台座平面布置图，见图6-38~图6-41）。下张拉钢横梁底面距地面高度为447mm，台座板与台面在双T梁内模板处高度下降350mm，使下钢横梁底面距台座下凹处距离为797mm，满足内模脱模高度。纵向两组张拉台座间有14m宽路，路面高程降低350mm，以方便内模板拆除后移出。考虑下钢横梁截面尺寸及双T梁横向2%坡度，取台座受力不利情况。台座根据受力情况不同分为中张拉台座、边张拉台座。

（3）钢筋加工厂。

双T梁钢筋加工场占地面积3120m²，场地采用厚度15cm的C25混凝土硬化，搭设厂房式轻型钢结构棚，钢筋场墙面悬挂有2×1.5m钢筋大样图，加工机具有数控弯曲中心、调直机、弯曲机、切断机、钢筋焊接机器人等钢筋加工设备。

（4）预应力筋加工。

①钢束的制作。预应力采用抗拉强度标准值f_{pk}=1860MPa、公称直径d=15.2mm的低松弛预应力钢绞线，每股截面面积A=140mm²，张拉控制应力为0.72f_{pk}=1339.2MPa，抗拉强度、延伸率、松弛率、弹性模量试验合格后，方可使用。

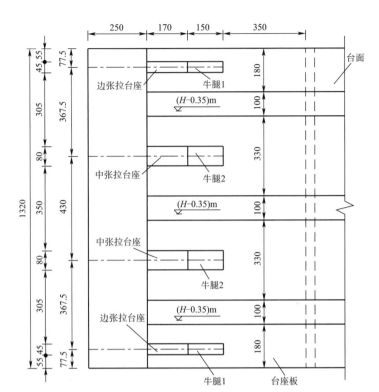

图 6-38 横向 3 列梁台座平面布置图（尺寸单位：cm）

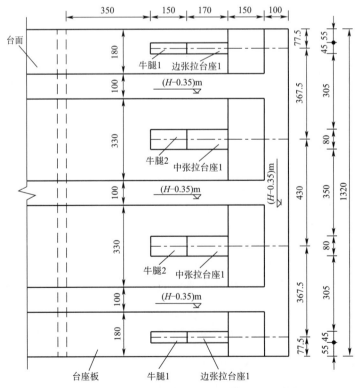

图 6-39 横向 3 列梁台座平面布置图（靠近 14m 路侧）（尺寸单位：cm）

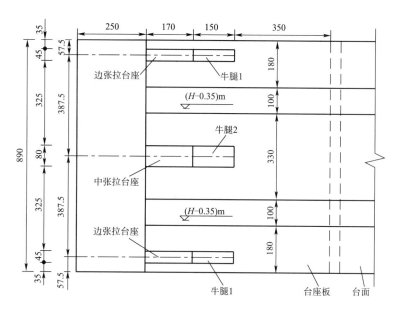

图 6-40 横向 2 列梁台座平面布置图（尺寸单位：cm）

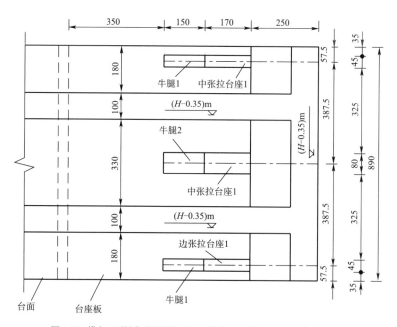

图 6-41 横向 2 列梁台座平面布置图（靠近 14m 路侧）（尺寸单位：cm）

钢绞线进场时必须提供生产厂家的合格证书，并按照规范对每批钢绞线的强度、弹性模量、截面面积、延伸率、硬度进行抽检，不合格的产品严禁使用，同时根据实测的弹性模量和截面面积对计算引伸量进行修正。

引伸量修正公式：

$$\Delta' = \frac{EA}{E'A'} \times \Delta$$

式中：E'、A'——分别为实测弹性模量及截面面积；

E、A——分别为计算弹性模量及截面面积，$E=1.95 \times 10^5 \text{MPa}$，$A=140\text{mm}^2$；

Δ——计算引伸量。

张拉台座横断面图如图 6-42、图 6-43 所示，张拉台座现场布置如图 6-44 所示。

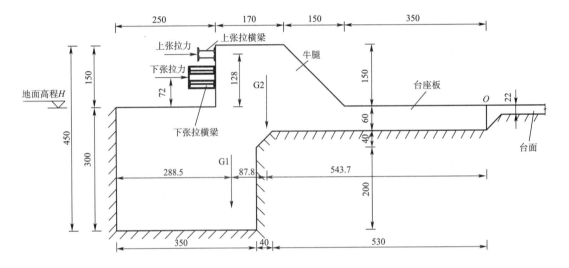

图 6-42　张拉台座横断面图（尺寸单位：cm）

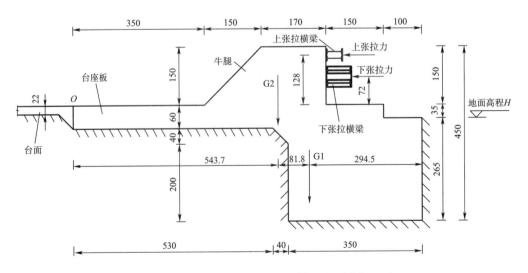

图 6-43　张拉台座横断面图（靠近 14m 路侧）（尺寸单位：cm）

a) 现场照片

b) 模拟现场

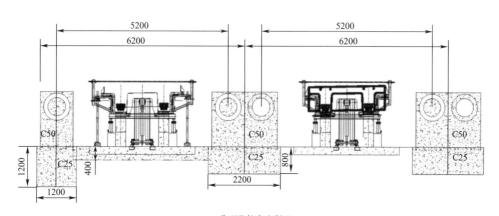
c) 典型张拉台座断面

图 6-44 张拉台座现场布置（尺寸单位：mm）

钢绞线到工地并经检验合格后，在钢绞线系上标签存放在厂棚内，堆放台应距离地面30cm，以防钢绞线受潮生锈。

钢绞线开盘：将钢绞线卷放在自制的放线架中，再将包装铁皮剪断，抓住钢绞线一端，将钢绞线缓缓拉开，钢绞线头自盘中心部取出，钢绞线下料只准用砂轮锯切割，严禁采用氧炔焰或电弧焊切割。

②下料及穿束。

双T梁采用一道台座整体张拉，共计7片双T梁，钢束下料长度应通过计算确定（根据每道7片双T梁的设计长度及工作长度），既要满足使用要求，又要防止下料过长造成浪费。

两端张拉下料长度=一道台座长度×（工作锚高度+限位板高度+千斤顶长度+工具锚高度+便于操作的预留长度）

根据设计计算长度，用砂轮切割机切割钢绞线，以保证切口平整、线头不散。将下好的钢绞线放在工作台上，根据钢绞线布置，用人工将钢绞线穿入钢筋骨架中。对于影响钢绞线张拉的钢筋，调整钢筋布置，钢绞线用钢筋定位架严格定位，定位间距为

50cm，穿束时核对长度。

（5）钢筋加工及安装。钢筋绑扎在钢筋绑扎台及钢筋定位胎架上进行，钢筋台架设定主筋、箍筋间距、横隔板位置及骨架长度，以便于核对钢筋间距和位置。按双T梁的类型进行钢筋的绑扎及各种预埋件的预埋。

钢筋构件在钢筋厂集中加工，用叉车或平板车运至现场。现场用型钢搭设钢筋定位胎架，钢筋定位胎架按照图纸设计的钢筋间距焊接定位钢筋，按台座侧面及钢筋定位胎架上标注的钢筋间距绑扎马蹄筋和腹板钢筋骨架。

绑扎时注意竖向钢筋和横向钢筋要顺直，并且绑扎牢固。钢筋绑扎必须按照定位胎架上及底座上的设计间距，随时校正钢筋及预埋钢筋的位置。钢筋须布置位置准确、绑扎牢固，型号、尺寸、间距符合规范和设计要求。并按照施工图纸及规范要求，在钢筋骨架底部、外侧绑扎混凝土垫块，垫块纵横向间距不大于1m，梁底垫块间距不大于0.5m，垫块呈梅花状交错布置，以保证钢筋的净保护层厚度，杜绝出现"露筋"现象。

马蹄筋、肋板、横隔板钢筋骨架绑扎完成后，将端模板的预留钢筋孔对准纵向钢筋穿设，安装端模板到位。端模板与台座顶面及侧模板之间用双面胶贴缝，外侧与侧模栓结固定，保证端模板在浇筑中不移位，不漏浆。端模定位必须准确，确保正弯矩钢绞线束轴线及负弯矩预留管道位置正确，锚垫板应与锚固端面垂直。

钢筋安装实测项目允许误差见表6-1。

钢筋安装实测项目允许误差 表6-1

序号	检查项目	允许偏差（mm）	检查方法
1	受力钢筋间距	±10	尺量：每构件检查2个断面
2	螺旋筋间距	±10	尺量：每构件检查5~10个间距
3	钢筋骨架长	±10	尺量：按骨架总数30%抽查
4	钢筋骨架宽、高	±5	
5	弯起钢筋位置	±20	尺量：每骨架30%抽查
6	保护层厚度	±5	尺量：每构件沿模板周边检查8处

（6）绑扎顶板钢筋及预埋件安装。绑扎边梁顶板钢筋时，注意按照设计位置准确预埋泄水孔，当普通钢筋位置与泄水孔位置冲突时，可适当移动普通钢筋，以保证泄水孔位置准确。

顶板钢筋在钢筋加工棚内严格按照设计尺寸下料制作成型，运送到现场后绑扎。水平钢筋下料前先采用冷拉方法调直，一次下料成整体。顶板负弯矩齿板钢筋构件在钢筋加工厂棚内下料，在定位架上将各个构件通过焊接形成整体后，运送至现场安装。

根据侧面梳形板上预先割出的箍筋位置安装箍筋并绑扎底面接头,通过顶板堵头模板上的钢筋预留孔穿顶板底层的纵向钢筋,绑扎底层纵、横钢筋,注意在底层钢筋下面设置混凝土垫快保证钢筋的混凝土保护层厚度。当横向、纵向钢筋与齿板钢筋的位置发生冲突时,适当调整横向、纵向钢筋。顶板钢筋绑扎前,对湿接缝钢筋绑扎进行拉线,确保外露湿接缝钢筋线形顺直。

内外边梁护栏预埋钢筋按设计要求埋设。绑扎边跨梁钢筋时,注意预埋伸缩缝钢筋。

(7)张拉作业。

①预应力筋张拉前准备工作。

a. 取得能够证明所用的钢绞线材料合格的委托试验报告。

b. 对拟投入施工的张拉千斤顶、油表配套进行标定,测定油泵读数与张拉力之间的相关曲线,得出回归方程。千斤顶一般使用6个月或200次,以及在使用过程中出现不正常现象时,应重新校核。

c. 根据钢绞线实测弹性模量和张拉千斤顶、油表标定结果的回归方程,按照规范公式计算得到理论伸长量,作为在施工中对钢束引伸量的控制值。

理论伸长值ΔL(mm)的计算公式:

$$\Delta L = \frac{P_p L}{A_p E_p} \tag{6-1}$$

式中:P_p——预应力束的平均张拉力(N);

L——预应力钢材长度(mm);

A_p——预应力束截面面积(mm²);

E_p——预应力束弹性模量(N/mm²)。

预应力筋平均张拉力按照下面的公式计算:

$$P_p = \frac{P\left[1 - e^{-(kx + \mu\theta)}\right]}{kx + \mu\theta} \tag{6-2}$$

式中:P——预应力筋张拉端的张拉力(kN);

x——从张拉端至计算截面的孔道长度(m);

θ——从张拉端至计算截面曲线孔道部切线的夹角之和(rad);

k——孔道每米局部偏差对摩擦的影响系数;

μ——预应力筋与孔道壁的摩擦系数。

按每束设计张拉力计算分级张拉中各级的压力表读数,并标在压力表上,以免出错。

按照张拉次序将钢束进行编号,以免出错。

张拉前调试千斤顶与油泵的工作性能,确保千斤顶与油泵性能良好。

②张拉工艺流程。

整体张拉将千斤顶放在固定横梁后,与钢绞线对称布置,接通油管,开动油泵,启动两台千斤顶,使之同步顶进;顶进时,始终保持活动横梁平行移动,以使各预应力钢绞线均匀受力。

张拉控制应力为$0.72f_{pk}$,按1.05超张拉考虑。取相邻台座均张拉未放张时为最不利工况,台座上张拉力为:

单股钢绞线张拉力为$140 \times 1860 \times 0.72 \times 1.05 \times 10^{-3}=197$(kN)。

中张拉台座上部张拉力为$197 \times 2 \times 2=788$(kN)。

中张拉台座下部张拉力为$197 \times 11 \times 2=4334$(kN)。

边张拉台座上部张拉力为$197 \times 2=394$(kN)。

边张拉台座下部张拉力为$197 \times 11=2167$(kN)。

预应力筋张拉程序:0→15%σ_{con}→30%σ_{con}→100%σ_{con}→103%σ_{con}(持荷5min)锚固。

张拉要严格按照图纸规定的张拉顺序进行,同时采用智能张拉机进行张拉。

预应力采用引伸量和张拉力双控,以张拉力为主,计算实际伸长量并与理论伸长量对比:如果误差在±6%以内,则可进行下一束的张拉;否则,及时查明原因,改正之后再进行张拉工作。

③张拉安全注意事项。

a.张拉现场应有明显标志,与该工作无关的人员严禁入内。

b.张拉或退锚时,千斤顶后面不得站人,以防预应力筋拉断或锚具、楔块弹出伤人。

c.油泵运转有不正常情况时,应立即停车检查。在有压情况下,不得随意拧动油泵或千斤顶各部位的螺丝。

d.张拉操作人员,由熟悉本专业的人员担任,或经培训合格后方准上岗,作业指挥由技术熟练的人员负责。

e.在高压油管的接头应加防护套,拆卸油管时,先放松管内油压,以免油压大,喷出伤人。

(8)安装侧模、端头模板。预制梁模板采用分段加工的整体钢模板,在工厂加工完成后运送至现场，施工时现场组拼成型，所有模板在正式使用前进行打磨、抛光处理，并用清水加洗洁精清洗干净，务必使模板表面光滑、清洁、无油污、无锈蚀。然后用洁净的海绵将模板表面的水分擦干，均匀涂抹脱模剂，以脱模剂在模板表面无遗漏、不汇集为准。脱模剂采用专业模板漆。

模板的组装首先清理干净底模，然后安装侧模，安装对拉螺栓并调整高程及线形，立好加固支撑等。

安装侧模板，使用小门式起重机将模板转运到位，然后配合人工进行安装。模板块件之间的拼缝处用双面海绵胶整齐粘贴，双面海绵胶表面应无褶皱、无遗漏，保证浇筑时不漏浆。双面海绵胶露出模板表面的部分用小刀刮平，保证模板拼缝处混凝土外观平整、光洁。模板块件间用M16螺栓连接，外侧模由设置在顶部和下部的两排ϕ20mm拉杆对拉固定。上排拉杆设在外侧模板的竖向肋上端，下层拉杆间距为80cm，通过台座预留孔设置。

双T梁侧模从一端开始吊立，第一片吊立就位后用木楔支垫初步定位，然后吊装对面一侧的侧模，依次安装拉杆，找好上口尺寸及垂直度，接着安装相邻的一片模板，在梁底座穿入拉杆，通过夹板将侧模与梁底模紧贴，与底座连成一整体，模板顶部用拉杆拉紧。通过设置在模板下面的对口楔进行微调，保证模板精确定位。

双T梁顶板按照不同墩位的设计调整横坡以及边梁的翼板宽度。浇筑混凝土前，根据双T梁的类型调整模板高度。安装模板时坡度要与设计相一致。双T梁模板的翼板均已安装调节螺杆。

模板安装的检查验收：安装过程中，项目部技术员在现场指导施工安装，及时解决在安装过程中出现的技术问题。模板安装完成，经项目部质检工程师自检合格后，报请专业监理工程师进行模板安装验收，验收内容包括相邻两板表面高差、表面平整度、轴线偏位、模板内长度尺寸、垂直度或坡度、预埋件位置等，检验合格后方可进入下一工序。

外侧模板安装完成后即可进行顶板钢筋骨架安装工作。

模板安装要求见表6-2。

模板安装要求 表6-2

序号	检查项目	允许偏差（mm）	序号	检查项目	允许偏差（mm）
1	高程	±10	4	相邻两板面高低差	2
2	内部尺寸	+5，0	5	表面平整度	5
3	轴线偏位	±10			

（9）混凝土浇筑。

①混凝土配料。

双T梁混凝土采用集中搅拌站集中供料，水泥采用曲阳金隅P.O42.5普通硅酸盐水泥，集料选择级配优良的集料，在构件截面尺寸和配筋允许下，尽量采用大粒径、强度高的集料，针对本工程双T梁截面尺寸及钢筋布置情况，粗集料最大粒径不大于20mm；水胶比为0.30；集料用量准确到±2%。

在拌和料中掺入适量的高效减水剂，以达到易于浇筑、早强、节约水泥的目的，掺入量由试验确定并经监理工程师认可。水、水泥、减水剂用量准确到±1%。

拌和设备配有精确的计量设备，能够保证严格按照施工配合比拌和。每次开盘后做坍落度试验，严格控制水胶比。混凝土拌和要均匀，颜色一致，不得有离析和泌水现象。混凝土采用混凝土运输灌车运送到预制场地。

②混凝土浇筑。

模板、钢筋、管道、锚具经监理工程师检查并批准后，即可浇筑混凝土。

混凝土拌和时，由试验人员检查、控制混凝土质量和坍落度，混凝土各项技术指标符合规定要求后，才可进行混凝土浇筑。混凝土一次性浇筑完成。采用附着式振捣器和插入式振捣器共同振捣。

混凝土浇筑前保证端模与侧模和底模紧密贴合，并与孔道轴线垂直；锚垫板应与端模紧密贴合，不得平移或转动。经监理工程师对钢筋、预埋件、混凝土保护层厚度（垫块）及模板进行检查并经批准后才可浇筑混凝土。

由试验室人员在开盘前测好砂、石含水率，填写施工配合比交给拌和站操作人员，并监督检查拌和站操作人员严格按照施工配合比在拌和站集中拌制，出盘时由试验室值班人员检测混凝土坍落度，坍落度控制在140~180mm，合格后方可出拌和站。通过混凝土搅拌运输车运送至预制场，并由现场技术人员和试验室值班人员共同对混凝土坍落度再次进行检测，现场入模坍落度控制在140~180mm，合格后方可入模浇筑，否则予以退回，退回的混凝土由拌和站自行处理，不得再用于双T梁中。经检查合格的混凝土由门式起重机起吊料斗运送至浇筑位置上方，打开阀门，倾倒混凝土入模。

浇筑时采用7片梁板同时浇筑，每片梁板"分层浇筑，逐级推进"的浇筑方法，即混凝土采用水平分层、纵向分段的浇筑方式，浇筑方向从梁的一端循序进展至另一端；在梁接近另一端时，为避免梁端混凝土产生蜂窝等不密实现象，改从另一端向相反方向投料，在该端4~5m处合拢。分层下料、振捣，每层厚度不超过30cm，振捣采用"快插慢拔"。应在梁肋中心按间距30cm振捣，振捣到混凝土不再冒气泡、泛浆为止。并在振捣棒上做好长度标尺，依据混凝土面高度确定振捣棒的位置，避免造成漏振或过振。浇筑上层混凝土时，必须在下层混凝土振捣密实后浇筑，振捣棒应插入下层混凝土10cm深，以达到消除施工分界线和混凝土有良好的密实性，分段长度4~6m；必须在下层混凝土初凝前浇筑上层混凝土，保证接缝处混凝土的良好结合。混凝土浇筑到顶后及时整平、收浆。

振捣以附着式振捣为主，采用$\phi 30mm$、$\phi 50mm$插入式振动棒振捣为辅。浇筑过程中及时开启相应位置的附着式振捣器进行振捣，必要时辅助以插入式振捣器振捣，但采用插入式振捣器振捣时注意振动棒不得触撞模板。

浇筑顶层混凝土时，用插入式振捣棒振捣混凝土，初步将双T梁顶板横坡成型，然后由人工及时整平、抹面收浆至翼板侧模顶面，将双T梁顶板横坡最终成型，再对混凝土顶面进行刷毛处理。

双T梁马蹄、腹板与顶板及横隔板连接处、预应力钢材锚固钢筋密集部位在振捣时用插入式振捣器振捣到位。

梁体混凝土浇筑完毕，梁体顶面按设计要求做成相应的横向坡度。注意：横向坡度应与梁体安装方向一致，同时表面刷毛。在梁体混凝土浇筑期间，做好各个工序的施工记录，及时记录浇筑过程中出现的异常情况，并且记录好施工时间。

在混凝土浇筑过程中按规定分三次制作混凝土试块，及时送标准养护室养护。同时制作与双T梁同条件养护的试件，用来检测、控制放张时混凝土强度。

③模板的拆除。

待混凝土强度达到2.5MPa，并经监理工程师同意后拆除外侧模板。拆模时，先将模板下的对口木楔松开，再将模板上下拉杆松开，让模板靠自身重力向外翻，与混凝土外表面分离，再将法兰螺栓卸掉，通过挂于门式起重机上的电动葫芦并用链条葫芦配合将模板拆除。模板拆除遵循"先支后拆，后支先拆"的顺序，两侧同步进行。拆模时，严防碰撞梁体，并采取支撑措施，以免梁体倾倒。

模板拆除后及时对梁端、横隔板、翼缘板两侧进行凿毛，以凿出浮浆、露出石子为准。凿毛时外侧边缘预留10~20mm（弹上墨线）不凿。梁肋预埋钢筋及时凿出扳直，翼缘板凿毛注意不要破坏边角。拆模过程中注意不要碰撞横隔板底模支撑，必须保持支撑牢固，以免混凝土强度较低时，使横隔板与翼缘板交界处开裂。

拆模后将双T梁一端用红色油漆喷上标示牌，标示牌符合业主要求并按照统一标准进行编制，注明梁号、生产日期、安装方向等，以便于以后安装。

拆模程序：

a. 拆除拉杆，包括待拆模板微调支撑、紧固侧板的底板下拉杆和顶板上拉杆。

b. 拆除与待拆模板相邻的接缝，清除渗入缝内的水泥浆，以消除或减小模板间的黏结力。

c. 模板的拆除采用门式起重机和手拉葫芦及其他工具配合人工进行拆除。

d. 吊移存放。模板离开梁体后，仍需多移出一定的空隙再起吊，以免直吊时梁体和模板碰撞，然后吊运到存放处，清洗、维修、涂脱模剂保养，供下次使用。

④水泥混凝土养护。

水泥混凝土采用自动喷淋系统进行养护，期间养护不间断，养护不少于7d。

（10）放张。

①预应力双T梁必须在水泥混凝土龄期7d以上且达到设计强度100%以上时方可分批放松钢绞线。

②在预应力筋放张之前，应将限制位移的侧模、翼缘板模板拆除。

③预应力筋的放张顺序应符合设计要求，按照规范要求应分阶段、对称、相互交错放张。

预应力筋放张后，应采用机械切割的方式切断钢筋线。

（11）双T梁存放。

①移梁。

双T梁放张完成后后用两台80t门式起重机吊出台座，横移至双T梁存梁区。

②存梁。

双T梁严格执行出场检验合格制度，每片双T梁上均按照其架设部位编号，检验合格之后方可运出预制场。

双T梁临时存放在存梁区内，按双T梁架设的顺序存放。

6.3.3 装配式桥梁大直径管柱预制技术

6.3.3.1 主要装置

装配式桥梁大直径管柱预制技术涉及装置包括：装配式桥梁中大直径预制管柱在高速旋转离心成型过程中钢筋定位装置、预制空心管柱离心旋转中封浆装置、装配式桥梁中大直径预制管柱模具伸缩调整装置、预制空心桥梁墩柱施工时竖直度调整装置。

6.3.3.2 适用范围

适用于装配式桥梁中混凝土管柱的施工。

6.3.3.3 工艺原理

运用一种装配式桥梁中大直径预应力空心管柱在高速旋转离心成型过程中钢筋定位装置，解决管柱体高速旋转中因钢筋伸出管柱体伸出端模固定的难题；运用一种预制空心管柱离心旋转中封浆装置，解决因管柱高速旋转、钢筋伸出端模带来的漏浆难题；创新采用一种装配式桥梁中大直径预应力空心管柱模具伸缩调整装置，解决同一模具难以适用于不同长度、大直径预应力空心管柱的问题。

墩柱预制概况如图6-45所示。

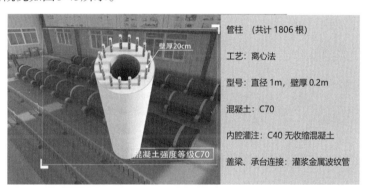

图6-45　墩柱预制概况

6.3.3.4 工艺

1）工艺流程

预制管柱施工工艺流程见图6-46。

a) 钢筋笼加工　　b) 端板安装　　c) 钢筋笼入模　　d) 混凝土布料

e) 合模　　f) 张拉　　g) 离心

图 6-46　预制管柱施工工艺流程图

2) 操作要点

（1）预制管柱进场验收

预制管柱采用离心法成型，由专业厂家进行预制，直径为100cm，壁厚为20cm，安装就位后内腔浇筑C40补偿无收缩混凝土，预制管柱的性能指标应符合设计图纸和规范的要求。管桩进场时应注意以下几项要求。

①在施工之前进入现场的预制管桩由生产厂家出具出厂合格证及试验报告，项目部进行验收。对其外观质量进行检查，保证资料收集核查工作，并办理验收手续，做好检查记录及标识工作。

②自检合格的桩要及时进行报检，报检合格后方可使用。

③PHC管桩的外观质量及尺寸允许偏差应符合设计及规范要求。

预制管柱的外观质量见表6-3，预制墩柱尺寸允许偏差见表6-4。

预制管柱的外观质量　　　　　　　　　　表 6-3

项目	合格品质量要求
粘皮和麻面	局部粘皮和麻面累计面积不大于桩总外表面积的0.5%，每处粘皮和麻面的深度不大于5mm，且应修补
桩身合缝漏浆	漏浆深度不大于5mm，每处漏浆长度不大于300mm，累计长度不大于管柱长度的10%，或对称漏浆的搭接长度不大于100mm，且应修补
局部磕损	磕损深度不大于5mm，每处面积不大于50cm²，且应修补
外表面露筋	不允许
表面裂缝	不得出现环向和纵向裂缝，但龟裂、水纹和内壁浮浆层中的收缩裂缝不在此限
断筋	不允许
内表面混凝土坍落	不允许

预制墩柱尺寸允许偏差   表6-4

项目		合格品允许偏差	
L		±0.5%L	
垂直度		≤ 0.2%	
D（mm）	1300	+10	−5
t（mm）		+20	−10
保护层厚度（mm）		+10	−10

注：表内尺寸以设计图纸为基准。

（2）运输与安装

①预制管柱运输。

预制管柱运输过程中使用固定底座进行固定；吊装过程中，注意保护外露钢筋；吊装时使用两点起吊；开始起吊时，预制管柱在吊运时应轻起轻放，严禁抛掷、碰撞、滚落。桥墩运输和起吊的动力系数为1.5。

②预制管柱安装。

到达施工现场的每根管柱，必须在预制场预先进行编号，做好进场记录，管柱进入现场后，必须对管柱的尺寸偏差、外观质量及桩身破损情况进行检验。

③桥墩拼装应遵循以下工艺流程：

拼接面凿毛、清理→拼接缝测量→铺设挡浆模板→调节垫块找平→充分湿润拼接缝表面→铺设砂浆垫层→墩柱吊装就位→调节设备安放→垂直度、高程测量→调节墩柱垂直度→灌浆金属波纹管连接。

④预制管柱安装。

对不锈钢金属波纹管内杂物进行清除，把波纹管用干净塑料布盖住管口，然后进行承台表面凿毛，承台凿毛清理干净后，用墨线弹设"十"字中心线，确定中心点，测量三个中心点是否在同一轴线，中心点间距是否符合预制管柱安装尺寸要求。用坐浆模板在承台表面铺设20mm厚、C50环氧砂浆调平层。待砂浆达到强度后才可进行下一项作业。检查预制管柱外观是否完好，外伸钢筋是否弯曲。预先用薄钢板根据墩柱钢筋的设计尺寸制作一个钢筋定位模板，用定位模板检查钢筋的尺寸是否符合安装要求。

墩柱由车辆运输至现场，由于外伸钢筋长，需要翻立。采用50t起重机进行吊装。在预制管柱安装抱箍，采用两点起吊，大小钩配合翻转吊装。预制管柱吊装将外伸钢筋精准插入承台预埋的金属波纹管内就位。预制管柱就位后，由2台经纬仪在2个方向同时测量、校核预制管柱中心位置。预制管柱位置校正准确后，灌浆前应再次检查金属波纹管，确保内腔通畅、无杂物。金属波纹管下端设置压浆口，压浆口下缘与端部净距应大于20mm；金属波纹管上端应设置出浆口，出浆口端部应不小于金属波纹管顶部10mm；灌浆金属波纹管中使用的高强无收缩水泥灌浆料的技术指标，应符合设计规定；高强无收缩水泥灌浆料应在拼装前一天进行流动测试及1d龄期抗压强度测试，符合设计规定后方可用于现场拼装连接。

高强无收缩水泥灌浆料在拌浆时应制取试件，对应每个拼接部位应制取不少于3组，分别测试1d、3d和28d龄期抗压强度，高强水泥灌浆料根据配合比进行调配，由压浆机将高强度水泥灌浆料依次注入金属波纹管内，将钢筋与不锈钢金属波纹管进行锚固。同时做好必要的预制管柱防护措施，待灌浆料达到强度后，方可解除吊具。

⑤预制管柱内腔混凝土浇筑。

预制管柱安装完毕后，经检查合格并得到监理工程师批准，内腔浇筑C40无收缩混凝土。混凝土浇筑之前，将新老混凝土接触面洒水潮湿。采用汽车起重机吊斗将混凝土送入柱模内，混凝土顺串筒下落，每层厚度按照30cm控制；采用插入式振捣棒振捣密实，后一层振捣时将振动棒插入下一层10cm。预制管柱振捣作业时，必须配置安全围挡及操作平台。

⑥养护。

混凝土浇筑完成以后，使用透水性土工布进行包裹，外加一层塑料布，并在柱顶放一个漏水水桶进行滴灌养护。

（3）安装注意事项

①预制管柱进场时，应严格检查管柱外露钢筋的准确性。

②对预制管柱外观、外伸钢筋尺寸、弯曲度、柱身垂直度等进行检查测量，确保待安装的每根管柱均符合技术规范。

③订制一套满足管柱吊装的管桩抱箍，抱箍90°角等分位置设四个支撑点，连接三根可调支杠，调节预制管柱位置。

④半幅3根预制管柱安装就位后，须对3根预制管柱的同轴度、中心点间距进行校核，同时也可制作一个定位模板，检验3根预制管柱的偏位情况。

⑤定位模板：根据盖梁的结构尺寸用不锈钢板制作一个模板，两端尺寸根据墩柱外伸钢筋尺寸确定，3个柱子中心点保持同一条轴线，中心点间距和安装尺寸相符。

3根预制管柱安装定位见图6-47。

⑥安装过程中必须在确保墩柱竖直后方可临时固定墩柱，保证接触面无缝隙，环氧砂浆填充密实。

⑦吊装过程中采用专人指挥负责制，统一指挥现场的吊装作业。

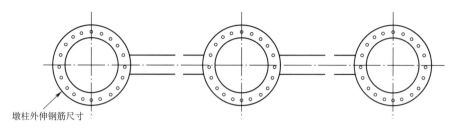

图 6-47　3 根预制管柱安装定位

6.4　成套装配技术

6.4.1　预制管桩装配施工技术

6.4.1.1　施工准备

（1）修建临时便道，做好施工时的排水措施。根据PHC管桩的堆放数量，选择若干靠近临时便道、开阔平整的场地作为预应力桩的临时堆场。

（2）PHC管桩施工现场堆放、起吊、搬运技术要求：

①当场地条件许可时，PHC管柱宜单层或双层放置，叠层堆放不宜超过3层。

②叠层堆放时，应在垂直于PHC管桩上设置2道垫木，垫木支点应分别位于距桩端0.21倍桩长处，两支点间不得有突出地面的石块等硬物；底层最外缘的PHC管桩应在垫木处用木楔塞紧。

③垫木宜选用耐压的长方木或枕木，不得使用有棱角的金属构件。

④PHC管桩由于长细比大、自重大，在起吊、运输过程中过大的动荷载易使其产生环裂。正确的起吊方式是两支点法或两头勾吊法，并在吊装过程中轻吊轻放，禁止采用拖吊的方法，避免产生较大的动荷载。

（3）测量放样。测量组用全站仪放出PHC管桩位置，再根据设计桩距，用全站仪和钢尺定出每排桩轴线和桩中心，并用木桩做醒目标记；然后报监理工程师复核确认，满足要求后方可开始沉桩。

若管桩生产由专业企业承担，专业企业应健全质量保证体系，健全原材料使用管理制度，按生产批次建立水泥、钢材、外加剂、掺和料等原材料检验试验台账。对用于检验混凝土强度的试件，应按照相应产品标准的要求进行留样、制作、养护和检验，同时建立留置、检验台账。管桩生产企业应按照相应的产品标准要求对管桩产品进行出厂检验和型式检验，禁止不合格产品出厂。出厂前应在管桩端部设置检验合格标识，标识内容应清晰、完整。管桩生产企业在管桩进入施工现场时应提供"预应力管桩产品合格证""产品说明书"及相应批次管桩的出厂检验报告及型式检验报告。

加强管桩施工、监理及检测质量控制。施工前，建设单位应严格技术标准和施工图设计文件要求组织试桩的施工与检测工作。建设（监理）单位应组织设计单位、管桩生产企业、施工单位进行技术交底，并做好交底记录。施工单位应依据与设计单位共同确定的沉桩工艺制定施工方案，报建设（或监理）单位审核确认后，严格按照施工方案组织施工。监理单位应组织对进场管桩外观质量及出厂合格证等有关资料进行验收，并形成记录，对管桩定位、接桩等重要工序进行平行检验或施工旁站监理，确保施工过程受控；对密集群桩的成桩偏位、土方施工中土体侧压力及机械施工影响造成的桩偏位，应提请设计单位提出处理措施。

进入施工场地的管桩，建设单位应委托具有相应专业资质的检测单位进行管桩外观尺寸、钢筋配置、主筋抗拉强度及延伸率、钢筋保护层厚度、端板厚度等项目的检测。同时，应委托有资质的检测机构对桩身混凝土强度进行钻芯检测，对进入工地的不同类型的管桩各随机抽取一节管桩在不同部位钻取芯样进行混凝土抗压试验，所取芯样频率可以根据工程需求制定；对承受水平力或弯矩为主的桩，必要时应进行桩身抗弯试验。钻芯及抗弯试验的方法及评定标准应遵循《钻芯检测离心高强混凝土抗压强度试验方法》（GB/T 19496—2004）及有关质量标准的规定。上述检验合格后，方可进行管桩试桩及工程桩的施工。采用管桩基础时，应先进行试桩，为设计提供依据，试桩数量应符合相关标准的要求。

6.4.1.2 PHC管桩施工流程

PHC预应力管桩施工工艺流程见图6-48，PHC预应力管桩施工主要步骤如图6-49所示。

6.4.1.3 PHC管桩沉入施工技术要求

（1）依据的标准规范：

①《公路工程技术标准》（JTG B01—2014）；

②《公路桥涵设计通用规范》（JTG D60—2015）；

③《公路桥涵地基与基础设计规范》（JTG 3363—2019）；

④《预应力混凝土管桩技术标准》(JGJ/T 406—2017);

⑤《国家建筑标准设计图集 10G409预应力混凝土管桩》。

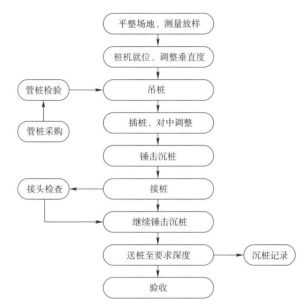

图 6-48 PHC 预应力管桩施工工艺流程图

图 6-49 PHC 预应力管桩施工主要步骤

(2)管桩施工前应编制专项施工方案并经评审通过后方可实施。

(3)沉桩的控制深度应以高程控制为主,贯入度(20mm/10击或最后1m锤击数300锤)控制为辅,原则上有效桩长不小于30m;实际施工桩长与设计桩长出现较大偏差时,根据实际情况进行地质补勘或静载试验。

（4）施工方法建议采用锤击沉桩，锤桩设备进行锤桩施工（图6-50）应符合下列规定：

①锤击沉桩应重锤低击，不应采用大能量锤击沉桩，防止桩头、桩身损坏。选择桩锤时应根据桩重及类型、设计荷载、地质情况、设备条件和对邻近建筑物产生的影响等因素确定。沉桩时，应采用与桩和锤相适应的桩帽（筒体深度宜取350~400mm，内径应比管桩外径大20~30mm）及适合桩帽大小的弹性衬垫，弹性衬垫厚度不宜小于12cm，桩帽及其上下衬垫的顶面和底面应平整并与桩的中轴线垂直。根据试桩情况设置适合的桩尖装置。

②采用送桩器沉桩时，桩与送桩的纵轴线应保持在同一直线上，送桩紧接桩顶部分应有保护桩顶的装置。送桩应有足够的强度、刚度和长度。安放送桩前，应截除桩头损坏部分并保持桩顶平整。

③锤击沉桩开始时，应用较低落距，并从纵横两个方向观察，控制桩位和桩的竖直度或倾斜度（偏差不宜超过0.3%），待桩入土一定深度并确认位置正确、方向无误后，再按规定落距进行锤击。坠锤落距根据试桩与施工机械设备要求确定。在桩的沉入过程中，应观察并保持桩锤、桩帽和桩身在同一轴线上。锤击沉桩应连续进行，不得中途停顿。

④当落锤高度已达规定最大值和每击贯入度不大于2mm时，应立即停锤。当沉桩深度尚未达到设计高程时，应查明原因，采用换锤或辅以射水等措施进行沉桩，但桩尖距设计高程不大于2m时一般不应采用射水下沉。

⑤宜对每根桩的总锤击数及最后1m沉桩锤击数进行控制，总锤击数不宜超过2500击，最后1m沉桩锤击数不宜超过300击。

图6-50　锤桩设备进行锤桩施工

（5）管桩的沉桩施工应符合下列规定：

①第一节管桩起吊就位插入地面下0.5~1m时的垂直度偏差不大大于0.3%。

②当桩身垂直度偏差超过0.8%时，应找出原因并纠正处理；沉桩后，严禁用移动桩架的方法进行纠偏。

③沉桩、接桩、送桩宜连续进行。

（6）遇下列特殊情况之一时应暂停沉桩，并与设计、监理等有关人员研究处理后方可继续施工：

①贯入度突变；

②沉桩入土深度与设计要求差异大；

③实际沉桩情况与地质报告中的土层性质明显不符；

④桩头混凝土剥落、破碎，或桩身混凝土出现裂缝或破碎；

⑤桩身突然倾斜；

⑥地面明显隆起，邻桩上浮或位移过大；

⑦沉桩过程出现异常声响；

⑧压桩不到位，或总锤击数超过规定值。

（7）特殊情况，可采用引孔辅助沉桩。引孔的直径、孔深及数量应符合下列规定：

①引孔直径不宜超过桩直径的2/3，深度不宜超过桩长的2/3，并应采用防塌孔措施；

②引孔宜采用长螺旋钻引孔，垂直偏差不宜大于0.3%，钻孔中有积水时，宜用开口型桩尖；

③引孔作业和沉桩作业应连续进行，间隔时间不宜大于12h。

（8）管桩现场堆放应符合下列规定：

①堆放场地应平整、坚实，排水条件良好；

②堆放时应采取支垫措施，支垫材料宜选用长方木或枕木，不得使用有棱角的金属构件；

③叠层堆放及运输过程堆叠时，外径500mm以上的管桩不宜超过4层，堆叠层数应满足地基承载力要求。

（9）管桩吊运应符合下列规定：

管桩长度不应大于15m，宜采用两点起吊，也可采用专用吊钩钩住桩两端内壁进行水平起吊。起吊位置及角度如图6-51所示。

（10）接桩应符合下列规定：

应避免在桩尖接近密实砂土、碎石、卵石等硬土层时进行接桩。

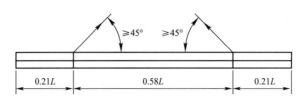

图 6-51　起吊位置及角度（L 为管桩长度）

焊接接桩除应符合现行《钢结构工程施工质量验收标准》（GB 50205）中二级焊缝的规定外，尚应符合下列规定：

①桩头宜高出地面1.0m。

②下节桩的桩头处宜设置导向箍或其他导向措施。接桩时，上下节桩段应保持顺直，错位不超过2mm；逐节接桩时，节点弯曲矢高不得大于1/1000桩长，且不得大于20mm。

③上下节桩接头端板坡口应洁净、干燥，且焊接处应刷至露出金属光泽。

④手工焊接时宜先在坡口圆周上对称点焊4～6点，待上下节桩固定后拆除导向箍，再分层焊接，焊接宜对称进行。

⑤焊接层数不得少于2层，内层焊渣必须清理干净后方能施焊外层，焊缝应饱满、连续。

⑥手工电弧焊接时，第一层宜用直径3.2mm电焊条施焊，保证根部焊透；第二层可用粗焊条，宜采用E43型系列焊条。采用二氧化碳气体保护焊时，焊丝宜采用ER50-6型。

⑦桩接头焊好后应进行外观检查，检查合格后必须经自然冷却，方可继续沉桩。自然冷却时间不应小于表6-5所列时间，严禁浇水冷却或不冷却就开始沉桩。

自然冷却时间表　　　　　表 6-5

击桩（min）	静压桩（min）	采用二氧化碳气体保护焊（min）
8	6	3

⑧钢桩尖宜在工厂内焊接；当在工地焊接时，宜在堆场现场焊接。严禁起吊后点焊、仰焊。

⑨桩身接头焊接外露部分应做防锈处理。

⑩雨天焊接时，应采取防雨措施。

PHC管桩接桩部位焊接图如图6-52所示。

⑪截桩应符合下列规定：

根据设计图纸要求，因故未能达到设计高程而需截桩或破桩头的PHC管桩需与设计单位联系处理。截割桩头应采用电动环形锯桩器。若无专用锯桩器,可以采用截桩导向箍箍住截桩部位、用风镐或手工凿沿截桩导向箍上缘凿去管桩预应力钢棒外面混凝土,电割切断钢棒后,将桩头截断。用预应力钢棒作承台锚固筋,截桩导向箍上面部分用手工凿慢慢破碎。严禁采用大锤横向敲击或强行扳拉截桩。

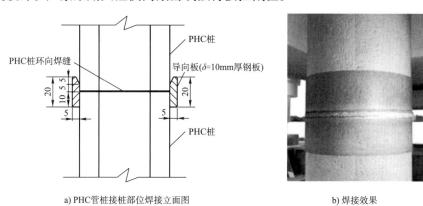

a) PHC管桩接桩部位焊接立面图　　　　b) 焊接效果

图 6-52　PHC 管桩接桩部位焊接图(尺寸单位:mm)

6.4.1.4　PHC 管桩施工注意事项

(1)打桩过程中应做好详细记录。记录包括:每打入0.5～1m的锤击数、桩位置的偏斜情况、最后锤击的平均贯入度和最后1m的锤击数等。

(2)按设计图定出轴线、桩位、经复测无误,并经监理验收合格后,方能施工。

(3)到达施工现场的每根管桩,必须在预制场预先进行编号,并由预制方提供检测合格证,做好进场记录。管桩进入现场后,必须对管桩产品合格证、规格和型号、管桩的尺寸偏差、外观质量、管桩端板连接部件、管桩结构钢筋、管桩桩身破损情况等进行检验。

(4)桩尖的高度、厚度、几何尺寸应符合设计要求,桩尖的焊缝高度应符合钢结构焊接的有关规定。

(5)沉桩过程中,应经常观测桩身的垂直度,桩身垂直度偏差不得超过0.3%。垂直度应用垂线纵横双向观测,施工过程中专人专岗监控,及时调整校正。当桩尖进入较硬土层后,严禁用移动桩架等强行回扳的方法纠偏。

(6)接桩时,其入土部分管桩的桩头宜高出地面0.5~1.0m。下节桩的桩头处宜设导向箍,以便于上节桩就位。上下节桩应保持顺直,错位偏差不大于2mm。

(7)由于地质钻孔少,特别是地质变化大的场地,有时同桩承台桩长相差2~3m,因此全面了解场地的地质情况进行配桩,并在施工中随时调配桩长,其原则是在保证质量的前提下减少浪费。

（8）当桩顶高程较低，须送桩入土时，应用同桩径送桩器，送桩严格控制提锤高度及贯入度，切勿马虎，否则易出现重大质量事故。

（9）桩打好后，桩头高出地面的部分应小心保护，严禁施工机械碰撞或将桩头用作锚点；送桩遗留的空洞，应立即回填或覆盖好。

（10）截桩头宜采用锯桩器截割，严禁采用大锤横向敲击截桩或强行扳拉截桩。

（11）打桩过程中遇到贯入度剧变，桩身突然发生倾斜、位移或有严重回弹，桩顶或桩身出现严重裂缝或破碎等情况时，应暂停打桩并上报业主和设计单位、监理单位研究处理。

（12）应尽量采取"重锤轻击"法施工，有效降低锤击应力。桩锤对桩头的锤击速度越快，在桩身上产生的应力波强度也越高，即打桩应力与锤击速度成正比，所以为降低锤击应力并保持较好的贯入度，应尽量选用较重的桩锤和较低的施打速度。

（13）PHC管桩施工属于地下隐蔽工程，施工机具的压力表应能真实反映压桩力，施工过程中应保证每根桩都达到设计深度，进入地质资料中压缩性较低土层；压桩结束后，通过锤球法来检查桩的打入深度，并记录每根桩位的实测深度。

6.4.1.5 PHC管桩质量检查

（1）PHC管桩外观质量应符合表6-6的规定。

外观质量要求 表6-6

序号	项目		外观质量要求
1	粘皮和麻面		局部粘皮和麻面累计面积不应大于桩总外表面的0.5%；每处粘皮和漏浆深度不应大于5mm，麻面的深度不得大于5mm，且应修补
2	桩身合缝漏浆		每处漏浆长度不得大于300mm，累计长度不得大于PHC管桩长度的10%，或对称漏浆的搭接长度不得大于100mm，且应修补
3	局部磕损		局部磕损深度不应大于5mm，每处面积不得大于5000mm^2，且应修补
4	内外表面漏筋		不允许
5	表面裂缝		不得出现环向和纵向裂缝，但龟裂、水纹和内壁浮浆层中的收缩裂缝不在此限
6	桩端面平整度		PHC管桩端面混凝土和预应力钢筋镦头不得高出端板平面
7	断筋、脱头		不允许
8	桩套箍凹陷		凹陷深度不应大于10mm
9	内表面混凝土塌落		不允许
10	接头和桩套箍与桩身结合面	漏浆	漏浆深度不应大于5mm，漏浆长度不得大于周长的1/6，且应修补
		空洞与蜂窝	不允许

（2）高强预制混凝土管桩制造质量标准应符合表6-7的规定。

高强预制混凝土管桩制造质量标准 表6-7

序号	项目		允许偏差
	混凝土强度（MPa）		≥80
	长度（mm）		±50
	横断面	桩的边长（mm）	±5
		空心桩空心（管心）直径（mm）	±5
		空心中心与桩中心偏差（mm）	±5
	桩尖对桩纵轴线偏差（mm）		10
	桩轴线的弯曲矢高（mm）		小于桩长的0.1%，且不大于20
	桩顶面与桩纵轴线的倾斜偏差（mm）		1%桩径，且不大于3
	接桩的接头平面与桩轴平面垂直度（%）		0.3

（3）PHC管桩的运输、起吊和堆放质量及检验要求，见表6-8。

PHC管桩的运输、起吊和堆放质量及检验要求 表6-8

检查项目	质量要求	检查规定	
		检查频率	检查方法
PHC管桩运输	运输时的PHC管桩悬臂长度≤1.5 m	随时	皮尺测量
PHC管桩堆放场地	坚实平整或垫木	随时	目测
PHC管桩堆高	≤5层	随时	目测
起吊方式	二端起吊	随时	目测

（5）PHC管桩的接桩检验标准，见表6-9。

PHC管桩的接桩检验标准 表6-9

序号	检查项目	允许值或允许偏差		检查方法
		单位	数值	
1	上下节端部错口	mm	≤3	用钢尺量
2	焊缝咬边深度	mm	≤0.5	焊缝检查仪
3	焊缝加强层高度	mm	≤2	焊缝检查仪
4	焊缝加强层宽度	mm	≤3	焊缝检查仪
5	焊缝电焊质量外观	无气孔，无焊瘤，无裂缝		目测
6	焊接结束后停歇时间	min	≥1	用表计时
7	节点弯曲矢高	mm	≤1‰	用钢尺量

（6）PHC管桩施工质量及检验要求，见表6-10。

PHC管桩施工质量及检验要求　　　　　　　　　表6-10

检查项目	质量要求和允许偏差	检查规定	
		检查频率	检查方法
桩位	偏差±10cm	抽查2%	全站仪检查
第一节桩垂直度	≤0.5%	查施工和监理记录	全站仪测量
后续桩垂直度	≤1%	查施工和监理记录	全站仪测量
接桩时错位偏差	≤2mm	全部	尺量
焊接层数	≥3层	全部	目测
焊接点数	≥6点（对称位置）	全部	目测
桩长度	≥设计深度	全部	锤球法测量
桩头高程	偏差±5cm	抽查2%	水准仪测量
桩身完整性	符合设计要求	20%	低应变检测
单桩承载力	满足设计要求	≥1%且≥3根	静载荷试验

6.4.2　预制管柱装配施工技术

6.4.2.1　预制管柱进场验收

预制管柱一般由专业厂家进行预制，预制管柱采用离心法成型，直径为100cm，壁厚为20cm，混凝土强度为C70。安装就位后内腔浇筑C40补偿收缩混凝土。预制管柱的性能指标应符合设计图纸和规范的要求。管柱进场时应满足以下几项要求。

（1）预制管柱钢筋保护层、强度、外观质量及钢筋笼主筋上下同轴，确保满足预制盖梁安装要求。

（2）在施工之前进入现场的预制管柱由生产厂家出具出厂合格证及试验报告，项目部进行验收。对外观质量进行检查，做好资料收集核查工作，并办理验收手续，做好检查记录及标识工作。

（3）自检合格的管柱要及时进行报检，报检合格后方可使用。

（4）预制管柱的外观质量及尺寸允许偏差应符合设计及规范要求。

预制管柱的外观质量见表6-11，预制管柱尺寸允许偏差见表6-12。

预制管柱的外观质量　　　　　　　　　表6-11

项目	合格品质量要求
粘皮和麻面	局部粘皮和麻面累计面积不大于桩总外表面积的0.5%，每处粘皮和麻面的深度不大于5mm，且应修补
桩身合缝漏浆	漏浆深度不大于5mm，每处漏浆长度不大于300mm，累计长度不大于管柱长度的10%，或对称漏浆的搭接长度不大于100mm，且应修补

续上表

项目	合格品质量要求
局部磕损	磕损深度不大于5mm，每处面积不大于50cm²，且应修补
外表面露筋	不允许
表面裂缝	不得出现环向和纵向裂缝，但龟裂、水纹和内壁浮浆层中的收缩裂缝不在此限
断筋	不允许
内表面混凝土坍落	不允许

预制管柱尺寸允许偏差　　　　表6-12

项目	合格品允许偏差	
L	±0.5%L	
垂直度	≤0.2%	
D（mm）	1300	+10	−5
t（mm）		+20	−10
保护层厚度（mm）		+10	−10

注：表内尺寸以设计图纸为基准。

在制作管柱时，遇到了某些管柱内部有混凝土浮浆沉积的现象，如图6-53所示，这种管柱中出现浮浆沉积的现象会导致管柱的壁厚不同，使得柱壁强度不同，从而导致桩壁受力不均匀，影响桩基础整体承载力。因此，在进行管桩灌浆施工时要注意这一问题。

 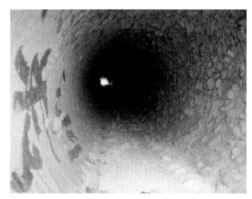

图6-53　预制管柱内壁存在浮浆图

6.4.2.2　预制管柱运输与安装

1）预制管柱运输

预制管柱运输过程中使用固定底座进行固定，吊装过程中，注意保护外露钢筋；吊装时使用两点起吊；开始起吊时，应先缓慢起勾，吊至空中离地50cm时静止，待管柱稳定后再进行吊运。预制管柱在吊运时应轻起轻放，严禁抛掷、碰撞、滚落。桥墩运输和起吊的动力系数为1.5。

2）预制管柱安装

预制管柱施工流程如图6-54所示，预制管柱施工主要步骤如图6-55所示。

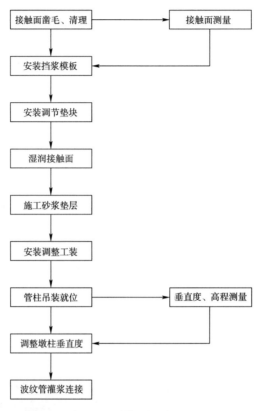

图6-54 预制管柱施工流程图

桥墩拼装应遵循以下工艺流程：

拼接面凿毛、清理→拼接缝测量→铺设挡浆模板→调节垫块找平→充分湿润拼接缝表面→铺设砂浆垫层→墩柱吊装就位→调节设备安放→垂直度、高程测量→调节墩柱垂直度→金属波纹管灌浆。

（1）到达施工现场的每根管柱，必须在预制场预先进行编号，做好进场记录，管柱进入现场后，必须对管柱的尺寸偏差、外观质量（图6-56）及桩身破损情况进行检验。

（2）承台施工完成后，对金属波纹管（图6-57）顶部采取保护措施，防止进水及落入杂物，同时对预制管柱范围进行环切凿毛，清洁干净后，用墨线弹设"十"字中心线，确定中心点，测量三个中心点是否在同一轴线，中心点间距是否符合预制管柱安装尺寸要求。

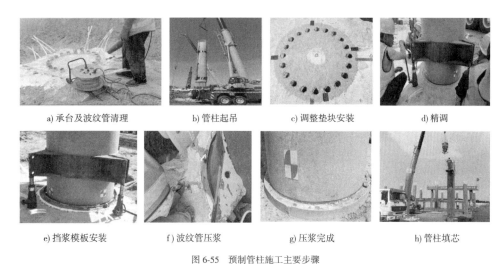

图 6-55 预制管柱施工主要步骤

图 6-56 外观检测　　　　　　　图 6-57 承台波纹管

（3）对预制管柱外观、外伸钢筋尺寸、弯曲度、柱身垂直度等进行检查测量，确保待安装的每根管柱都符合技术规范。

（4）制作预制管柱抱箍（图6-58），抱箍按90°角等分位置设四个起吊点。

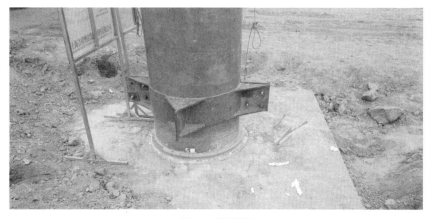

图 6-58 抱箍装置

墩柱由车辆运输至现场，由于外伸钢筋长，需要翻立。采用80t履带式起重机吊装。管柱顶端及底端同时安装预制管柱抱箍，抱箍按90°角等分位置设四个吊点，抱箍间采用手拉葫芦进行连接固定。起吊时采用两点起吊，大小钩配合翻转吊装。预制管柱吊装将外伸钢筋精准插入承台预埋的金属波纹管内就位。预制管柱就位后，由2台经纬仪在2个方向同时测量、校核预制管柱中心位置。单幅3根墩柱安装就位后，使用缆风绳进行辅助固定，须对3根墩柱的同轴度、中心点间距进行校核，同时制作一个定位模板，检验3根墩柱是否同轴线。

墩柱吊装如图6-59所示。

a) 吊装准备　　　　　　　　　　　　　　b) 起吊

图6-59　墩柱吊装

在拼接缝位置，承台上应布置调节垫块，调节垫块总高度控制在2~3cm，材质和强度应符合设计要求，宜采用千斤顶调节高程和垂直度，墩柱拼装就位后应设置临时支承措施，根据盖梁的安装尺寸使用钢板制作定位模板等工装，用于校核预制管柱轴线。

墩柱拼装完成如图6-60所示。管（墩）柱如图6-61所示。

图6-60　墩柱拼装完成

图 6-61 管（墩）柱

3）高强无收缩水泥灌浆料

预制管柱位置校正准确后，灌浆前应再次检查金属波纹管，确保内腔通畅，无杂物。金属波纹管下端设置压浆口，压浆口下缘与端部净距应大于20mm，金属波纹管上端应设置出浆口，出浆口端部高度应不小于金属波纹管顶部高度10mm。灌浆金属波纹管中使用的高强无收缩水泥灌浆料的技术指标，应符合设计规定，高强无收缩水泥灌浆料应在拼装前一天进行流动测试及1d龄期抗压强度测试，符合设计规定后方可用于现场拼装连接。灌浆工艺应满足下列要求：

（1）应依据设计要求和试验测试结果，精确控制配合比；

（2）应采用专用设备进行搅拌和灌浆，并严格控制搅拌、灌浆工艺参数；

（3）宜采用先进工艺保证灌浆套筒内浆体的密实度。

28d抗压强度应不小于60MPa且高出被连接构件强度等级的一个等级（7MPa），28d竖向膨胀率应控制在0.02%～0.10%，砂浆垫层宜选用质地坚硬、级配良好的中砂，细度模数应不小于2.6，含泥量应不大于1%，且不应有泥块存在，砂浆垫层初凝时间宜大于2h。

高强无收缩水泥灌浆料在拌浆时应制取试件，对应每个拼接部位应制取不少于3组，分别测试1d、3d和28d龄期抗压强度。灌浆施工应保持连续，如在压浆过程中遇停电等突发状况时，现场应配备应急发电设备或高压水枪等。灌浆完成后应及时清理残留在构件上的多余浆体。拼装定位固定后灌浆时间、灌浆压力要求、临时支撑措施、拆除时间等应符合设计规定。

4）施工过程注意事项

（1）承台混凝土浇筑前后应对预留钢筋孔、灌浆金属波纹管定位进行检查，保证定位准确，允许偏差为±2mm，水平度允许偏差为±1mm，拼装前应对拼接面的坐标、高程和水平度进行复测。

（2）预制墩柱加工时，对钢筋笼加工采用胎架进行绑扎，内部增加环形加强筋加强钢筋笼刚度，并保证外露墩柱钢筋同轴。

（3）预制管柱加工过程中，对原材料及混凝土配合比进行检测，确保预制管柱混凝土外观质量达到要求。

（4）吊装时墩身保持水平，桥墩在吊运过程中应轻起轻放，严禁碰撞、滚落。

（5）堆放场地必须坚实、平整，并设有排水设施。

6.4.3 预制盖梁装配施工技术

6.4.3.1 盖梁钢筋骨架加工及安装

（1）钢筋的制作与绑扎。按材料计划采购钢材，严格执行原材料、成品和半成品现场验收制度。不合格产品不准进场，进场后必须按照钢种、等级、牌号、规格及生产厂家分批次验收，按规定进行抽检，分类堆放，设立识别标志。钢筋存放应上盖下垫，钢筋表面应保持洁净，表面附着的油渍、漆污和浮皮、铁锈等，在使用前均应清除干净。

（2）钢筋配料应按设计长度及规范规定进行，下料长度计算公式如下：

$$直钢筋下料长度=设计长度$$

$$弯起钢筋下料长度=设计长度+弯钩调整值$$

$$箍筋下料长度=设计长度+弯曲调整值$$

钢筋弯曲采用数控钢筋弯曲机。对每种型号钢筋进行量测，保证符合图纸要求。

（3）预制盖梁钢筋统一在钢筋钢筋加工厂加工，制作盖梁钢筋骨架胎具，钢筋在胎具上按顺序进行摆放，之后进行焊接。主筋采用双面焊接，双面焊接长度为$5d$（d表示钢筋直径），起弧长度和落弧长度为1cm，未包含在$5d$范围内。

（4）焊缝的长度、宽度、厚度均应符合规范要求；焊缝表面平整，不得有较大的凹陷、焊瘤；接头处不得有裂纹；咬边的深度、气孔、夹渣的数量和大小以及接头偏差，不得超过规范要求；焊接处钢筋表面应无明显烧伤；焊接做到焊缝饱满，无砂眼等现象。

（5）钢筋骨架绑扎过程中，根据预埋金属波纹管位置适当调整钢筋骨架间距，保证金属波纹管位置准确。钢筋骨架成型后，在盖梁四周的钢筋骨架的最外层钢筋上，按间距50cm呈梅花形绑扎高强混凝土垫块，垫块数量底板不少于6个/m^2，侧面不少于4个/m^2。采用高强小石子混凝土（C50以上）做成弧形、爪形、圆形等垫块，尽量减小垫块与模板接触面积。

钢筋加工如图6-62所示,钢筋骨架制作和安装的允许偏差见表6-13。

图 6-62 钢筋加工

钢筋骨架制作和安装的允许偏差 表 6-13

序号	项目		允许偏差(mm)	检验方法
1	受力钢筋间距		±10	尺量检查,每构件2个断面
2	横向水平筋间距		±10	尺量检查,每构件5~10个间距
3	骨架尺寸	长	±10	尺量抽查,骨架总数的30%
		宽、高或直径	±5	
4	弯起钢筋位置		±20	尺量抽查,骨架总数的30%
5	骨架保护层厚度		±5	尺量,每构件沿模板周边检查8处

6.4.3.2 盖梁模板加工及安装

(1)盖梁模板制作全部采用钢板加工,采用侧模包底模,外模采用整体式定型组合钢模板。模板应具有足够的强度、刚度,保证在混凝土浇筑等情况下不变形。模板表面要平整度、光洁,焊缝应打磨抛光。在模板投入使用前进行试拼,试拼合格的模板才能投入使用。钢模面板采用厚度不得小于6mm的复合不锈钢板,模板拼装的正误差不得大于5mm。

(2)端模根据角度、长度不同做成定型组合钢模板。

(3)模板拼装前用专用脱模剂均匀涂刷,脱模剂不得污染钢筋和混凝土表面。脱模剂涂刷要少而均匀,防止流淌和产生较多的油泡,影响外观质量。

(4)模板安装过程中,严格按照设计尺寸进行。先安装底模,待预制盖梁钢筋安装验收合格后,再安装侧模。侧模安装时宜从台座跨中点处往两端安装。控制好两侧外模的垂直度后，调整好模板支腿高度。两模板间用回力胶条背贴密封并用螺栓压紧。

（5）侧模安装完毕后安装端模。端模应与侧模和底模紧密贴合，保证预制盖梁边缘位置精确。

误差要求见表6-14。

误差要求　　　　　　　　　　　　　　　　　　表6-14

项目		允许偏差（mm）
模板高程	柱、墙和梁	±10
模板内部尺寸	上部构造的所有构件	+5，0
轴线偏位	梁	10
装配式构件支撑面的高程		+2，-5
模板相邻两板表面高低差		2
模板表面平整		5
预埋件中心线位置		3
预留孔洞中心线位置		10
预留孔洞截面内部尺寸		+10，0

6.4.3.3　预制盖梁拆模及养护

（1）在拆除过程中应注意模板轻拿轻放，时刻防止损伤混凝土。

（2）在混凝土抗压强度达到2.5MPa，且能保证其表面及棱角不致因拆模而受损时方可拆除。模板的拆除，应按照组装顺序反向拆除。拆模时间应满足规范要求的时间。侧模拆除时先卸下节间连接螺栓，然后旋松调节丝杆，轻敲脱模。拆模时小心谨慎，防止损坏模板及盖梁混凝土；拆下的模板清理涂油后再用于生产其他箱梁。

（3）每次拆完模板后要及时对模板整修，经常对模板进行检查，发现变形及时修复、更换。

（4）夏季采用喷淋养护系统。

预制盖梁洒水养护是目前最为便捷和经济的养护方法，传统的盖梁洒水养护多是由人工进行，因受操作者的质量意识和工作态度影响，时常出现"漏养"现象，使盖梁表面产生裂纹等质量缺陷，为满足当前的预制盖梁规模化、生产工厂化及质量需要，需要设置自动喷淋养护系统。

①系统构成。

该系统由基础设施、管道系统、控制系统等三部分构成，其中基础设施包括水井、净化水池（沉淀池）、储水池、水沟等，管道系统包括水泵、储水罐、输水管路、喷淋管路、阀门等，控制系统包括开关、继电器、电磁阀控制器等。

②系统按功能划分。

a.水源系统：场地内打井，安装潜水泵，在出水主管道上安装远传压力表，将信号传给恒压控制系统，控制水泵工作，保证水管路中的压力在给定范围内；在主管道上接分支管道，给储水池补水。采用恒压控制的目的是给整个预制场可靠供水。

b.喷淋供水装置（无塔供水系统）：该装置由潜水泵、止回阀、排气阀、压力储水罐、排污阀等构成，其中压力储水罐上安装远传压力表，将信号传递给控制系统。该装置为喷淋管道供水，在同时喷淋的数量随时变化的情况下，可以保证压力相对恒定。

c.喷淋管道系统：从压力储水罐出来的主管道，接到预制区门式起重机轨道内侧，顺轨道埋设，然后再接若干分支管道到每排预制盖梁台座的一侧（每一排台座接一条分支管道，相当于每条分支管道覆盖3个台座），在主管道和分支管道接点之后安装电磁阀，控制系统调节喷淋的间歇时间，在满足养护要求的前提下，节约用水和电能，每个电磁阀的开通时间应错开，避免多个分支管道同时供水用水量过大。分支管道在每个台座的附近位置设置阀门井。

d.水循环利用系统：喷淋后的水有一部分会流到地下，汇集到集水沟内，流到沉淀池内净化沉淀，再进入储水池并设置一个溢流口，在雨天时可以将多余的雨水排到场地排水沟内。因为场地较大，蒸发量及渗透量较大，因此流回到储水池的水不会太多，需要补水，储水池设置高低水位传感器（开关），可以控制进水管的电磁阀开关。

6.4.3.4 预制盖梁混凝土浇筑

预制盖梁混凝土强度等级一般为C50，高性能混凝土应一次浇筑完成。C50高性能混凝土由项目部自建拌和站提供，保证混凝土质量。

在钢筋、模板、混凝土保护层厚度、预留金属波纹管、垫石预埋筋等附属设施的预埋件全部检查合格后，方可浇筑混凝土。在浇筑前检查施工机具的完好性，各种设施的安全性是否达到安全规定要求，振捣器是否正常工作。现场试验员在浇筑前，要检查混凝土的和易性和坍落度是否满足要求。要对砂石料、添加剂和水泥等级进行设计，石料要用洗石机进行水洗，混凝土配料采用自动计量装置，严格按照试验室出具的施工配合比进行配料。混凝土拌和采用大型拌和站集中拌和，拌制时，自全部材料装入搅拌筒开始搅拌至开始出料的最短搅拌时间，按照搅拌机产品说明书的要求并经试验，确定为120s。除满足混凝土强度和弹性模量要求外，还要确保混凝土浇筑顺利及混凝土外观质量（表面光洁，颜色均匀）。

混凝土采用4辆12m³混凝土搅拌车运输至现场，通过起重机使用料斗进行浇筑。混凝土浇筑时采用水平分层与斜向分段相结合的浇筑方式，每层混凝土浇筑应在下层混凝土初凝或重塑前浇筑完成。振捣时，振捣棒插入下层混凝土5~10cm，保证上下层混凝土衔接良好。若发生混凝土拌合物表面失水而初凝的"假凝"现象时，可先用振捣棒振动，使其液化后再接茬浇筑。振捣棒移动间距控制在30cm，最大不能超过其作业半径的1.5倍；每一处振动完毕后应边振动边缓慢地提出振捣棒，避免振捣棒直接碰撞模板、钢筋、波纹管及其他预埋件，杜绝野蛮施工；振捣手相对固定，不随意更换。对每个振动部位，必须以振动到该部位混凝土密实为准，密实的标志是混凝土停止下沉，不再冒气泡，表面呈现平坦、泛浆。混凝土振捣应不漏振、不过振，不得用混凝土振捣棒驱动混凝土移向远处，可用铁铲散开混凝土拌合物。不得在新拌混凝土中加水。混凝土浇筑施工中应尽量减少暴露的时间和工作面。混凝土的浇筑应连续进行。预制盖梁顶面，执行"二次收浆"工艺，第二次收浆应采用钢抹子压光。

6.4.3.5 预制盖梁运输及安装

本工程预制盖梁体积大、质量大，标准盖梁质量约96t，选用满足要求的运梁车运输。运输车辆的选择应根据构件的质量，宜采用重型平板运输车，并计算轴重，选择合适的平板轴数组合。本项目采用的运输车为大件运输专用运输车，为6轴运输车。

1）预制盖梁运输

预制盖梁运输过程中使用固定式底座进行固定支撑；吊装过程中，预制盖梁吊点位置采用钢制护角及软垫对盖梁进行保护，吊装时使用两点起吊，开始起吊时，应缓慢提升，提升脱离台座20cm暂停吊装，待盖梁稳定后再缓慢提升至运输车上，盖梁支点选择在0.21L（L为盖梁长度）处，并对盖梁进行加固措施，防止运输过程中盖梁移位。预制盖梁在吊运时应轻起轻放，盖梁运输和起吊的动力系数为1.5。

2）预制盖梁安装

本工程预制盖梁体积大，重约96t，准备采用2台130t履带式起重机，行走作业进行就位吊装。这种作业方式可以减少临时便道的宽度，减少征用土地，而且不会造成通行便道交通阻塞，影响其他工程机械通行。

运输车辆采用重型平板运输车，车型尺寸为22.5m×3m×1m，后轮四排轴由16个轮胎组合，安全性能完全能满足运输需要。盖梁预制厂内装车时，明确构件吊装顺序和进场方向，并确定构件出厂方向。装车时采用枕木作为搁置点，盖梁装车就位后，采用钢丝绳绑扎，钢丝绳与构件接触部分采用护角进行防护，防止损坏梁身。盖梁运至指定位置后操作如下：

（1）两台履带式起重机站位在靠近运梁通道的墩柱两侧，安装卸扣和钢丝绳。钢丝绳挂入吊钩，调整钢丝绳位置，达到最佳的均衡受力。

（2）缓慢提升吊钩，使钢丝绳逐步收紧，梁底距离运梁车30cm，对起重机履带、吊钩、钢丝绳、盖梁吊点进行安全检查。

（3）确定无误后，由指挥员发出起吊指令，两车缓缓匀速起吊（1m/min），保持梁身的水平、稳定。盖梁提升高度大于既有梁墩最高点0.5m时停止起吊，检查起重机的安全情况。

（4）两车缓慢倒车（一快一慢）至就位位置，起重机保持位置不动，两车同时缓慢转动主臂与履带成45°。因场地狭小，就位时履带式起重机转向45°履带式起重机后配重与墩柱能保持1.5m左右距离，不会发生磕碰；使盖梁向梁墩中心归位，直到盖梁中心与墩位中心重合。安全负责人随时检查起重机、吊臂安全状况。

（5）起重机缓慢落钩，速度应控制在1m/min以下，距离支座面0.3m时停止下降，待梁体静止后，根据测量控制线，微调起重机扒杆方向和角度，使盖梁准确定位。

（6）吊装到位后，加强盖梁的支撑和连接，确认盖梁安全前提下，起重机缓慢松钩，此过程中必须加强观测人员与指挥人员的信息沟通，切忌盲目松钩而发生意外。

（7）松下吊钩，并卸除卸扣和钢丝绳。

（8）缓慢转臂，空载行走至下一吊装位置，吊装作业完成。

（9）盖梁在吊装前应先清洁墩柱顶面，测量柱顶高程，根据设计高程设置垫块并调整至合适位置。盖梁就位后，须调整盖梁的垂直度。垂直度采用全站仪辅以水平尺进行监测，利用全站仪测量盖梁角点是否在同一平面位置，然后用水平尺靠在盖梁侧面，以便快捷观测盖梁的垂直度。盖梁位置校正就位后，由灌浆机依次往金属波纹管内压入高强度灌浆料，把墩柱和盖梁锚固在一起。

盖梁主要施工步骤见图6-63，盖梁安装完成如图6-64所示。

6.4.4 双T梁装配施工技术

1）运梁

运梁前，派专人对运梁车运梁线路和已架桥梁进行检查，确定运输线路上无障碍物。运梁线路路基要满足设计要求，防止梁体倾覆。重载启动起步应平稳，严禁急停、急加速，控制速度在5km/h以内，坡道地段控制在3km/h以内，雨雪及大风等恶劣条件下,不得进行运梁作业。

a) 导向管安装

b) 精准对位

c) 精调

d) 盖梁安装

e) 安装挡浆模板

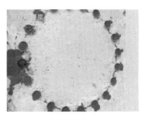
f) 灌浆

图 6-63　盖梁主要施工步骤

图 6-64　盖梁安装完成

2）采用起重机进行梁体架梁

梁体运输到现场后板端头的方向须与运至现场起吊安装的方向相一致。一片双T梁最大安装质量约为27t,运输车上的承重点设在临时支座中心线左右处,运输车上装有特制的梁板夹具,并垫有木制减震块;运输车上还设有定位装置及手动葫芦进行加固锁紧,确保在紧急制动的情况下,梁板不发生纵、横向移动。

起重机运梁如图6-65所示。

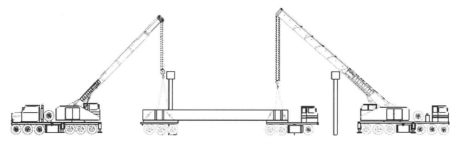

图 6-65 起重机运梁

双T梁在运输过程中均需临时固定：用钢丝绳千斤头、小吨位（2t）手拉葫芦，将双T梁与拖车架捆绑固定，以避免在运输过程中移位造成质量安全事故。施工步骤：

（1）平整场地，达到履带式起重机架设条件。

（2）安装支座，自检合格后报请监理工程师验收，合格后进行下一施工工序。

（3）梁板运输到指定位置，等待架设。

（4）两台履带式起重机同时工作，起吊梁板。

（5）在起重机上纵移梁体到位后，纵横向微调，调整支座，位置、高程准确，落梁就位。

（6）梁体就位后，检查梁的四个支座是否稳固，如果还有活动的支座，应重新起吊梁体；调整支座后再次将梁体就位，直至梁体的四个支座全部稳固，才能进行下一片梁体的安装。

双T梁装配主要施工步骤如图6-66所示。

a) 梁板运输

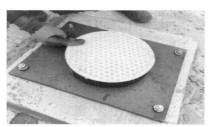

b) 支座安装

c) 梁板安装

d) 安装完成

图 6-66 双 T 梁装配主要施工步骤

6.5 常见施工问题及解决措施

荣乌高速公路全预制装配式预应力混凝土双T梁桥施工过程中存在一些难点，针对这些难点，采用了一些解决措施，取得了很好的效果。本节对这些施工难点及其解决措施进行总结和分析。

6.5.1 高强水泥混凝土预应力管桩

存在问题：依据地质情况、试桩结果，装配式桥梁段落存在单层或多层砂层，高强混凝土预应力管桩进尺困难，部分预应力管桩在锤击过程中，因锤击数较多导致桩身发生裂纹，造成爆桩现象。

解决措施：一是针对存在单层或多层砂层段落，积极与设计单位、业主进行沟通，优化桩长设计，将部分双T梁桥两桩承台形式调整为三桩承台形式；二是优化高强混凝土预应力管桩桩尖，采用开口型桩尖进行施工，同时对现场施工垂直度、落锤高度、贯入度进行现场监控。相关施工图片如图6-67~图6-69所示。

图6-67 采用经纬仪（全站仪）监测管桩垂直度

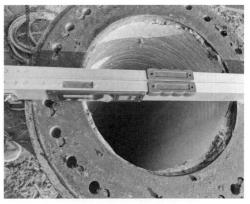
图6-68 管桩端板平整度检测

6.5.2 现浇承台施工

存在问题：现浇承台施工时，存在承台与预制管柱外漏钢筋对中问题。

解决措施：在承台施工时，为确保与预制管桩钢筋对中，项目自制定位胎具，承台施工时预埋管柱连接用金属波纹管，使用内衬式定位胎具保证其位置准确，安装精度±2mm。相关施工图片如图6-70~图6-72所示。

图 6-69 桩尖焊接

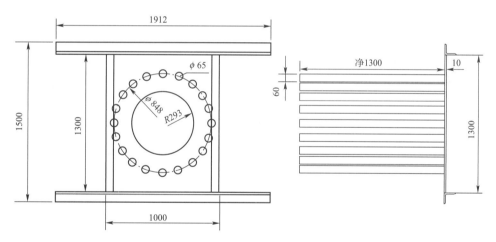

图 6-70 波纹管定位胎具(尺寸单位:mm)

图 6-71 波纹管及定位胎具安装

图 6-72 承台施工

6.5.3 预制管柱施工

存在问题1：预制管柱生产过程中，预制管柱外漏根钢筋两端同心问题。

解决措施：管柱采用离心法工艺成型，由于管柱两端均采用灌浆波纹管连接，容错率低，对管柱的生产精度要求较高。在管柱离心法预制过程中安装钢筋定位胎具，解决了管柱主筋不同轴、保护层合格率偏低、端头混凝土不密实等问题。相关图片如图6-73、图6-74所示。

图 6-73 钢筋定位胎具　　　　　　　图 6-74 管柱预制完成

存在问题2：预制管柱安装过程中，外漏钢筋保护、安装竖直度、灌浆料锚固等工艺过程控制。

解决措施：管柱采用抱箍起吊，抱箍既是起吊工装也是调整工装，通过四角抱箍底部安装的四个千斤顶调整管柱的平面位置、竖直度、高程等。轴线位置、顶面高程、相邻间距、相邻墩柱顺桥向错位均不大于5mm、垂直度≤0.3%H（H为墩高）且不大于10mm。预制管柱安装过程控制如图6-75所示。

a) 现场存放　　　　　　　　　　　　b) 抱箍安装

图 6-75

c) 垫块安装　　　　　　　　　　　　d) 管柱就位

e) 管柱精调

图 6-75　预制管柱安装过程控制

管柱精调后安装挡浆模板，挡浆模板高5cm，直径1.06m，比墩柱底面高3cm，波纹管压浆至浆体充满挡浆模板，确保波纹管压浆饱满。压浆料采用高强灌浆料，28d强度大于100MPa。管桩灌浆连接控制如图6-76所示。

a) 挡浆模板安装　　　　　b) 波纹管压浆　　　　　　c) 压浆完成

图 6-76　管桩灌浆连接控制

6.5.4　预制盖梁施工

存在问题1：一片盖梁需同时对中、连接3根墩柱的60根钢筋，施工难度大。

解决措施：盖梁钢筋骨架采用数控加工设备加工，焊接机器人焊接，在胎架上绑扎成型后整体吊装入模。为了确保预埋波纹管位置准确，在台座上设置波纹管定位卡具，在模板上设置内衬式波纹管定位胎具，利用胎、卡具，确保波纹管精准定位。相关图片如图6-77~图6-79所示。

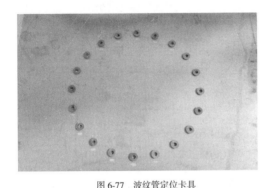
图6-77 波纹管定位卡具

图6-78 波纹管定位胎具

图6-79 钢筋骨架焊接

存在问题2：预制盖梁与管柱接触面属于混凝土接层，需进行底部凿毛确保梁柱粘接，但因预制盖梁自重较大，门吊提起凿毛工序耗费时间长，且作业人员需长时间置于起吊状态预制盖梁下方，安全性及凿毛质量均得不到保障。

解决措施：盖梁预制施工过程中在梁柱连接部提前预设免凿毛垫，待预制完成起吊安装时采用长柄凿毛锤快速凿毛，能有效缩短工序时间，减少设备及人员安全隐患，提高生产效率。相关图片如图6-80~图6-82所示。

6.5.5 盖梁安装施工

存在问题1：由于装配式桥梁跨径只有12m，操作空间受限，盖梁重96t，长20.5m，顺桥向运至现场后需要旋转90°，对安装设备要求较高。

图 6-80 免凿毛垫

图 6-81 预制盖梁钢筋骨架安装

图 6-82 波纹管及定位胎具安装

解决措施：选用2台130t履带式起重机抬吊，起吊横移、就位。为了快速准确地将墩柱60根锚固钢筋同时伸入盖梁波纹管中，配备了升降车，以确保人员操作安全；施工过程中使用从盖梁顶往下穿导向管的方法，使用直径28mm的导向管，使盖梁快速、精准对位。盖梁安装控制如图6-83所示。

a) 起吊、转向

图 6-83

b) 导向管安装　　　　　　　　　c) 精准定位

图 6-83　盖梁安装控制

存在问题2：预制盖梁与预制管柱灌浆料填充不密实。

解决措施：使用智能灌浆机灌浆保压的同时安装挡浆模板，确保灌浆料密实填充。盖梁灌浆控制如图6-84所示。

 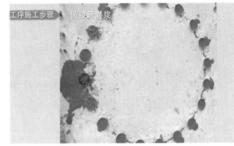

a) 安装挡浆模板　　　　　　　　　b) 灌浆

图 6-84　盖梁灌浆控制

6.5.6　预应力混凝土双T梁预制

存在问题1：因为双T梁内模拐角处几何角度较小，同时采用半埋式设计，导致双T梁，浇筑成型后脱模困难，容易造成梁体表面破损或残缺。

解决措施：规范使用脱模剂的同时内外模采用不锈钢面板，无需中间拆装，配合液压系统实现遥控安拆模板。拆模时使用模板内置千斤顶整体反顶拆除模板，实现模板整体同步安拆，保证梁体质量及表面完整性。双T梁预制脱模控制如图6-85所示。

存在问题2：先张法预应力张拉技术难度大，预应力筋两端张拉应力较大，控制较难。

解决措施：传统后张法工艺以梁体张拉端作为张拉受力支撑点，而先张法无梁体支撑点，因此利用传力柱纵向贯通连接端部移动钢支撑梁，梁板张拉时，传墩柱作为反作用力的主要结构。传力柱利用可重复使用的预制管桩作为张拉传力系统，张拉端之间通过预制管柱作为传力柱，减小了双T梁张拉端的结构尺寸和对原硬化基层的破坏深度。钢绞线张拉采用智能张拉设备，通过应力传感器和位移传感器实时控制张拉。初应力张拉时使所有预应力筋应力一致，然后再整体张拉；张拉过程中应使移动横梁和固定横梁始终保持平行，并检查预应力筋的预应力值，其偏差的绝对值不得超过按一个构件全部预应力筋预应力总值的5%。双T梁预应力张拉如图6-86所示。

图 6-85 双 T 梁预制脱模控制

a) 装配式张拉台座　　　　　　　　b) 预应力筋张拉

c) 预应力筋放张

图 6-86 双 T 梁预应力张拉

6.6 小结

以荣乌高速公路全预制装配式预应力混凝土双T梁桥建造过程为例，详细阐述从构件预制到施工现场的装配式安装全过程施工工艺，具体从装配式预应力混凝土双T梁预制技术、大直径管柱预制技术、预制管桩装配施工、预制管柱装配施工、预制盖梁装配施工、先张法双T梁装配施工等方面总结全预制装配式桥梁施工工艺，形成装配式桥梁施工工艺标准体系，并用以指导装配式桥梁施工。

第7章 智能化施工管理

7.1 技术路线

面对公路工程建设工地线长、作业工点多，人员和设备、材料分散，管理作业流程琐碎的特点，传统的人工巡视、纸质记录的工作方式，已无法满足大型桥梁项目管控的要求。基于BIM的装配式桥梁智能施工管控平台（以下简称"平台"）利用信息化手段，实现监管模式的创新，解决建设工程中出现的"监管力度不强，监管手段落后"等难题，是项目建设高效管理的必然选择。

立足雄安新区高速公路建设，以面向智慧高速公路创新管理需求为导向，集成BIM、GIS、智能感知、物联网等技术，构建基于BIM的装配式桥梁智能施工管控平台。将新一代信息技术与工程建设管理应用相结合，在现有的信息化、智能化应用以及成熟的业务系统框架的基础上，采用微服务、数据仓库和中间件等方法来构建整个系统，支撑装配式结构智能建设的具体业务。

平台整体架构可归纳总结为四个层次：数据采集与业务处理层、数据查询与资料单输出层、比对分析与综合查询层、关键指标监控与预报警层。其中，前两层属于操作执行层，可结合标准化的作业程序与方法，组织开展数据采集；后两层主要是通过采集的各类数据归类汇总，实现数据监测、查询、分析与预警，最终服务于管理决策，达到过程监管与控制目的。平台整体架构如图7-1所示。

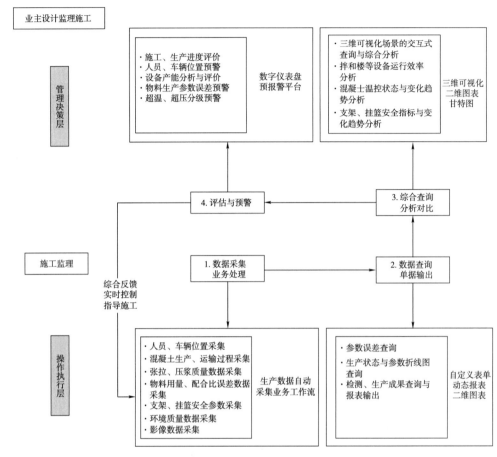

图 7-1 平台整体架构

平台采用了B/S架构❶，用户可利用网页浏览器直接登录，直观展现数据，界面美观。管理人员可以通过计算机（PC）端或手机应用程序（App）随时进行生产状态查看和业务数据查询。平台主要功能包括：

（1）统筹物料信息在线监管，全面实现全过程原材料品质把控；

（2）数据驱动，实现施工要素参数实时动态监控及预警；

（3）安全监管，实现重点施工工序安全监测与管控；

（4）风险分级管控，视频监控全覆盖，落实基于风险源识别的全天候监控及预警，实现建造全过程可视化监管；

（5）高效协同，助力品质工程、平安工地建设。

---

❶ B/S架构指"浏览器/服务器"架构，是一种网络架构模式，可以将系统功能实现的核心部分集中到服务器中，同时简化了系统的开发、维护以及使用，通过浏览器即可运行系统而不需要安装其他客户端。

7.2 "BIM+GIS" 技术应用

7.2.1 GIS 应用

对预制装配式桥墩进行施工仿真研究，可以避免预制构件吊装与安装过程中的碰撞等问题，以更好地指导施工。因此，将预制装配式桥墩的BIM模型、真实施工环境下的地理信息、工程机械数据进行多源融合，在GIS平台开发了施工仿真工具。使用该工具，可以实现施工工序及施工工艺过程的三维仿真模拟，施工仿真成果同样可以作为施工技术交底文件，与传统纸质交底文件相比具有很大优势。

GIS技术融合了地理、地图、定位、测绘、计算机、管理系统等多类学科和知识，并集成多种与位置相关的数据，在地图上实现基于空间位置的数据查询和分析等应用。在装配式结构生产、运输、架设过程中，通过GIS地图的全局视角，实现对工地人员、物料、设备等跟踪定位，并实时反馈到平台中。管理者可在GIS中看到工地人员、设备、场地、物料分布及整体运行情况，满足信息关联查询分析和施工现场全局管控需求。

基于GIS的可视化应用如图7-2所示。

图 7-2　基于 GIS 的可视化应用

使用该施工仿真工具开展装配式桥墩施工仿真工作包含5个步骤，具体如下：

（1）构建施工场地虚拟环境。利用无人机倾斜摄影测量技术，采集施工场地周边高精度地理数据，经过数据处理，进行施工场地环境建模，获得精细的施工现场三维模型。

（2）工程对象建模。工程对象建模包括工程主体对象建模、辅助工程对象建模、模型分解。不但考虑工程实际模型，还要考虑必要的施工机具模型，以模拟施工机具在特定施工空间内的可操作性。由于BIM模型是施工过程仿真的直接对象，因此，与现浇结构不同，在建模阶段即考虑了装配式桥墩的节段划分。

（3）施工工序表现。通过工程主体模型、工程辅助模型的分解和构件显示控制，可表现施工工序。通过信息树对象开关控制模型的显示，也可事先设定每个构件显示的时间段，然后通过时间过滤实现工序的关键帧动画表现。作为装配式结构，与现浇结构的重要区别是，增加了预制构件的运输、吊装、精调等过程。

（4）施工工法动画模拟。施工工序通过少量关键帧的动画方式模拟施工过程来表现。该方法通过对构件模型的隐藏/显示控制来实现动画效果，具有通用性。

顶帽吊装过程施工仿真如图7-3所示。

图7-3 顶帽吊装过程施工仿真

（5）施工机械模拟。施工机械的作业动画模拟是虚拟施工的高级表现形式之一，可以直观地模拟完整的施工过程，反映施工难点。施工机械模拟涉及较为复杂的机械关节控制和各关节的联动、机械与物料之间的传送关系。

7.2.2 BIM技术应用

BIM是一种应用于工程设计、建造、管理的数据化工具，通过整合建筑的数字化、信息化模型，在项目策划、施工和维护的全生命周期过程中进行信息传递与共享，为设计单位、建设单位、运营单位提供协同工作的基础，在提升生产效率、降低建设成本和缩短工期方面发挥重要作用。BIM具有可视化、协调性、模拟性、优化性和可出图性五大特点,本项目主要应用BIM技术进行装配式桥梁的模块化设计和参数化模型的建立。

受力学性能的影响,装配式桥墩为流线型双柱式墩,这种桥墩具备以下几何特性:

(1)与普通圆端形实体墩相比,墩身由单柱式分割成双柱式。

(2)在竖直方向上,墩身与顶帽被"切割"后形成3个主要部分:墩身、墩柱2处与顶帽1处。其余部分主要通过现浇混凝土连接。

(3)与常规现浇式结构不同,装配式桥墩的结构分解与其拼装分解架构相一致,从而使得在施工仿真分析、施工信息化平台运行过程中,进度、质量的管理对象与模型分解一一对应。

BIM设计工作涉及多专业协同,为了协调各专业更高效地完成设计工作,达索平台(达索公司基于BIM技术创建的平台)采用"骨架-模板"的设计思想,实现模型之间的关联,通过骨架直接驱动模型变化,实现BIM模型的统一管理和设计中的信息交换,从而提高设计效率。

在预制装配式桥墩精细化设计过程中,"骨架"定义了桥墩各部分的整体定位框架。在"骨架-模板"设计方法中,修改设计参数会导致结构尺寸变化,进而引起骨架空间位置移动,预制装配式桥墩的各个组成部分也会随骨架的移动而变化,自动实现设计更改。

装配式桥墩的"骨架-模板"BIM设计方法如图7-4所示。

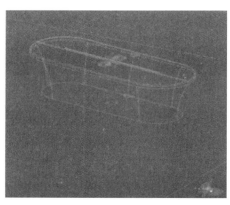

a) 骨架图　　　　　　　　　　　　　　b) 模型图

图 7-4　装配式桥墩的"骨架 - 模板"BIM 设计方法

基于脚本编程语言EKL和"骨架-模板"思想,最终实现了装配式桥墩的精细化、参数化设计。对于以达索公司为BIM设计平台的用户,目前常采用基于"骨架-模板"的建模思想开展单个桥墩的BIM设计,经过封装后,用户的工作内容主要集中在桥墩信息表格的编制上面,有利于提高建模精度和效率。但是该方法存在产生数据库内存垃圾和实例化速度慢的问题。

针对以上问题,研发一种桥墩批量BIM建模解决方案,利用达索系统自带的Compoent Family模块生成可反复使用的位于服务器中的桥墩模型参考。借助CAA二次开发编制桥墩批量建模程序,该程序从服务器索引出对应的模型参考并生成模型实例,修改实例的几何空间位置至与桥墩定位坐标系重合,从而快速完成全桥桥墩实例化。当由于设计变更需要重新生成全桥桥墩模型时,重复上述过程。由于每次仅生成不占用内存的模型实例,从而降低了服务器的内存压力。

用批量建模工具生成的桥墩BIM模型如图7-5所示。

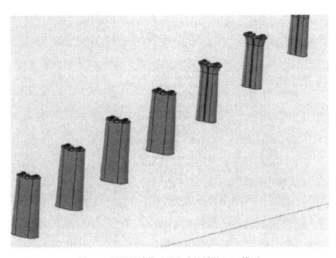

图7-5 用批量建模工具生成的桥墩BIM模型

7.2.2.1 内部结构建模

本平台共涉及5座全预制装配式桥梁,由PHC预应力管桩基础+现浇承台+预制管柱+预制盖梁+双T梁组成,结构虽然简单,但预制构件之间的连接精度高。应用BIM技术对灌浆金属波纹管连接构造及钢筋构造建立模型,方便项目管理人员的交底工作与加工场对加工过程的实时监督。

7.2.2.2 预埋件建模

桥梁的预埋件有灌浆套筒、金属波纹管、伸缩缝、声屏障等。平台按照设计图纸对以上预埋件进行建模,并将模型纳入整体BIM模型后,能够直观并自动检查预埋件与周边钢筋位置关系,避免实际施工过程中的碰撞与冲突。盖梁金属波纹管BIM模型如图7-6所示。

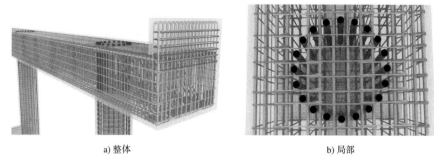

a) 整体　　　　　　　　　　b) 局部

图 7-6　盖梁金属波纹管 BIM 模型

7.2.2.3　参数化建模

对不同类型的构件设置参数，通过调节参数来快速建立其他类型构件，建立项目的预制构件族库，通过不同构件之间的拼接，进行桥梁模型的建立，为后续的项目管理以及BIM应用打下基础。建成后的参数化模型如图7-7所示。

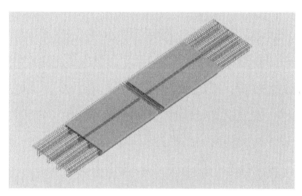

图 7-7　参数化模型

7.2.2.4　二次开发建模

预制构件内部的钢筋型号多、形状多变、位置不一，在实际生产过程中，无论是对现场的钢筋作业人员，还是项目的经营核算人员，都造成了不小的工作压力。平台结合BIM技术，建立构件内部的钢筋模型，三维的钢筋模型能够有效减轻现场作业人员的施工压力，提高识图、辨图的准确性。"二次开发"结合专业应用是解决BIM通用平台向专业化发展的一条路径。

7.2.2.5　钢筋结构分析

与传统的现浇混凝土施工桥梁相比，装配式桥梁具有建造速度快、对交通影响小、整体耗能低、安全系数高等特点，但由于构件的固定性，导致现场无法灵活地进行调节。因此，需要在施工图设计文件会审时对构件内部的钢筋结构进行全面准确的分析，确保现场实际施工的可行性。借用BIM进行钢筋结构分析（图7-8），将钢筋的设计误差控制在毫米级别，也为后期的钢筋作业人员交底提供依据。

图 7-8　构件内部钢筋结构检查

7.2.2.6　设计方案优化

装配式桥梁施工工艺较新，针对此工艺的相关规范较少，难免会出现设计的可施工性不强或不可行等问题，造成返工量增加，影响施工进度，可通过BIM进行设计方案沟通与分析，解决由于设计冲突、可施工性检测带来的问题。通过"设计—检测—设计"的循环过程，消除设计错误和设计忽略，降低施工的返工成本。

7.2.2.7　施工方案比选

将BIM技术与装配式桥梁工程项目的生产管理相结合，能够有效解决项目在实际生产中所遇到的问题，降低作业人员的行为误差，为项目快速、稳定地实施提供坚实后盾；BIM的三维应用、施工模拟，可以帮助决策者整理思路，挑选出最佳的解决方案，为项目的精益管理提供便利，具有较大的实践意义。

7.2.2.8　清单量核查

利用BIM模型分析结构，并快速、准确地提取工程量，减少前期工作中人员的投入，有效减少因手工计算失误对清单量的影响。此外，部分附属工程在设计图纸中没有给出清单量，需要自行进行工程量的统计。通过BIM技术直接建立三维模型，利用软件自动分析工程量，极大地提高了工作效率。

7.2.2.9 助力图纸会审

传统的图纸会审需要投入大量的人员对施工图设计文件进行深入的研究，部分复杂的施工工艺二维图纸较为抽象，给识图、审图工作带来了极大的挑战。利用BIM技术，将二维图纸转换为三维模型，能够直观地展示构件结构及内部构件信息；并与Navisworks、Tekla、midas Civil等分析软件结合，实现三维模型内部的钢筋结构、构件的工程量以及构件间的受力情况分析，以有效提升图纸会审效率和准确性。

7.2.2.10 辅助施工交底

装配式桥梁的核心为梁板的预制与拼装，为保证现场拼装作业的顺利进行，预制加工时的精度要求比传统现浇桥梁精度高，且装配式桥梁的施工工艺较为新颖。借助BIM的可视化优点，以三维可视化的形式模拟出桥梁"预制加工—现场拼装—后续湿接"这一流程的技术难点和控制要点，降低作业人员的理解难度，让作业人员清楚地了解桥梁的构造形式，如图7-9、图7-10所示。

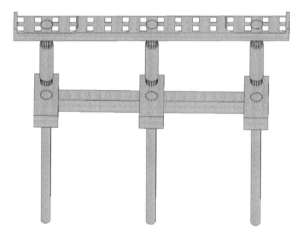

图 7-9　预制构件连接形式

图 7-10　灌浆金属波纹管连接

7.2.2.11 基于BIM的预制装配式桥墩运营监测

随着互联网、物联网以及大数据等前沿技术的发展，运营监测系统也加强了信息化方面的应用。虽然当前各运营监测系统在界面可视化、数据库升级、分析预警等方面均取得了一定的成果，但仍然存在模型信息承载量受限、数据库处理能力不足、缺乏可视化的实时评估等方面的问题。BIM技术的发展为运营监测系统完善或解决上述问题提供了一个新的契机，BIM技术以模型为基础，以数据为核心，可以集成工程结构化和非结构化数据信息，解决工程设计、施工和运营维护不同阶段信息转移遗漏和难以共享等一系列问题。

所以，将BIM平台与运营监测系统进行融合及信息共享，借助BIM技术具备的强大信息共享及可视化管理优势，开发一款融入BIM技术的装配式结构沉降自动化监测平台，用于包括装配式桥墩在内的多种工程结构沉降监测。该监测平台主要由传感器管理、监测数据管理、监测数据分析、运行状态评估、超限预警等子系统组成。该平台嵌入了BIM可视化及监测结果实时展示的功能。BIM模型同时包含监测结构对象以及测点传感器对象，其作为一个数字孪生体系。各传感器收集的沉降结果以时程数据的形式显示于用户交互界面。

7.3 平台应用

7.3.1 生产过程在线管控

平台集成应用BIM、GIS、物联网技术，通过智能感知、在线分析、实时控制，实现对预制构件加工过程的动态管控，有效提高生产过程的可控性，减少人工干预，即时准确获取数据，合理编制生产计划及实时展示施工进度，实现构件生产过程多维度的综合智慧化管控。具体内容如下：

7.3.1.1 机械设备

通过对项目机械设备进出场、操作记录、维保信息的统计分析与管理，辅助优化工程项目资源调配，提高设备利用率，保障项目顺利开展。

（1）机械设备台账

设备管理人员能够通过平台对进厂的机械设备名称、型号、进场日期、是否特种作业设备、计划使用时间、计划退场时间、设备操作人员基本信息及持证情况、设备保养及检修记录等信息进行登记，并按照外租、内租、自购等类别进行分类管理。

（2）机械设备定位

针对起重、运输等重点机械设备，通过在设备中安装定位装置，实现对作业设备运行轨迹的动态管控。平台可根据设备允许运行范围设置电子围栏，当车辆超出设定界限后，平台自动报警并推送信息给设备管理人员。平台可按照一定的时间间隔记录车辆行驶轨迹，并可在历史信息中查看。

7.3.1.2 物料管控

（1）进场登记

对进场的钢筋、砂、碎石、水泥、波纹管、支座、锚具等材料进行台账式记录，形成各类预制构件原材料统计汇总表。

（2）使用管理

根据预制构件生产情况，自动在材料总量中进行扣减，生成剩余材料信息。其中，钢筋在完成钢筋加工及安装工序报检后即可扣减，锚具在完成模板报验后即可扣减，钢绞线在完成张拉报验后即可扣减。同时，可对半成品预估数量同步进行扣减。动态呈现剩余物料的详细数据。如数量不足，则进行预警，管理人员可根据预警情况进行物料动态调配。

7.3.1.3 计量与支付

为规范装配式桥梁建设项目中的计量支付行为，减少或避免工程计量支付中的错计、漏计、少计或超计现象的发生，平台设置计量支付管理模块，实现对项目投资目标的控制，保障项目计量支付工作的顺利开展。计量支付相关数据与BIM模型关联，通过点击相应的BIM模型构件，查看该构件的计量支付情况。

（1）计量支付管理

实现项目实施阶段中间计量单、中期支付报表、付款申请等文件的编制、汇总、申报、批复等相关功能。用户审核中间计量单时，可直接链接查看质量模块中对应的质检资料报表，作为该项质量合格的依据。平台内置计量过程中相关报表格式，如清单支付报表、中期支付证书、工程变更汇总表、价格调整支付表、索赔支付表、违约支付表、计量支付传递单等。材料信息表如图7-11所示。

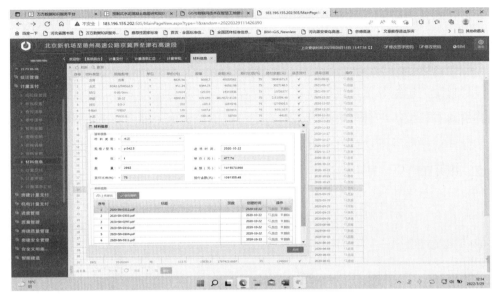

图 7-11 材料信息表

（2）计量统计查询

平台根据各期计量支付情况，自动进行计量支付统计汇总，包括项目计量支付情况、累计计量支付情况、变更计量支付情况、项目计量支付累计金额与合同款的对比。

（3）工程量清单（图7-12）

	子目名	Id	PId	子目号	单位	合同数量	单价(元)	合同金额(元)	审定数量	审定金额(元)
1	总则	3907	0	100						
2	保险费	3914	3907	101-1						
3	建筑工程一切险	3915	3914	101-1-1	总额	1.00	1541557.00	1541557.00	1.00	1541557.00
4	第三者责任险	3916	3914	101-1-2	总额	1.00	738611.00	738611.00	1.00	738611.00
5	竣工文件编制费	3917	3907	102-1	总额	1.00	200361.00	200361.00	1.00	200361.00
6	施工环保费	3918	3907	102-2	总额	1.00	332514.00	332514.00	1.00	332514.00
7	安全生产费	3919	3907	102-3	总额	1.00	5913061.00	5913061.00	1.00	5913061.00
8	交通保畅安全管理费	3920	3907	102-4	总额	1.00	2472540.00	2472540.00	1.00	2472540.00
9	临时施工便道修建、养护与拆除	3921	3907	103-1	总额	1.00	1052889.00	1052889.00	1.00	1052889.00
10	临时供电设施架设、维护、拆除费	3922	3907	103-3	总额	1.00	507329.00	507329.00	1.00	507329.00
11	电信设施的提供、维修与拆除费	3923	3907	103-4	总额	1.00	33965.00	33965.00	1.00	33965.00
12	供水与排污设施	3924	3907	103-5	总额	1.00	247254.00	247254.00	1.00	247254.00
13	承包人驻地建设	3925	3907	104-1	总额	1.00	2173991.00	2173991.00	1.00	2173991.00
14	工地试验室	3926	3907	104-2	总额	1.00	213150.00	213150.00	1.00	213150.00
15	医疗卫生与消防设施	3927	3907	104-3	总额	1.00	238728.00	238728.00	1.00	238728.00
16	标准化工地建设	3928	3907	104-4						
17	施工标示标牌	3929	3928	104-4-1	总额	1.00	102312.00	102312.00	1.00	102312.00
18	拌合站	3930	3928	104-4-2	总额	1.00	1866272.00	1866272.00	1.00	1866272.00
19	预制梁场	3931	3928	104-4-3	总额	1.00	2002821.00	2002821.00	1.00	2002821.00
20	钢筋加工厂	3932	3928	104-4-4	总额	1.00	753253.00	753253.00	1.00	753253.00
21	工程信息化综合管理	3933	3907	104-5	总额	1.00	1181587.00	1181587.00	1.00	1181587.00

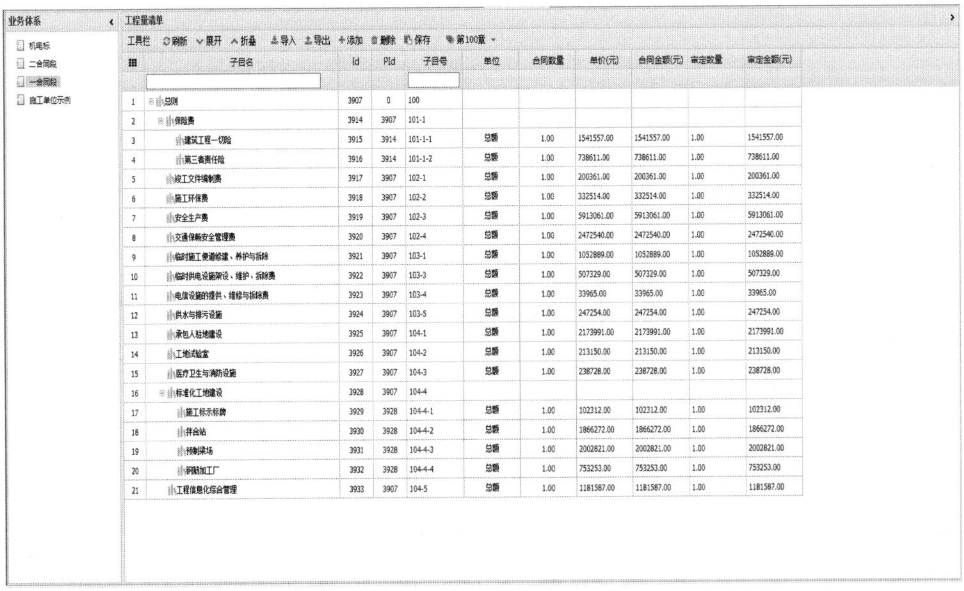

图 7-12 工程量清单

平台提供零号清单上传功能，计量人员在平台中上传零号清单后，可直接填写计价

第 7 章 智能化施工管理

基本信息，平台自动生成计量支付报表，自动整理汇总形成计价台账，并与生产进度产值进行对比，确保计价进度满足施工现场生产需求。

7.3.1.4 质量管控

平台通过信息化技术，实现项目参建各方的协同管控、信息共享，并对装配式桥梁的工程质量进行智能化闭环管控。

（1）首件工程

在每一类别分项工程施工前，将分项工程的第一个施工项目作为首件工程，制定作业指导书和施工工艺方案，严格按照程序策划、修正、实施、验证、总结，形成成熟方案并推广实施。平台支持首件工程开工申请上报、签审等线上业务流转流程，支持以附件形式上传施工方案及其他内容，并可直接打印已签审的首件工程开工申请批复单。

（2）质量巡查

质量巡查模块支持日常巡检信息的在线记录与问题照片的上传留存，并自动生成质量检查管理台账。平台就每一项质量问题进行持续性跟踪检查，直至问题彻底解决，并支持相关整改影像资料的上传功能。

（3）整改通知单

整改通知单（图7-13）用于工程建设过程中发现违规施工现象，经口头通知未整改或问题达到一定严重程度时，下发书面整改处罚文件。整改通知单内容包含存在的问题、整改要求、整改时间等。

图 7-13 整改通知单

平台将整改问题与BIM模型关联，在平台通过列表对全部整改问题进行展示，点击具体条目后，平台可自动在BIM模型中定位到具体结构部位，并查看整改具体信息、结构物属性信息及该结构物挂接的相关内容。

（4）处罚单（图7-14）

用于在建设管理过程中，出现严重违规，或对违规问题经多次纠正或整改，仍未达到相应管理要求时，对相关单位给予一定的经济处罚，督促其对出现的问题严格按照要求进行整改。

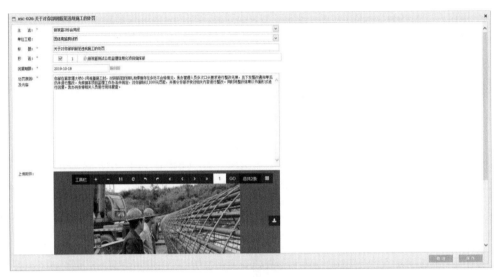

图 7-14　处罚通知单

（5）监理工程师指令

监理工程师指令子模块（图7-15）主要实现监理单位在建设管理过程中对施工单位提出要求的书面通知文件下发。监理指令内容包含现场提出的要求或存在的问题、整改要求、整改时间等，并可抄送上一级管理单位进行监管。

监理工程师指令由监理单位人员根据实际需要在平台上发起，经总监理工程师或驻地监理工程师（代表）审核后下发，施工单位相关人员签收"指令"。施工单位根据提出的通知要求或存在的问题进行反馈或整改后，在线回复。监理人员按照回复内容复查并在线确认。"平台"对于未按规定时间完成的监理工程师指令进行预警提示。自动生成监理工程师指令台账，用户可根据监理工程师指令编号、通知单类型、监理工程师指令主题、时间等条件进行筛选查询。

（6）隐蔽工程验收

隐蔽工程因其隐蔽性，工程完工后复查复检比较困难，有的甚至无法复验。为保证桥梁隐蔽工程质量符合相关规范要求，在隐蔽工程施工过程中应及时、认真、严格地进行隐蔽工程检查验收。

第 7 章　智能化施工管理

图 7-15　监理工程师指令

平台支持隐蔽工程验收的申请、验收、签收及相应内容的记录、附件上传等，涵盖验收情况、验收责任人、参与人员、验收时间、影像资料、相关验收附件等内容。

（7）工程（施工）日志

施工管理人员可通过PC端或手机移动端填写施工日志（图7-16）。平台根据施工日志填写情况自动生成日志台账，对未按照要求完成施工日志填写的人员进行提醒。根据预先设置的权限，管理者可在线浏览查阅工程日志，及时掌握工程日志填写情况，根据相关情况及时做出反映，保证施工日志填写及时，工程如期推进。

图 7-16　在线编辑施工日志

平台将工程日志信息与BIM构件相关联。在BIM信息化系统的前端应用中，管理人员在点选BIM构件时，自动调取与之相关的工程日志信息，供管理者查阅。工程日志管理台账如图7-17所示。

图 7-17　工程日志管理台账

（8）拌和站监测

实时采集拌和站生产的每盘水泥混凝土数据信息（拌和时间、拌和用料、配备、工程部位等），并根据设定好的标准进行误差判断，发现异常数据时进行报警，实现水泥混凝土生产的远程监控管理，做到水泥混凝土质量的事前控制、事后问题追溯，确保工程主体结构水泥混凝土的质量（图7-18、图7-19）。

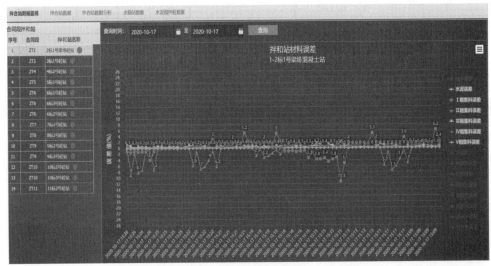

图 7-18　混合料材料误差曲线

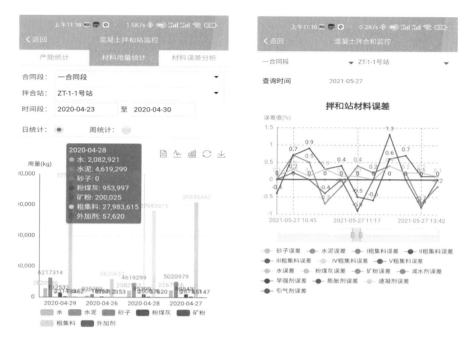

图 7-19 水泥混凝土质量监测（App 端）

7.3.1.5 安全生产

安全生产模块用于安全检查记录、隐患整改、监理工程师指令、风险源辨识等安全管理工作，并结合物联网技术实现对满堂支架、挂篮施工等关键位置、重点工序的在线安全监测，优化传统人工监管模式，加强现场施工可控性，实现项目全方位的安全管控。

（1）安全生产责任人

该子模块对各单位安全生产责任人进行登记。登记内容包括姓名、年龄、联系电话、本人照片、性别、岗位安全责任、岗位风险须知等。

（2）开工审查

在项目或危险性较大的分部分项工程开工前，建设单位或监理单位应对建设项目或各施工合同段危险性较大分部分项工程安全生产条件进行核查。平台支持开工条件核查结论与问题记录、附件上传、在线签审与盖章等功能，自动统计符合项数量、基本符合项数量，自动计算符合率，并生成安全生产条件核查台账。

（3）安全检查记录

该子模块（图7-20）对施工现场安全管理过程中定期或不定期检查内容进行记录。按照检查内容进行分类，安全管理人员将检查内容及结果按要求上传到相应位置，并自动生成安全检查记录表。

图 7-20　安全检查记录

（4）安全隐患排查

平台自动生成安全隐患整改通知单台账，用户可根据通知单编号、隐患部位、受检单位、时间等条件进行筛选查询。

（5）事故快报

为规范建设项目安全生产事故应急管理，及时、有效地减轻或消除事故引起的危害，平台设置事故快报子模块，结合事故报告管理制度对事故快报进行管理。

（6）危险源管理

根据工程类别，平台设置每个类别对应的危险源内容。现场管理人员在工程建设过程中根据现场实际情况对危险源进行巡检（图7-21），记录危险源具体信息，包含危险源发生部位、危险因素、巡检日期、巡检人、发现的问题、防范措施、处理意见等内容。

图 7-21　安全巡检

第7章 智能化施工管理

（7）风险分级管控（图7-22）

工程开工前施工单位应组织工程技术、质量、安全、设备物资等部门人员，按照有关标准和规范，全方位、全过程辨识本项目现场管理（包括设备设施、作业活动等）方面存在的风险。应用该子模块在线进行风险辨识，按照规定的表格自动生成风险清单，对风险辨识成果进行分级标识管理。

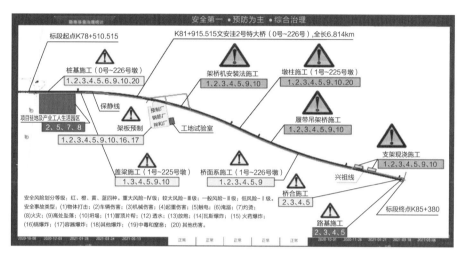

图 7-22 风险分级管控

（8）施工过程安全监测（图7-23）

平台结合信息化技术、可视化技术、物联网技术、无线传输技术，改进传统的以图表和现场人工监管的管理模式，应用该子模块，实现预制梁拼装施工关键部位的安全风险云端监测，实时采集施工中装配式桥梁主要构件的位移、倾斜、沉降、挠度、应力等数据，并集成到BIM模型中，直观展现桥梁的施工状态。

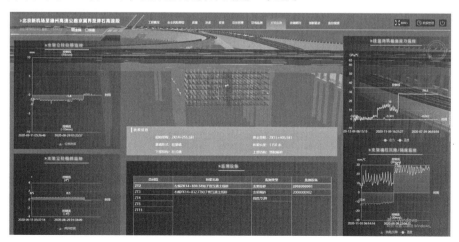

图 7-23 施工过程安全监测

7.3.1.6 进度管控

（1）计划编制（图7-24）

根据编制的梁板预制计划生成桥梁下部施工计划，用以对梁板预制及桥梁下部的施工进行组织和参考，使施工进度计划的编排合理、准确。

图 7-24　计划编制

（2）进度统计

在三维场景中可以直观查看桥梁下部结构的施工进度情况，将已完成的结构部位采用实体模型、未施工的采用半透明模型进行展示（图7-25）。同时辅以图表、二维平面图等方式对各相关桥梁的工程进度数据进行辅助展示（图7-26）。

图 7-25　制梁过程三维监管

第 7 章 智能化施工管理

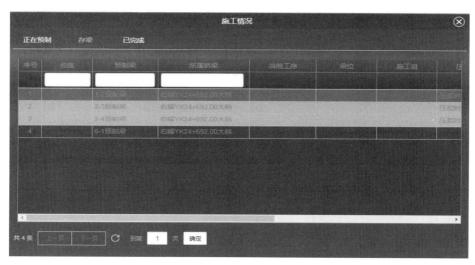

图 7-26　施工进度"二维"展示

7.3.1.7　智慧梁场

通过BIM查看预制梁生产过程和各项关键控制环节、关键指标管控情况，提高生产过程可控性，减少人为干预，使其管理更加科学、高效、合理。

（1）台座配置（图7-27）

对梁场的台座使用进行配置，并将配置前后的台座在BIM中区别展示，辅助管理者对构件生产过程中梁场台座使用情况进行把控，优化施工组织设计。

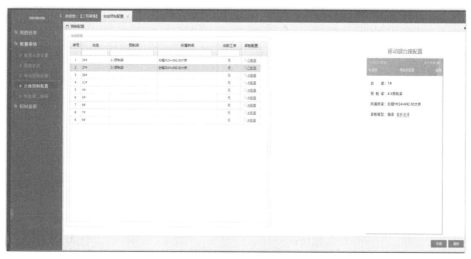

图 7-27　台座台账配置

（2）工序报验（图7-28）

平台内置梁板预制工序控制流程（工序控制流程可根据实际管理控制要求细化）。

每道工序按照设定的流程完成施工生产报验，对梁板的生产进行预制过程管理，并可在PC端及App查看梁板预制工序情况。

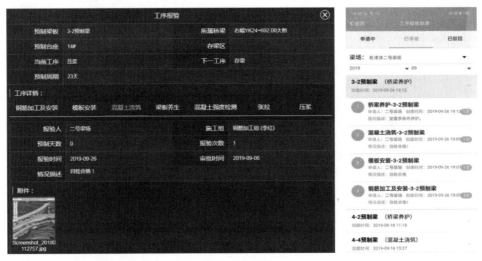

图 7-28　工序报验

（3）存梁管理（图7-29）

在存梁时，根据梁板安装顺序对存梁位置进行配置，将后安装的梁板放在底层，避免因梁板存放混乱，导致后期安装时额外工作量的增加。

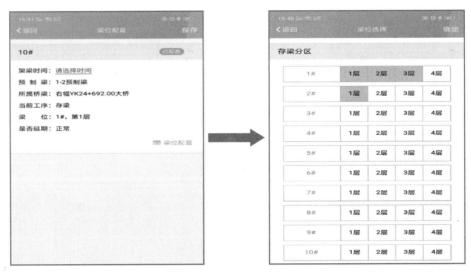

图 7-29　存梁台账配置

（4）构件二维码

平台为每个预制构件生成一个"二维码"。在构件生产加工阶段，管理班组将二维码粘贴在预制构件成品上，作为仓储和运输的身份标识。现场质量管理员接收进场的构件，录入构件进场质量验收信息；在构件吊装时，施工员录入构件吊装状态。预制构件通过扫码录入进度后，信息平台上会有一个与之对应的 BIM 模型构件改变颜色，不同的颜色代表该构件处于不同的工序状态。管理人员可以随时随地通过平台上的BIM 模型快速了解施工现场所有预制构件所处状态。基于二维码的安装进度"三维"可视化监控如图7-30所示。

图 7-30　基于二维码的安装进度"三维"可视化监控

（5）预应力张拉压浆

平台支持现场智能张拉压浆设备的数据接入，从设备监管（图7-31）和数据监管两部分体现张拉压浆实际情况。在预应力钢绞线张拉、孔道压浆的过程中，各项相关数据将实时上传至平台，接受上级监管部门的监督、审阅，同时用户也可以借助于移动端应用程序，随时随地通过手机或平板电脑进行查阅（图7-32）。

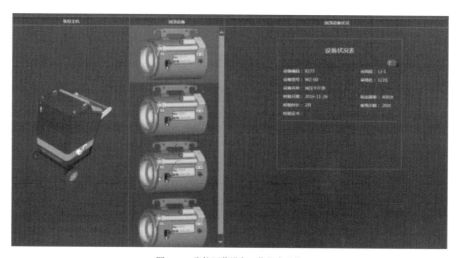

图 7-31　张拉压浆设备工作状态监管

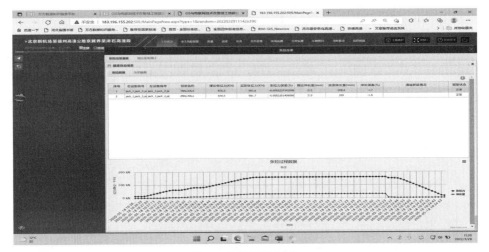

图 7-32　张拉过程数据监测

7.3.1.8　工序验收

平台根据不同分部分项工程及施工工艺，对相应工序流程进行自定义配置，并按照预先配置的流程执行工序报验。工序报验以分项工程为单位进行。施工过程的工序报验均支持线上申请、审批，现场报验时可采用App执行相应操作。

平台支持工序报验信息与BIM模型的互通关联，用户通过在BIM模型点击结构物模型，即可查看其工序报验全部过程信息。平台可将工序报验信息生成二维码，用户可扫描二维码查询工序报验信息。

工序配置如图7-33所示。

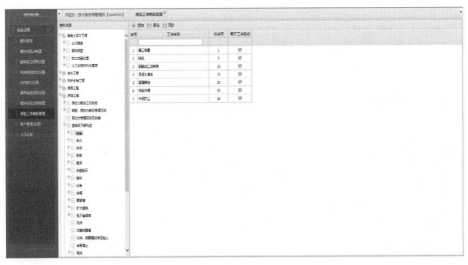

图 7-33　工序配置

7.3.1.9 视频监控

通过现场安装摄像装置，对现场视摄像机进行统一规划、统一管理、分布存储，以光纤专线为传输介质，采用无线网桥技术将监控数据与录像硬盘机连接，并通过网络传输至监控室。平台在BIM模型上对监控设备位置进行标识，用户可通过PC端、移动端进行视频查看、预览、回放，支持视频监控的云台操作，有利于实时动态掌控现场作业、工程进度情况。

梁场实时监控如图7-34所示。

图 7-34　梁场实时监控

7.3.1.10 环境监测

为满足装配式桥梁建设项目需求，平台对接施工现场布设的能见度仪、声级仪、粉尘传感器、温度、湿度、风速等自动监测设备，获取施工环境数据，实现施工现场的环境实时监控。同时根据各种监测数据情况，对其超标值进行设置，当超过一定标准值后系统进行预警提示。

梁场环境监测如图7-35所示。

7.3.2 生产要素全息管理

将装配式桥梁建设过程中产生的文件、图纸、照片、影像资料、质量保证（简称"质保"）资料等进行分类管理并保存，实现生产数据的全息管理，便于相关人员查阅桥梁建设信息，为项目后期维护管理提供便利。

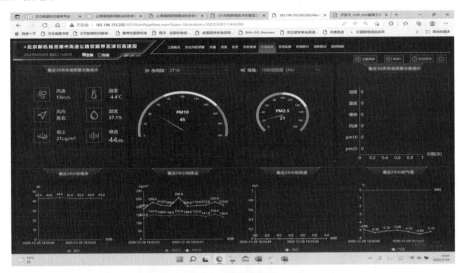

图7-35　梁场环境监测

（1）质保资料管理

质保资料管理模块对施工过程中的各种质量保证资料进行统一管理，确保质保资料及时性、真实性、准确性。平台依据相关文件建立资料表格模板库，涵盖建设单位、监理单位、施工单位各层级管理用表及质量保证资料用表。

资料填写完成后，按照平台预先设置的审核顺序及层级进行审核。平台支持资料的在线签审，在审核完成后自动形成资料目录，便于后续查询、调用。质保资料与BIM模型关联挂接，点击BIM模型某一构件时即可在弹出页中查询浏览该构件的质保资料。

模型资料查询如图7-36所示。

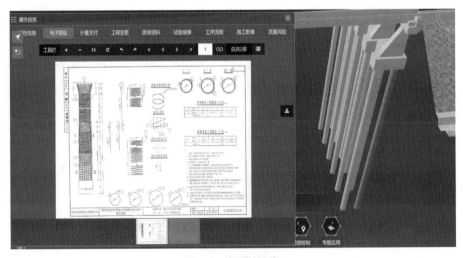

图7-36　模型资料查询

(2)施工影像采集

施工影像采集模块,通过对装配式桥梁生产全过程影像资料的上传(图7-37)、存储,为施工生产、竣工交验、技术交流、安全培训等提供最原始、最真实的资料。

图 7-37 施工影像上传

(3)电子图纸管理

电子图纸管理模块通过对装配式桥梁设计、施工、竣工等电子图纸的上传与存储,实现施工、运营过程中图纸信息的实时调取查阅,为桥梁施工、养护提供原始参考资料。电子图纸配置如图7-38所示。

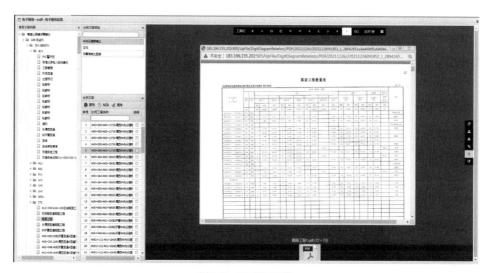

图 7-38 电子图纸配置

7.3.3 关键指标在线监控

通过平台实现对装配式桥梁建设的三维状态及项目进度、投资等信息的交织关系进行数字化模拟。平台针对多工种、多单位之间的协同流程和管理要点，以项目投资、质量、安全管控为核心，通过PC端、移动端多模式信息交互，实现对装配式桥梁施工全过程、全周期的质量、安全、进度、费用的宏观掌控，用于集中管理、查看、统计和分析工程管理信息。大数据看板通过与各子系统模块的对接，对生产情况进行统计，以图表形式展示项目宏观统计分析数据、安全预警信息数据、质量预警信息数据、计划进度执行情况数据、投资完成情况数据等（图7-39~图7-42），并能够实现按安全、质量、进度、投资等相关业务查询详细数据，为项目管理和决策提供依据。

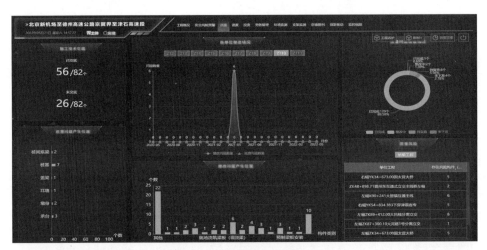

图 7-39　质量监测数据可视化看板

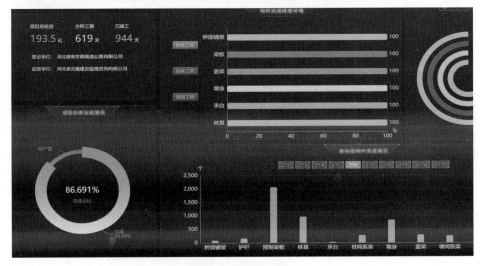

图 7-40　进度信息看板

图 7-41 安全信息看板

图 7-42 投资信息看板

7.4 小结

基于BIM技术对本项目进行模块化设计，对桥梁的各个构件进行参数化建模，同时将设计与施工相结合，优化施工方案，为实际工程提供科学依据，同时应用到生产管理中，为项目精细化管理提供了便利，具有实践意义。此外，本项目集成BIM、GIS、大数据、物联网等技术，开发了装配式桥梁智能施工管控平台，为公路基础设施的数字化建设、精细化管控、智能化分析、科学化决策提供全过程、全方位的技术支撑。

智能建造是建立在高度信息化、工业化和社会化基础上的一种信息融合、全面物联、协同运作、激励创新的工程建造模式，也是建造技术的高级形态，需要经历长期的发展过程。从国内外的一些研究成果以及应用案例来看，目前我国桥梁行业正处于工业化建造尚未完全铺开、数字化建造刚刚起步的阶段，距实现智能建造有较大距离，需要花大力气开展桥梁智能建造技术研究，找差距、补短板，尽快迎头赶上。针对未来我国桥梁智能建造技术的发展，提出以下几点思考与建议：

（1）构建架构完善的技术体系：目前的桥梁智能化建造技术研究及应用实践非常零散，需打造从基础层、平台/支撑、关键技术、产品及服务、应用的5个层次技术体系（图7-43）。

图 7-43 智能建造技术体系架构

（2）加强核心领域的技术攻关：还需继续对涉及智能建造的桥梁设计、装配式结构、高性能材料、施工与装备、传感与监控、运营管理等开展深入研究，推进全产业链的智能化发展。

（3）提升核心技术的统筹能力：大数据、物联网等都是以计算机专业为主导的新兴技术，统筹这些技术在桥梁建造中的应用成为关键。

（4）打造专业齐全的研发团队：目前我国在工程技术、工程管理方面的人才队伍较为齐备，但智能建造相关领域人才仍严重缺乏，亟须建立智能建造技术研发团队和人才梯队，培养一定数量的既懂工程技术，又具有数字化思维的复合型人才。

未来5~10年仍是桥梁创新发展及转型升级的重要机遇期，每一个桥梁人都重任在肩，需紧紧围绕智能建造这个主题开展技术攻关、示范及应用，以更好地支撑国家重大发展战略，保障桥梁安全长寿。

第8章 质量检验

8.1 工程材料试验检验

预制拼装桥梁水泥混凝土宜采用高性能混凝土，强度等级不宜低于C40。高性能混凝土的原材料及配合比应满足现行《公路桥涵施工技术规范》（JTG/T 3650）的规定。

预制拼装桥梁主要受力非预应力钢筋，应采用HRB400级及以上热轧钢筋。钢筋的表面应洁净、无损伤，钢筋应平直、无局部弯折，伸入灌浆金属波纹管的钢筋端头切断后应磨平，预制构件及承台预埋外露钢筋应采取临时防护措施，防止钢筋锈蚀和污染。

钢筋连接用灌浆套筒或钢筋锚固用灌浆波纹钢管中使用的高强无收缩水泥灌浆料应满足现行《钢筋连接用套筒灌浆料》（JG/T 408）的规定和设计要求。灌浆料进场时生产厂家应提供产品合格证、使用说明书和产品质量检测报告。高强无收缩水泥灌浆料宜采用配套灌浆掺合料，规格不宜大于每袋25kg。高强无收缩水泥灌浆料应在在干燥条件下存放，未开封包装前有效存放时间不得大于3个月，开封包装后应立即使用，如有剩余应做废弃处理。

不同类型构件拼接缝间的砂浆垫层，应采用高强无收缩砂浆，28d抗压强度不应小于60MPa，并应高出被连接构件强度等级的一个等级（5MPa），28d竖向膨胀率应控制在0.02%~0.10%，氯离子含量≤0.03%。砂浆垫层宜选用质地坚硬、级配良好的中砂（天然砂或机制砂），细度模数应不小于2.6，含泥量不应大于1%，且不应存在泥块。砂浆垫层初凝时间宜大于2h。砂浆垫层料进场时生产厂家应提供产品合格证、使用说明书和产品质量检测报告，报告中应包含材料性能指标检测结果。

钢筋锚固用灌浆波纹钢管采用外形为带闭合圆环状波纹的圆钢管，可由符合《直缝电焊钢管》（GB/T 13793—2016）规定的直缝电焊钢管或符合《结构用无缝钢管》（GB/T 8162—2008）规定的无缝钢管加工而成，封口板应选用符合《优质碳素结构钢》（GB/T 699—2015）规定的优质碳素结构钢。钢筋锚固用灌浆波纹管下端应设置压浆口连接压浆管，上端应设置出浆口连接出浆管或直接由端部出浆；压浆口下缘与端部净距应为30~50mm；需设置出浆管的，出浆孔设置在管顶。钢筋锚固用灌浆波纹管不得拼接。锚固波纹管长度、钢筋伸入锚固波纹管的锚固长度应满足表8-1规定，同时应满足设计要求，锚固波纹管内径不应小于d_s+30mm（d_s为被锚固纵向钢筋直径）。

波纹管规格表（单位：mm） 表8-1

钢筋直径 d_s	20	22	25	28	32	36	40
波纹管外径 D	65	68	70	76	80	83	89
壁厚 t	\multicolumn{7}{c}{2}
波高 a	\multicolumn{7}{c}{5}
波谷处外径 d	\multicolumn{7}{c}{$d=D-2\times a$}
波谷处内径 d_1	\multicolumn{7}{c}{$d_1=d-2\times t$}
锚固长度 L	\multicolumn{7}{c}{混凝土强度等级 C40 及以上：不小于 $24d_s$；混凝土强度等级 C30：不小于 $28d_s$}
波纹形式	\multicolumn{7}{c}{连续折线}
波纹图示	\multicolumn{7}{c}{〜〜〜}
波距 p	\multicolumn{7}{c}{32}
波宽 b	\multicolumn{7}{c}{0~20}

注：进浆孔、出浆孔的设置、位置和外形根据工程设计需要而定。

封口板根据工程需要设置。

钢筋锚固用灌浆波纹管精度应满足表8-2要求。

钢筋锚固用灌浆波纹管尺寸偏差表（单位：mm） 表8-2

序号	项目	尺寸偏差	序号	项目	尺寸偏差
1	壁厚 t	±0.5	5	内径 d_1	±3.0
2	波距 p	±2	6	长度 L	±5
3	波高 a	±0.5	7	切口面倾斜*	<1%d
4	外径 D	±1.0	8	直线度	±2mm/延米

注：*切口面倾斜指标详见图8-1。

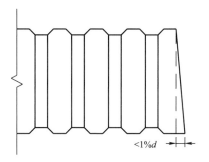

图 8-1 切口面倾斜示意图

机械加工灌浆波纹钢管表面不应有裂纹或影响连接性能的其他缺陷，断面和外表面处应无尖棱、毛刺。灌浆波纹钢管表面不应有锈斑、锈皮、油污、附着物、孔隙及异常褶皱。灌浆波纹钢管焊缝表面无气孔、裂纹、夹渣及飞溅物等缺陷。切口平直，无明显锯齿状。灌浆波纹钢管与高强无收缩水泥灌浆料组合体系性能应符合《钢筋机械连接技术规程》（JGJ 107—2016）中Ⅰ级连接接头的规定，接头试件实测抗拉强度不应小于被连接钢筋的抗拉强度标准值，且破坏时应断于接头外钢筋处。钢筋波纹钢管灌浆锚固接头单向拉伸试验加载过程中，当接头拉力达到连接钢筋抗拉荷载标准值的1.15倍而未发生破坏时，应判为抗拉强度合格，可停止试验。灌浆波纹钢管在储存和运输过程中应采取防水、防潮、防腐、防挤压等措施，避免油渍、污渍、泥土等污染，防止锈蚀和损伤。

8.2 预制构件制作过程质量检验

8.2.1 定位装置

构件预制用钢筋笼胎架、钢筋笼定位板、预制台座、模板、吊具等设备应根据具体预制工艺和精度要求进行专项设计。桥墩预制构件的模板应有钢筋定位措施，确保预制构件伸出钢筋满足拼装精度要求。预制墩柱主受力钢筋、灌浆金属波纹管的定位模板刚度、精度应满足预制墩柱、盖梁拼装精度要求。需安装预制墩柱的承台，预留墩柱主受力钢筋的定位架刚度、精度应满足预制墩柱拼装精度要求。需安装预制盖梁的预制墩柱，墩柱顶主受力钢筋的定位架刚度、精度应满足预制盖梁拼装精度要求。钢筋胎架基本要求：胎架的形式必须与胎架设计方案相符；胎架的钢板、型钢、焊接、连接、调节装置必须与胎架设计方案相符；胎架连接装置应设计为快速连接和快速拆除；胎架外形整体平顺整齐,不得有变形、破损等缺陷;胎架安装完成后必须经过验收合格后挂牌才可进行钢筋模块施工。

(1)承台预埋墩柱钢筋定位架实测项目应符合表8-3要求。

承台预埋墩柱钢筋定位架实测项目   表8-3

项次	检查项目		规定值或允许偏差	检查方法和频率
1	承台预埋钢筋定位孔中心间距(mm)	相邻	±0~5	钢尺量:每根
		对角线	±1	
2	两个墩柱钢筋定位孔中心间距(mm)		±2	钢尺量:测4个点
3	定位架平整度(mm/m)		1	靠尺量:每个,测4个点

(2)墩柱灌浆金属波纹管和主筋定位板实测项目应符合表8-4要求。

墩柱灌浆金属波纹管和主筋定位板实测项目   表8-4

项次	检查项目		规定值或允许偏差	检查方法和频率
1	墩柱灌浆金属波纹管中心间距(mm)	相邻	±0~5	钢尺量:每根
		对角线	±1	
2	定位架平整度(mm/m)		1	靠尺量:每个,测4个点

(3)盖梁灌浆波纹钢管定位板实测项目应符合表8-5要求。

盖梁灌浆波纹钢管定位板实测项目   表8-5

项次	检查项目		规定值或允许偏差	检查方法和频率
1	盖梁灌浆金属波纹管中心间距(mm)	相邻	±0.5	钢尺量:每根
		对角线	±1	
2	定位架平整度(mm/m)		1	靠尺量:每个,测4个点

(4)钢筋胎架实测项目应符合表8-6要求。

钢筋胎架实测项目   表8-6

项次	检查项目		规定值或允许偏差	检查方法和频率
1	胎架尺寸(mm)	宽度	±2	钢尺量:每个胎架每次组装检查3个断面
		长度		
		高度		
2	主筋槽口间距(mm)		±2	钢尺量:首次组装逐个实测

8.2.2 钢筋模块

钢筋机械连接质量验收内容和标准参照现行《钢筋机械连接技术规程》(JGJ

107）。焊接钢筋的质量验收内容和标准参照现行《钢筋焊接及验收规程》（JGJ 18）。构件钢筋笼加工、钢筋连接用灌浆套筒或钢筋锚固用灌浆波纹钢管安装定位、预埋件埋设等精度控制应按照本章具体规定严格执行，验收合格后方可使用。预制墩柱、盖梁钢筋笼应在专用胎架上制作加工成型，胎架上支撑定位体系布置应保证主要受力钢筋不变形。

钢筋模块制作基本要求：钢筋、机械连接器、焊丝等品种、规格和技术性能应符合国家现行标准规定和设计要求；每天对钢筋切断、弯配质量按10%进行抽查。主要受力钢筋下料长度应严格控制，允许偏差为±2mm，同时钢筋端部应打磨平整；钢筋模块在胎架上一次性组装成型，完成后可再分节运输。钢筋模块按设计节段分解时，不得损伤主筋及机械连接器；机械连接加工的长度、直径、丝长、扭力等必须符合要求；钢筋模块的保护层垫块、灌浆波纹钢管必须在加工车间安装完成；钢筋模块成品必须验收合格后挂牌出厂。

钢筋模块现场安装基本要求：钢筋模块安装前必须检查验收牌；钢筋模块对接区域内的箍筋、横向水平钢筋、螺旋钢筋间距及数量符合图纸要求；受力钢筋同一截面的接头数量、搭接长度、焊接或机械连接质量应符合相关施工技术规范要求。

（1）承台预埋墩柱钢筋实测项目应符合表8-7要求。

承台预埋墩柱钢筋实测项目　　　　　　　　　　　表8-7

项次	检查项目	规定值或允许偏差（mm）	检验方法和频率
1	预埋墩柱钢筋中心线位置	2	钢尺量：每根
2	预埋墩柱钢筋外露长度	±2	
3	承台顶面高程	±5	水准仪：每个承台测4个点
4	承台顶面平整度	±5	靠尺量：每个承台测4个点

（2）墩柱预制构件钢筋模块实测项目应符合表8-8要求。

墩柱预制构件钢筋模块实测项目　　　　　　　　　　表8-8

项次	检查项目		规定值或允许偏差	检验方法和频率
1	墩柱钢筋	中心位（mm）	2	尺量：每根
		外露长（mm）	±2	
2	灌浆金属波纹管	位置（mm）	2	钢尺量：每件纵横方向各测1点
		垂直度	L/800	沿预埋件全高拉线，用钢尺量：每件

注：L为波纹管长度。

（3）盖梁预制构件钢筋模块实测项目应符合表8-9要求。

盖梁预制构件钢筋模块实测项目 表8-9

项次	检查项目		规定值或允许偏差	检验方法和频率
1	灌浆波纹钢管	位置（mm）	2	钢尺量：每件纵横方向各测1点
		垂直度	L/800	沿预埋件全高拉线，用钢尺量：每件
		长度（mm）	±5	钢尺量：每个
2	盖梁纵坡（桥梁横坡）		±0.15%	钢尺量：每个构件端部、中间各1点，共测3个点

注：钢筋安装和预应力筋施工实测项目要求按《公路工程质量检验评定标准 第一册 土建工程》（JTG F80/1—2017）执行。

（4）双T梁预制构件钢筋模块实测项目应符合表8-10要求。

双T梁预制构件钢筋模块实测项目 表8-10

项次	检查项目	允许偏差（mm）	检验方法
1	桥面主筋间距及位置偏差（拼装后检查）	±15	尺量检查不少于5处
2	箍筋间距及位置偏差	±15	
3	T肋箍筋的垂直度（偏离垂直位置）	±15	
4	钢筋保护层厚度与设计值偏差	±5 0	
5	其他钢筋偏移量	20	

8.2.3 吊点

桥墩预制构件中必须按吊装受力需要设置吊点，吊点的计算应根据吊装工况计入动力系数，并取用不低于3倍的安全系数。吊点位置及构造应经专项施工方案评审后实施。采用多根钢筋或钢绞线的吊点，应采取套管等构造措施，保证钢筋或钢绞线均匀受力。吊点钢筋或钢绞线应采用可靠的锚固构造和措施，并满足锚固力在混凝土中扩散受力的需要。锚固长度根据计算确定，经专项施工方案评审后实施。

吊点模块实测项目应符合表8-11要求。

吊点模块实测项目 表8-11

项次	检查项目	规定值或允许偏差	检查方法和频率
1	外套薄壁钢管弯曲内径（mm）	100~150	尺量：每个
2	埋入构件锚固深度（mm）	设计要求或试验确定且不小于900	尺量：每个
3	吊点位置（mm）	≤10	尺量：每个
4	吊具卸扣销轴直径（mm）	≥76（对应卸扣规格不小于85t）	尺量：每个

8.2.4 预制构件成品检验

监理单位和施工单位代表应驻厂监督生产过程，驻厂质量检验资料应随构件进场，混凝土预制构件进场后应进行构件实体检验，对构件混凝土强度、钢筋保护层厚度、几何尺寸等进行检查。预制构件临时固定措施应符合设计、专项施工方案的要求及相关技术标准的规定。按混凝土预制构件进场批次检查其出厂检验报告；混凝土预制构件的标识应完整。混凝土预制构件的混凝土强度应符合设计要求。混凝土预制构件中主要受力钢筋数量应满足设计文件的要求。混凝土预制构件钢筋保护层厚度应满足国家现行标准及设计文件的要求。混凝土预制构件的拼装接触面的凿毛应符合设计要求。预制构件出厂时应对灌浆波纹钢管进行全数通水检查。

（1）管桩的外观质量实测项目应符合表8-12的要求。

管桩的外观质量实测项目 表8-12

序号	项目		外观质量要求
1	粘皮和麻面		局部粘皮和麻面累计面积不应大于桩总外表面的0.5%；每处粘皮和麻面的深度不得大于5mm，且应修补
2	桩身合缝漏浆		漏浆深度不应大于5mm，每处漏浆长度不得大于300mm，累计长度不得大于管桩长度的10%，或对漏浆的搭接长度不得大于100mm，且应修补
3	局部磕碰		局部磕碰深度不应大于5mm，每处面积不得大于5000mm²，且应修补
4	内外表面露筋		不允许
5	表面裂缝		不得出现环向和纵向裂缝，但龟裂、水纹和内壁浮浆层中的收缩裂缝不在此限
6	桩端面平整度		管桩端面混凝土和预应力钢筋镦头不得高出端板平面
7	断筋、脱头		不允许
8	桩套箍凹陷		凹陷深度不应大于10mm
9	内表面混凝土塌落		不允许
10	接头和桩套箍与桩身结合面	漏浆	漏浆深度不应大于5mm，漏浆长度不得大于周长的1/6，且应修补
		空洞与蜂窝	不允许

（2）管柱预制构件实测项目见表8-13。

管桩预制构件实测项目 表8-13

序号	检查项目	检查工具和检查方法	测量工具分度值（mm）
1	混凝土保护层厚度	用深度游标卡尺或钢直尺在管桩中部同一断面的3处不同部位测量，精确至0.1mm	0.05
2	长度	用钢卷尺测量，精确至1mm	1
3	外径	用卡尺或钢直尺在同一断面测定相互垂直的两直径，取其平均值，精确至1mm	1
4	壁厚	用钢直尺在同一断面相互垂直的两直径上测定4处壁厚，取其平均值，精确至1mm	0.5

续上表

序号	检查项目	检查工具和检查方法	测量工具分度值（mm）
5	桩端部倾斜	将直角靠尺的一边紧靠桩身，另一边与端板紧靠，测其最大间隙处，精确至1mm	0.5
6	桩身歪曲度	将拉线紧靠桩的两端部，用钢直尺测量其弯曲处的最大距离，精确至1mm	0.5
7	漏浆长度	用钢卷尺测量，精确至1mm	1
8	漏浆深度	用深度游标卡尺测量，精确至0.1mm	0.02
9	裂缝宽度	用20倍读数放大镜测量，精确至0.1mm	0.01
10	端板端面平整度	用钢直尺立起横放在端板面上缓慢旋转，用塞尺测量最大间隙，精确至0.1mm	0.02

（3）墩柱预制构件实测项目应符合表8-14的要求。

墩柱预制构件实测项目 表8-14

项次	检查项目		规定值或允许偏差（mm）	检验方法和频率
1	断面尺寸		±5	钢尺量：每个构件两侧各1个断面，宽、厚各2点共4个点
	高度		0，-5	钢尺量：每个构件两侧各1点，共2个点
2	表面平整度		3	2m靠尺和塞尺量：每个构件测2个点
3	侧向弯曲		H/750	沿构件全高拉线，用钢尺量：每个构件
4	灌浆套筒中心线位置		2	尺量：每个预埋件
5	墩柱顶外露主筋	中心线位置	2	尺量：每根
		外露长度	±2	

（4）盖梁预制构件实测项目应符合表8-15的要求。

盖梁预制构件实测项目 表8-15

项次	检查项目		规定值或允许偏差（mm）	检验方法和频率
1	长		±5	钢尺量：每个构件两侧各1点，共2个点
	宽		+5，0	钢尺量：每个构件两端及中间各1点，共3个点
	高		±5	钢尺量：每个构件两端及中间各1点，共3个点
2	表面平整度		3	2靠尺和塞尺量：每个构件测2个点
3	侧向弯曲		L/750	沿构件全长拉线，用钢尺量：每个构件
4	灌浆波纹钢管、锚垫板中心线位置		2	尺量：每个预埋件
5	支座垫石	中心线位置	5	尺量：每个垫石测2个点
		长度、宽度、高度	±5	

（5）双T梁预制构件实测项目应符合表8-16的要求。

双T梁预制构件实测项目　　　　表8-16

序号	项　目		允许偏差（mm）	检验方法
1	梁全长		±10	检查桥面及底板内侧
2	腹板厚度		+10 0	检查1/4截面、跨中截面、3/4截面、梁两端截面
3	桥面及防护墙内侧宽度		±10	
4	桥面内外侧偏离设计位置		5	从支座螺栓中心放线引向桥面
5	梁高		+10 0	检查两端
6	隔板厚度		+10 0	尺量
7	表面倾斜度偏差		每米高度3	测量检查不少于5处
8	表面平整度		3	1m靠尺测量不少于15处
9	钢筋保护层厚度		90%测点实测值不小于设计值	专用仪器测量，跨中和梁端的顶板顶面、底板底面、腹板两侧、梁端面各两处（每处不少于10点）
10	上支座板	每块板边缘高差	1	用水平尺靠量
		支座中心线偏离设计值	3	
		螺栓外露长度	+10 0	尺量

8.3　构件现场安装质量检验

预制拼装桥梁锚固钢筋用的灌浆料进场后应进行抽样检验，检验参数为抗压强度（1d、3d、28d）、流动性、竖向膨胀率、泌水率。检验方法应符合现行《水泥基灌浆材料应用技术规范》（GB/T 50448）和《钢筋连接用套筒灌浆料》（JG/T 408）的规定。按进场批次每50t为一个检验批，不足50t的也作为一个检验批。

8.3.1　构件吊装就位及坐浆

桥墩、管桩预制构件安装施工时，构件的品种、规格和尺寸应符合设计要求。桥墩、管桩预制构件吊装时，应先进行预拼装，初步调整预制构件高程、垂直度后再进行坐浆、正式吊装。墩柱与承台、墩柱与盖梁的接缝砂浆垫层强度应满足设计要求。每个拼接部位取样不得少于1次，每次制作1组边长为70.7mm的立方体试件，标准养护28d后进行抗压强度试验。

（1）墩柱预制构件吊装实测项目应符合表8-17中的规定。

墩柱预制构件吊装实测项目　　　　　表 8-17

项次	检查项目	规定值或允许偏差（mm）	检验方法和频率
1	轴线位置	5	经纬仪及尺量：每个墩柱纵横各1点，共2点
2	顶面高程	±5	水准仪测量：每个墩柱1个点
3	相邻间距	±5	钢尺量：每个墩柱1点
4	相邻墩柱顺桥向错位	±5	经纬仪及尺量：每个墩柱1点
5	垂直度	≤ 0.3%H 且不大于10	经纬仪测量或垂线、尺量：每个墩柱纵横向各1点，共2点
6	相邻节段间错台	3	钢板尺和塞尺：每个接头纵横向各1点，共4点
7	接缝宽度	±5	尺量：每个接头，共2点

注：H 为墩高。

（2）盖梁预制构件吊装实测项目应符合表8-18中的规定。

盖梁预制构件吊装实测项目　　　　　表 8-18

项次	检查项目	规定值或允许偏差（mm）	检验方法和频率
1	轴线位置	8	经纬仪及尺量：每个盖梁纵横各2点，共4点
2	顶面高程	0，-5	水准仪测量：每个盖梁两端及中间各1点，共3点
3	垂直度	≤ 0.3%H 且不大于5	经纬仪测量或垂线、尺量：每个盖梁纵横向1点，共2点
4	相邻节段间错台	3	钢板尺和塞尺：每个接头纵横向各1点，共4点
5	支座垫石预留中心线位置	10	尺量：每处纵横向各2点，共4点
6	接缝宽度	±5	尺量：每个接头，共2点

注：H 为盖梁高度。

8.3.2　钢筋波纹钢管灌浆锚固

施工单位应在钢筋连接及预制构件接缝灌浆前，单独编制灌浆连接及接缝灌浆专项施工方案，并经工程主管部门审批后方可实施。专项施工方案中应明确吊装灌浆工序作业流程及时间点、灌浆料拌和、灌注及补灌工艺、接缝坐浆或灌浆工艺等要求。施工前应对灌浆施工操作人员开展职业技能培训和考核，取得合格证书后，方可进行灌浆作业。灌浆施工前，应按照专项施工方案拟定的灌浆配比和灌浆工艺流程制作试件（试件数不少于本评定标准相关要求或者设计文件中要求的数量），并进行灌注质量及接头抗拉强度试验；经检验合格后，方可进行后续灌浆施工。灌浆施工出浆孔未流出圆柱体灌浆料拌合物不得进行封堵，持压时间不得低于相关规范要求。当出浆孔出现无法出浆的情况时，应进行补浆，补灌工艺应符合现行《钢筋套筒灌浆连接应用技术规程》（JGJ

355）的规定。灌浆施工环境温度应符合灌浆料产品使用说明书要求；环境温度低于5℃时不宜施工，低于0℃时不得施工；当环境温度高于30℃时，应采取降低灌浆料拌合物温度的措施。施工单位应根据灌浆料特性、灌浆工艺要求选择符合灌浆压力等参数要求的灌浆机。灌浆操作全过程应有专职质量检验人员进行旁站监督并及时形成施工质量检查记录；实际灌浆量应当符合规范和设计要求，做好施工记录；灌浆施工应进行全程录像。视频影像资料中须包含灌浆操作人员、专职质量检验人员、旁站监理人员、灌浆部位、预制构件编号、套筒/波纹钢管顺序编号、灌浆出浆等信息。灌浆套筒、灌浆波纹钢管的规格、质量应符合设计要求；套筒、波纹钢管与钢筋连接的质量应符合设计要求。

灌浆料的质量应符合现行《水泥基灌浆材料应用技术规范》（GB/T 50448）、《钢筋连接用套筒灌浆料》（JG/T 408）及设计文件的要求。构件留出的钢筋长度及位置应符合设计要求。尺寸超出允许偏差范围且影响安装时，必须采取有效纠偏措施，严禁擅自切割钢筋。现场灌浆套筒、灌浆波纹钢管的灌浆应饱满密实，所有出浆口均应出浆。同时模拟构件连接接头的灌浆方式，每种规格钢筋应制作不少于3个接头试件。施工现场灌浆用的灌浆料28d强度应满足设计要求。用于检验强度的试件应在灌浆时现场制作。每个拼接部位需在一个工作班内完成压浆，每个拼接部位取样不得少于1次，每次制作1组40mm×40mm×160mm的长方体试件，标准养护28d后进行抗压强度试验。预留孔的规格、位置、数量和深度应符合设计要求，连接钢筋偏离灌浆套筒或灌浆波纹钢管中心线不应超过5mm。灌浆套筒和灌浆波纹钢管灌浆施工应保持连续，且应自下而上灌入。

8.4 预制双T梁安装质量检验

双T梁安装实测项目应符合表8-19中的规定。

双 T 梁安装实测项目　　　　表8-19

项次	检查项目		规定值或允许偏差（mm）	检验方法和频率
1	平面位置	顺桥纵轴线方向	10	经纬仪测量：每个构件
		垂直桥纵轴线方向	5	
2	湿接横隔梁相对位置		20	钢尺量：每处
3	伸缩缝宽度		+10 −5	钢尺量：每个构件
4	支座板	每块位置	5	钢尺量：每个构件纵、横各1点
		每块边缘高差	1	钢尺量：每个构件纵、横各1点

续上表

项次	检查项目	规定值或允许偏差（mm）	检验方法和频率
5	相邻两片梁支点处顶面高差	10	钢尺量：每个构件
6	双T梁拼装湿接缝宽度	+10 -5	钢尺量：每个构件
7	垂直度	1.20‰	垂线和钢尺量：每孔2片梁

8.5 工程质量评定

荣乌高速公路为例，其新线双T梁项目划分为单位工程、分部工程和分项工程。预制拼装桥梁工程分部（子分部）工程和分项工程划分明细表见表8-20。

预制拼装桥梁工程分部（子分部）、分项工程及检验批划分 表8-20

分部工程	子分部工程	分项工程	检验批
基础	预制管桩	预制（钢筋加工及安装，定位装置安装）；锤击沉桩（贯入度、锤击数，接桩）；单桩承载力	每个管桩
	承台（墩柱预制）	钢筋加工及安装，定位装置安装	每个承台
墩柱	预制混凝土墩柱	预制（钢筋加工及安装，定位装置安装，灌浆金属波纹管安装）；安装（墩柱坐浆，墩柱吊装就位，灌浆金属波纹管压浆，填芯）	现场安装每个墩柱
盖梁	预制混凝土盖梁	预制（钢筋加工及安装，定位装置安装，灌浆波纹钢管安装）；安装（盖梁坐浆，盖梁吊装就位，灌浆波纹钢管压浆）	现场安装每个盖梁
主梁	预制混凝土双T梁	预制（钢筋加工及安装）；安装；现浇湿接缝	每片双T梁

使用的计量器具应经计量机构检定合格，并应按相关规定进行操作。工程质量验收评定均应在施工单位自检合格的基础上进行。

8.5.1 工程质量检验

按《公路工程质量检验评定标准 第一册 土建工程》（JTG F80/1—2017）第3.2节工程质量检验执行。质量验收的组织和程序应符合《公路工程质量检验评定标准 第一册 土建工程》（JTG F80/1—2017）和有关文件的规定。预制拼装桥梁各子分部工程应纳入相应的分部工程中进行验收。预制拼装桥梁施工应进行全过程质量控制，在上一道施工工序质量检验合格后方能进行下一道施工工序。

资料检查预制拼装桥梁验收时，应按现行国家标准的要求提供文件和记录，主要提供下列文件和记录：

（1）工程设计文件、预制构件制作和安装的深化设计图；

（2）预制构件、主要材料及配件的质量证明文件、出厂验收合格单、进场验收记录、抽样复验报告；

（3）预制构件安装施工记录；

（4）预制构件的安装验收记录；

（5）预应力筋用锚具、连接器的质量证明文件和抽样检验报告；

（6）预应力筋安装、张拉的检验记录；

（7）钢筋接头的试验报告；

（8）灌浆波纹钢管的质量证明文件和钢筋波纹钢管灌浆锚固接头检验报告（工艺检验报告、抽样检验报告）；

（9）灌浆波纹钢管灌浆、墩柱底、顶坐浆及预应力孔道灌浆施工记录；

（10）预拌混凝土的质量证明文件；

（11）混凝土、灌浆料、砂浆垫层材料强度检测报告；

（12）预制拼装结构分项工程质量验收文件；

（13）预制拼装工程的重大质量问题的处理方案和验收记录；

（14）分项工程验收记录；

（15）结构实体检验记录；

（16）设计要求或合同约定的其他文件。

8.5.2 工程质量评定

按照《公路工程质量检验评定标准 第一册 土建工程》（JTG F80/1—2017）第3.3节工程质量评定执行。

8.6 小结

工程试验检测工作是桥梁施工技术管理中的一个重要组成部分，同时也是桥梁工程质量控制和验收评定工作中一个不可缺少的主要环节。为科学评定全预制装配式预应力混凝土双T梁桥的工程质量，本章从工程材料、预制构件预制过程、现场安装、双T梁安装等方面分别规定了质量检验项目、检验方法及质量合格标准。

参 考 文 献

[1] MANDER J B,CHENG C T.Renewable hinge detailing for bridge columns. Pacific conference on earthquake engineering [C] // ParkvilleVictoria, Australia, 1995,20-22:197-206.

[2] MANDER J B,CHENG C T. Replaceable hinge detailing for bridge columns. Section 4, Poster Section [C] // National Seismic Conference on Bridges and Highways,San Diego, 1995,12:10-13.

[3] MANDER J B,CHENG C T. Seismic resistance of bridge piers based ondamage avoidance design. Technical Report [C] .National Center for Earthquake Engineering Research, State University of New York at Buffalo,1997:01-14.

[4] MANDER J B,CHENG C T. Seismic resistance of bridge piers based on damage avoidance design [R] .TechnicalRep. NCEER-97-0014, National Center for Earthquake Engineering Research, Buffalo, StateUn-iversity of NewYork, 1997.

[5] BILLINGTON S L,YOON J K.Cyclic response of unbounded posttensioned precast columns with ductile fiber reinforced concrete [J] .Journal of Bridge Engineering,ASCE,2004,9 (4): 353-363.

[6] HEWES J T. Seismic design and performance of precast concrete segmental bridge olumns [D] . California: University of California,San Diego,C.A.2002.

[7] HWASUNG ROH, ANDREI M. REINHORN. Nonlinear static analysis of structures. with rocking columns [J] . Journal of Structural Engineering,ASCE, MAY 2010.

[8] OU Y C, CHIEWANICHAKORN M.Seismic performance of segmental precast unbonded ostensioned concrete bridge columns [J] . Journal of Structural Engineering, ASCE,2007,133 (11) :1636-1647.

[9] WANG J C,OU Y C,CHANG K C,et al. Large-scale seismic tests of tall concrete bridge columns with precast segmental construction [J] . Earthquake Engineering and Structural Dynamics,2008,37 (12) :1449-1465.

[10] OU Y C, TSAI M S, CHANG K C, et al. Cyclic behavior of precast segmental concrete bridge columns with high performance or conventional steel reinforcing bars as energy dissipation bars [J] . Earthquake Engineering&Structural Dynamics, 2010,39 (11) :

1181-1198.

［11］T H KIM, B M JIN, Y J KIM, et al.Inelastic behavior of precast concrete segmental bridge piers with shear resistance connecting structure［J］. The 14thWorld Conference on Earthquake Engineering, October 12-17, 2008, Beijing, China.

［12］田琪,陈兴冲,朱东生,等. 拼装式桥墩接头的承载能力与滞回特性的试验研究［J］. 工程力学,1999,16 (2)：107-113.

［13］高婧,葛继平,林铁良. 干接缝节段拼装桥墩拟静力试验研究［J］.振动与冲击，2011,30 (4)：211-216.

［14］葛继平.节段拼装桥墩抗震性能试验研究与理论分析［D］.上海:同济大学, 2008.

［15］高聪.节段预制拼装混凝土桥墩静力行为研究［D］.北京: 北京交通大学,2014.

［16］MOTAREF S, SAIIDI M, SANDERS D. Seismic response of precast bridge columns with energy dissipating joints［R］. Nevada: Center for Civil Engineering Earthquake Research, Department of Civil and Environmental Engineering, University of Nevada, Reno, Report No. CCEER-11-01,2011.

［17］NIKBAKHT E, RASHID K, HEJAZI F, et al. A numerical study on seismic response of self-centring precast segmental columns at different post-tensioning forces［J］. Latin American Journal of Solids and Structures, 2014, 11 (5)：864-883.

［18］CHENG C T. Shaking table tests of a self-centering designed bridge substructure［J］. Engineering Structures, 2008, 30 (12)：3426-3433.

［19］布占宇， 唐光武. 无黏结预应力带耗能钢筋预制节段拼装桥墩抗震性能研究［J］.中国铁道科学, 2011, 32 (3)：33-40.

［20］陈家勇. 预制装配桥墩的构造设计及抗震性能研究［D］.南京: 东南大学, 2014.

［21］孙治国, 谷明洋, 司炳君,等.外置角钢摇摆-自复位双柱墩抗震性能分析［J］.中国公路学报， 2017, 30 (12)：40-49.

［22］PENG B, PENG R, SU H, et al. Structural rationality research on integrated prefabricated I-shaped steel-concrete composite girder bridges［C］. Conference Series: Earth and Environmental Science. 2020, 455 (1)：012021.

［23］单波, 王艺莹, 肖岩,等. 胶合竹-混凝土组合梁RPC-钢复合连接件试验研究［J］.湖南大学学报（自然科学版）,2020, 47 (1)：66-75.

［24］YANG T, LIU S, QIN B, et al. Experimental study on multi-bolt shear connectors of prefabricated steel-concrete composite beams［J］. Journal of Constructional Steel

Research, 2020, 173: 106260.

[25] YAO Z L, YAN B F. Experimental model test and flexural performance of wet joints in prefabricated UHPC bridges [J]. Highway Engineering, 2020, 45 (3): 105-110:138.

[26] DI J, HAN B, QIN F. Investigation of U-bar joints between precast bridge decks loaded in combined bending and shear [C]. Structures. Elsevier, 2020, 27: 37-45.

[27] GUO Q, CHEN Q W, XING Y, et al. Experimental study of friction resistance between steel and concrete in prefabricated composite beam with high-strength frictional bolt [J]. Advances in Materials Science and Engineering, 2020 (4): 1-13.

[28] 赵辛玮, 肖汝诚, 孙斌, 等. 常温养护型超高性能混凝土组合桥面板收缩性能研究 [J]. 中外公路, 2020, 40 (3): 100-108.

[29] 贺欣怡, 苏庆田, 姜旭, 等. 环氧胶黏结刚性铺装的正交异性桥面板力学性能 [J]. 哈尔滨工业大学学报, 2020, 52 (9): 25-31.

[30] 蔡文平. 基于钢管连接件的钢-UHPC组合桥面板抗剪性能研究 [J]. 公路工程, 2020, 45 (2): 14-20.

[31] 侯和涛, 臧增运, 鲁玉曦, 等. 新型全装配钢-混凝土组合梁连接件推出试验研究 [J]. 工程力学, 2020, 37 (2): 201-210.

[32] 邵林海, 李志峰, 贺志启, 等. 不同剪力连接度下装配式钢-混组合箱梁受力性能试验研究 [J]. 交通科技, 2020, 2:1-6.

[33] Al-ROUSAN R. Behavior of prefabricated full-depth precast concrete bridge deck panel system: optimum prestress level [J]. Procedia Manufacturing, 2020, 44: 607-614.

[34] HONARVAR E, SRITHARAN S, ROUSE J M, et al. Probabilistic approach to integrating thermal effects in camber and stress analyses of concrete beams [J]. Journal of Bridge Engineering, 2020, 25 (4): 1537.

[35] 冀伟, 罗奎, 马万良, 等. 装配式波形腹板钢箱-混凝土组合梁桥动力特性分析与试验研究 [J]. 振动与冲击, 2020, 39 (20): 1-7.

[36] YUEN T Y P, HALDER R, CHEN W W, et al. DFEM of a post-tensioned precast concrete segmental bridge with unbonded external tendons subjected to prestress changes [C]. Structures. Elsevier, 2020, 28: 1322-1337.

[37] 项贻强, 何百达. 考虑疲劳损伤的栓钉式组合梁剩余承载力计算方法 [J]. 湖南大学学报（自然科学版）. 2020, 47 (9): 33-39.

[38] 汪炳, 黄侨, 刘小玲. 考虑多组件疲劳损伤的组合梁剩余承载力计算方法及试验验证

[J]. 工程力学. 2020, 37 (6) : 140-147.

[39] MAGER M, GEIßLER K. Zum Riss - und Verformungsverhalten von Stahlverbundträgern mit Teilfertigteilen [J]. Stahlbau, 2020, 89 (2) .

[40] 刘新华, 周聪, 张建仁,等.钢-UHPC组合梁负弯矩区受力性能试验[J].中国公路学报, 2020, 33 (5) : 110-121.

[41] XIA ZHANGHUA, GE JIPING, LIN YOUQIN, et al. Shake table study on precast segmental concrete double-column piers [J]. Earthquake Engineering and Engineering Vibration, 2020, 19 (3) : 705-723.

[42] 韩艳, 董嘉雯, 王龙龙, 等. 承插式装配桥墩抗震性能拟静力试验与数值模拟[J]. 工程抗震与加固改造. 2020, 42 (5) : 63-70.

[43] 徐文靖, 马骉, 黄虹, 等. 套筒连接的预制拼装桥墩抗震性能研究[J]. 工程力学. 2020, 37 (10) : 93-104.

[44] YANG C, ZHANG L Y, ZHANG Z Y, et al, Effective stress-strain relationship for grouted sleeve connection: Modeling and experimental verification [J]. Engineering Structures, 2020, 210: 1103.

[45] 逯艳东, 李士友, 胡兴安,等. 灌浆套筒连接预制拼装桥墩抗剪强度设计方法[J]. 市政技术, 2020, 38 (5) : 103-108,113.

[46] WANG Z, WANG J, ZHAO G, et al. Numerical study on seismic behavior of precast bridge columns with large-diameter bars and UHPC grout considering the bar-slip effect [J]. Bulletin of Earthquake Engineering, 2020, 18: 4963-4984.

[47] LIU Y, LI X, ZHENG X, et al. Experimental study on seismic response of precast bridge piers with double-grouted sleeve connections [J]. Engineering Structures, 2020, 221: 111023.

[48] JIA J, ZHANG K, SAIIDI M S, et al. Seismic evaluation of precast bridge columns with built-in elastomeric pads [J]. Soil Dynamics and Earthquake Engineering, 2020, 128: 105.

[49] SHAFIEIFAR M, FARZAD M, AZIZINAMINI A. Investigation of a detail for connecting precast columns to precast cap beams using ultrahigh-performance concrete [J]. Journal of Bridge Engineering, 2020, 25 (3) :1-13.

[50] 李嘉维, 夏樟华, 余舟扬. 灌浆套筒连接装配式混凝土双柱墩的双向拟静力试验研究[J]. 地震工程与工程振动, 2020,40 (3) : 193-203.

［51］蔡忠奎, 王震宇, 苑溦. 高强钢筋增强节段拼装桥墩抗震性能分析［J］. 南京工业大学学报（自然科学版）, 2020, 42 (3)：312-317.

［52］王文炜, 周畅, 薛彦杰,等. 外置耗能钢板预制拼装桥墩抗震性能研究［J］. 湖南大学学报（自然科学版）,2020,47 (9)：57-68.

［53］赵建锋, 孟庆一. 基于干接缝单元的预制拼装桥墩抗震性能数值模拟［J］. 地震工程与工程振动, 2020, 40 (2)：111-122.

［54］李宁, 张双城, 李忠献, 等. 预制拼装钢管混凝土自复位桥墩变形分析模型及验证［J］. 工程力学, 2020, 37 (4)：135-143.

［55］ZHANG D, LI N, LI Z X, et al. Seismic performance of bridge with unbonded posttensioned self-centering segmented concrete-filled steel-tube columns: An underwater shaking table test［J］. Soil Dynamics and Earthquake Engineering, 2020, 138: 106.

［56］JIA J, ZHANG K, WU S, et al. Seismic performance of self-centering precast segmental bridge columns under different lateral loading directions［J］. Engineering Structures, 2020, 221: 111.

［57］白天宁. 加固后预制节段RC空心桥墩抗震性能试验研究［D］. 北京：北京工业大学, 2020.

［58］张凯迪. 加固后预制节段RC空心桥墩静力和动力性能研究［D］. 北京：北京工业大学, 2020.

［59］杜青, 张森博, 卿龙邦. 预制节段拼装桥墩受力性能分析与模拟［J］.重庆交通大学学报（自然科学版）,2020, 39 (7)：73-80.

［60］马煜, 张于晔. CFRP加固对预制节段拼装桥墩抗震性能的影响［J］.地震工程学报, 2020, 42 (4)：847-855.

［61］ZHANG Y, TABANDEH A, MA Y, et al. Seismic performance of precast segmental bridge columns repaired with CFRP wraps［J］. Composite Structures, 2020, 243: 112-218.

［62］LI S, ZHAO T, ALAM M S, et al. Probabilistic seismic vulnerability and loss assessment of a seismic resistance bridge system with post-tensioning precast segmental ultra-high performance concrete bridge columns［J］. Engineering Structures, 2020, 225: 111-321.

［63］AHMADI E, KASHANI M M. Numerical investigation of nonlinear static and dynamic behaviour of self-centring rocking segmental bridge piersn［J］. Soil Dynamics and Earthquake Engineering, 2020, 128:105.

[64] MORADIAN M, CHINI M, SHEKARCHI M. Durability performance of a structure made with high-performance concrete and prefabricated elements in a marine environment [J]. Journal of Performance of Constructed Facilities, 2015, 29 (6):1-12.

[65] ZHENG GUANYU, KUANG ZHIPING, XIAO JIANZHUANG, et al. Mechanical performance for defective and repaired grouted sleeve connections under uniaxial and cyclic loadings [J]. Construction and Building Materials, 2020,233.

[66] HABER Z B, SAIIDI M S, SANDERS D H. Seismic performance of precast columns with mechanically spliced column-footing connections [J]. ACI Structural Journal, 2014, 111 (3):639-650.

[67] AMELI M J, PARKS J E, BROWN D N, et al. Seismic evaluation of grouted splice sleeve connections for reinforced precast concrete column-to-cap beam joints in accelerated bridge construction [J]. PCI Journal, 2015, 60 (2): 80-103.

[68] CHOU C C, CHEN Y C. Cyclic tests of post-tensioned precast CFT segmental bridge with unbonded strands [J]. Earthquake Engineering & Structural Dynamics, 2010, 35 (2):159-175.

[69] 葛继平,闫兴非,王志强.机械套筒连接的轨道交通预制拼装桥墩抗震性能试验研究[J].地震工程与工程振动,2017,37 (6):143-153.

[70] GEORGIA E. THERMOU, IMAN HAJIRASOULIHA. Compressive behaviour of concrete columns confined with steel-reinforced grout jackets [J].Composites Part B,2018,138.

[71] GEORGIA E, THERMOU, IMAN H. Design-oriented models for concrete columns confined by steel-reinforced grout jackets [J]. Construction and Building Materials,2018,178.

[72] 赵武超,叶继红,周知.灌浆套筒连接装配式混凝土柱抗撞性能研究 [J/OL]. 振动工程学报:1-10 [2022-02-21].http://kNs.cnki.net/kcms/detail/32.1349. tb.20220214.1259.004.html.

[73] MASHAL M, WHITE S, PALERMO A. Quasi-static cyclic tests of emulative precast segmental bridge piers (E-PSBP) [C]//Proceedings of the 2013 NZSEE conference, Wellington, New Zealand, 2013.

[74] 王志强,卫张震,魏红一,等.预制拼装联接件形式对桥墩抗震性能的影响 [J]. 中国公路学报, 2017, 30 (5):74-80.

[75] 姜海西,王志强,沈佳伟.灌浆金属波纹管连接预制拼装墩柱抗震性能试验研究[J].结构工程师,2016,32(5):132-138.

[76] 贾俊峰,郭扬,宋年华,等.基于灌浆波纹管锚固连接的预制拼装RC墩柱抗震试验[J].中国公路学报,2018,31(12):211-220.

[77] 王洁金,黄智华,付凯敏.灌浆金属波纹管连接预制拼装桥墩有限元计算分析[J].武汉理工大学学报(交通科学与工程版),2019,43(6):1159-1164.

[78] 蔡叶澜.采用灌浆波纹管连接的预制拼装双柱式桥墩抗震性能研究[J].福建交通科技,2020(3):93-98.

[79] 夏樟华,余舟扬,葛继平,等.灌浆波纹管装配式PC双柱墩双向拟静力试验[J].中国公路学报,2021,34(1):93-103.

[80] MATSUMOTO E. Emulative precast bent cap connections for seismic regions: component tests report-preliminary grouted duct specimen (Unit 5) [R]. Report No. ECS-CSUS-2009-02. California State University, Sacramento, CA, 2010.

[81] 宋年华.灌浆波纹管连接预制拼装RC桥墩-承台节点抗震性能[D].北京:北京工业大学,2016.

[82] KHALEGHI B, SCHULTZ E, SEGUIRANT S, et al. Accelerated bridge construction in Washington State: From research to practice [J]. PCI Journal, 2012, 57(4):34-49.

[83] OSANAI Y, WATANABE F, OKAMOTO S. Stress transfer mechanism of socket base connections with precast concrete columns [J]. Journal of Structural and Construction Engineering (Transactions of AIJ), 1996, 93(3):266-276.

[84] OLAFUR S, HARALDSSON, TODD M. et al. Seismic resistance of socket connection between footing and precast column [J]. Journal of Bridge Engineering, 2013, 18(9):910-919.

[85] 徐艳,曾增,葛继平,等.承插式预制拼装桥墩的最小合理承插深度[J].同济大学学报(自然科学版),2019,47(12):1706-1711.

[86] 曾增,王志刚,余坚,等.预制桥墩不同承插式连接构造试验研究[J].结构工程师,2020,36(5):89-94.

[87] 赵宁,魏红一.节段拼装桥墩拟静力试验研究[J].上海公路,2008(4):24-28,42.

[88] 刘丰.节段拼装预应力混凝土桥墩拟静力试验和分析研究[D].上海:同济大学,2008.

[89] ZHANG GUANGDA, HAN QIANG, XU KUN, et al. Experimental investigation of

seismic behavior of UHPC-filled socket precast bridge column-foundation connection with shear keys [J]. Engineering Structures,2021,228.

[90] BRENES F J. Anchorage of grouted vertical duct connections for precast bent caps [D]. Austin: The University of Texas at Austin, 2005.

[91] CULMO M P. Connection details for prefabricated bridge elements and systems [J]. Prefabricated Bridges, 2009, 8: 11-20.

[92] 魏英, 扶庭阳. 混凝土桥梁全预制装配施工技术 [J]. 城市住宅, 2018, 25 (6) :115-117.

[93] MANDER J B, CHENG C T. Seismic resistance of bridge piers based on damage avoidance design [R]. Technical Report NCEER-97-0014,1997.

[94] 吴威业, 奚康, 布占宇. 预制桥墩节段节点抗剪性能研究—拟静力试验 [J]. 宁波大学学报（理工版）,2017,30 (2) :106-111.

[95] 葛继平, 王志强, 魏红一. 干接缝节段拼装桥墩抗震分析的纤维模型模拟方法 [J]. 振动与冲击, 2010, 29 (3) :52-57,203-204.

[96] 虎良.节段拼装钢管混凝土桥墩抗震性能理论研究 [D].北京:清华大学,2012.

[97] 包龙生,王娟,于玲,张朋.在循环荷载下的节段拼装桥墩实体模型试验 [J].沈阳建筑大学学报（自然科学版）,2013,29 (6) :1030-1034.

[98] 展丙来. 节段拼装双柱式墩桥梁抗震性能及设计方法研究 [D].西安:长安大学,2017.

[99] HSIAO-HUI HUNG, YU-CHI SUNG, KUAN-CHEN LIN,et al. Experimental study and numerical simulation of precast segmental bridge columns with semi-rigid connections [J]. Engineering Structures,2017,136.

[100] 马煜,张于晔.CFRP加固对预制节段拼装桥墩抗震性能的影响 [J].地震工程学报,2020,42 (4) :847-855.

[101] 汪立立. 预制节段拼装桥墩有限元分析 [D].郑州:郑州大学, 2015.

[102] 葛继平, 王志强. 干接缝节段拼装桥墩振动台试验研究 [J]. 工程力学, 2011, 28 (9): 122-128.

[103] WANG Z, QU H, LI T, et al. Quasi-static cyclic tests of precast bridge columns with different connection details for high seismic zones [J]. Engineering Structures, 2018, 158:13-27.

[104] SHIM C S, CHUNG C H, KIM H H. Experimental evaluation of seismic performance

of precast segmental bridge piers with a circular solid section [J]. Engineering Structures, 2008, 30 (12) :3782-3792.

[105] SIDERIS P, AREF A J, FILIATRAULT A. Quasi-static cyclic testing of a large-scale hybrid sliding-rocking segmental column with slip-dominant joints [J]. Journal of Bridge Engineering, 2014, 19 (10) :11-15 .

[106] 周良,李雪峰.厘清偏差 有规可循——桥梁工业化建设水平评价指标体系的建立[J].桥梁,2022, 1:12-15 .